D1619615

world of environmental design

Landscape of Recreation I (Sports Facilities)

Author	Francisco Asensio Cerver
Publishing Director	Paco Asensio
Consultant	Bet Figueras, Maria Jover
Text	Antonia Dueñas, Pep Fortià, Arturo Frediani, Raimon Oller, Manuel Pijoan Rotgè, José Serra
Proofreading	Carola Moreno, Tobias Willett
Translation	Trevor Foskett, Ginny Tapley
Photographers	F. Bertin, Atelier Cube (*La Garance*), Tom Anthony (*Sanctuary Cove*), Lluís Casals (*The Structure over the Coastal Ring Road*), Satshi Asakawa (*Ski Dome Ssawas*), Christian Kandzia (*Olympia Park*), David Cardelús (*The Mar Bella Pavilion and Athletics Track*), Tom Anthoni (*Kooralbyn Valley Resort*), Melbourne Cricket Collection (*Melbourne Cricket Ground and the Great Southern Stand*), P. Barton (*Aberdeen Golf Club*), David Cardelús (*Canal Olímpic de Catalunya*), Arup Associates (*Riyadh Diplomatic Quarter Sports Club*), David Cardelús (*The Olympic Archery Range*), Taisuke Ogawa (*Toyama Sports Park*), David Thomas, Terry Ragget, P. Mackinven, Philip Dowson (*Sussex Grandstand*), David Cardelús (*Port Olímpic*), (*Docklands Sailing Centre*), Tom Anthony (*Royal Pines Resort*), Scott McDonald (*New Comiskey Park*), Pierre Ferrenbach (*Val d' Isère Ski Station*), Joan Ribera (*Parc Del Segre*), Ron Green (*Olympic Plaza*), Jiri Havran (*Hamar Olimpiahall*), Jeff Goldberg (*Oriole Park*), P. Barton (*Stone Harbour*), David Cardelús (*Golf de Caldes*)
Graphic Design	Mireia Casanovas Soley, Quim Serra Catafau
©	FRANCISCO ASENSIO CERVER, 1994
Registered Office	Ganduxer 115, 08022 Barcelona Tel. (93) 418 49 10, Fax. (93) 211 81 39 ISBN 84-8185-004-7 (obra completa) ISBN 84-8185-009-8 (volumen 5) Dep. Leg. B-2452-1995 Printed in Spain

No part of this publication may be reproduced, stored in retrieval system, or transmitted in any form or by any means, electronic, mechanical, photocopying, recording or otherwise, without the prior written permission of the owner of the Copyright.

La Garance	16	*Atelier Cube*
Sanctuary Cove	26	*The Landmark Group*
The structure over the Coastal Ring Road	34	*Alfons Soldevila Barbosa and Josep I. de Llorens Durán*
Ski Dome Ssaws	44	*Kajima Corporation*
Olympia Park	56	*Behnisch & Partner*
The Mar Bella Pavilion and Athletics Track	70	*Ruisánchez-Vendrell*
Kooralbyn Valley Resort	80	*The Landmark Group*
Melbourne Cricket Ground and the Great Southern Stand	88	*Tompkins, Shaw & Evans / Daryl Jackson*
Aberdeen Golf Club	96	*Desmond Muirhead*
The Gardens of the Canal Olímpic	102	*Ramon Forcada Pons, Xavier Isart Rueda, Maria C. Zoppi*
Riyadh Diplomatic Quarter Sports Club	110	*Arup Associates*
The Olympic Archery Range	120	*Enric Miralles / Carme Pinós*
Toyama Comprehensive Sports Park	132	*Kouichi Sone & Environmental Design Associates*
Sussex Grandstand-Goodwood Racecourse	146	*Arup Associates*
Port Olímpic	156	*MBM Arquitectes*
Docklands Sailing Centre	168	*Kit Allsopp Architects*
Royal Pines Resort	176	*The Landmark Group*
New Comiskey Park	182	*Hellmuth, Obata & Kassabaum*
Val d'Isère Ski Station	188	*Atelier UA5*
Parc del Segre	198	*Ramon Ganyet i Solé*
Olympic Plaza	210	*M. Paul Friedberg & Partners*
Hamar Olympiahall-Vikingeskipet	216·	*Niels Torp A/S Arkitecter MNAL, Biong & Biong Arkitektfirma A/S*
Oriole Park	222	*Hellmuth, Obata & Kassabaum*
Stone Harbor	230	*Desmond Muirhead*
Caldes International Golf Course	240	*Ramón Espinosa / Takenaka España*

It is always pleasant to talk about sports architecture as its formal and conceptual characteristics are clearly defined by its unavoidable purpose. In fact, playing a sport involves the fulfilment of a series of requisites that follow from the rules of the game, leading to constructions in which form is subordinated to function. This is not always true as, on some occasions, those behind sporting architecture show a creative talent that transcends the discipline's merely pragmatic aspects.

The subject of this introduction, although clearly linked to the world of sport, is one of the least studied aspects of this type of architecture; its landscaping. Slowly, awareness is increasing of the need to integrate sports facilities into their surroundings. This book tries to reflect this process of increasing awareness through carefully selected projects that do not adopt the excessively common approach of soulless blocks, but favour a process of integration with nature that seeks to maintain the environment quality of the landscape, urban or rural, that forms its setting.

Trying to classify the projects included in this volume is a logical way of introducing it. It is, however, necessary to make some comments about this point. This classification should not be based on simplistic criteria, such as dividing them by sport or project size. There is a much more important factor; whether it is a competition sport or a recreational, leisure activity.

This basic difference makes it possible to follow a clearer path through the projects described in this book, the fifth volume of the *World of Environmental Design*. In fact, this conceptual distinction has presided over sport since its beginning, as we must remember that the sporting spirit is directly related to the human nature. The division between competition (social aspiration) and recreation (individual aspiration) has always been present since the beginnings of humanity. This makes it the most rational way to approach the contemporary reality of sports architecture, and the key to understanding how landscaping reconciles functional and pragmatic requirements with the necessary respect for the environment.

The study begins by concentrating on competition sports, ones that are widely popular and require a complex infrastructure and services, turning them into macroprojects that seek to reconcile architecture, engineering, town planning, design and landscaping. The most typical schemes in this grouping are the ones built for the international competitive events held every four years, the Olympic Games.

The Olympic Games' original humanist and classical inspiration is still present to some extent. In general, the Olympic Games are an ideal excuse for the host city to make great efforts to improve its sports facilities and traffic infrastructure. One of the most recent and representative examples of this process of regeneration was in Barcelona, Olympic City in 1992, when it was the centre of the world's critical and media attention.

Within this category, which may be considered urban landscaping, it is possible to draw some fine distinctions. One type consists of the large-scale projects aiming to arrange the fabric of the city. In Barcelona, this volume includes, as an example, the Port Olímpic, a notable project from the company MBM Arquitectes, which has led to the recovery of the seaside feeling of a city that, for a long time, had turned its back on the sea. Other examples included are the Olympia Park in Munich, by the prestigious team Behnisch & Partners, and Olympic Plaza in Calgary, designed by M. Paul Friedberg & Partners. In all three, their function as a focal point for city life results in a brilliant exercise integrating town planning with landscaping.

The Olympic Games also give rise to other, smaller projects that modestly help to cover the specific needs of the daily life of a city. The case of the "*Adecuación de las losas de la Ronda Litoral*" in Barcelona is one of the most significant. Llorens and Soldevila's proposal manages to reduce the environmental impact of a high-speed road, integrating it into the life of several peripheral districts by installing public sports facilities. The Parc del Segre by Ramon Ganyet i Solé may be considered as a work at the service of the citizen, harmoniously blending sport and the environment.

The second major group, leisure facilities, is a response to the needs of a society that ignores nature, and turns to sport for a way of escaping from the tensions of everyday life and reestablishing contact with nature. This type of landscaping is less urban than the one above, as the installations are usually sited in large open spaces, far from bothersome signs of human activity. For this reason, these installations must integrate themselves into their environment, respecting it as far as possible and ensuring that their environmental impact does not damage their natural environment.

The holiday centres created by the Landmark Group on Australia's Gold Coast are clear examples of this tendency seeking to combine active and passive leisure. Golf clubs offer, as well as the sport itself, multiple services to their members, or the public. They are one of the most attractive options in the recreation sector, as they offer relaxation and rest in a balanced, natural environment. This volume includes some examples inspired by the English tradition (Caldes International Golf Course by Ramón Espinosa and Takenaka España), together with other more daring, imaginative proposals, such as those Desmond Muirhead has designed for Stone Harbor and the Aberdeen Golf Club. This idea of a closer relationship to nature through sport also appears in the La Garance riding centre by Atelier Cube.

Siempre resulta agradecido hablar de arquitectura deportiva, ya que sus rasgos formales y conceptuales están claramente definidos por su ineludible programa funcional. En efecto, la práctica de cada deporte obliga a cumplir una serie de requisitos derivados de un reglamento específico, lo que se traduce en unas construcciones en las que la forma está supeditada a la función. Esta afirmación no es rigurosamente cierta, puesto que, en algunas ocasiones, los artífices de la arquitectura deportiva ofrecen muestras de un talento creativo que trasciende los aspectos meramente pragmáticos de esta disciplina.

No obstante, el tema del presente análisis introductorio, a pesar de estar claramente vinculado al mundo del deporte, se centra en uno de los factores menos estudiados de este sector de la arquitectura: el del paisajismo. De forma paulatina se va tomando conciencia de la necesidad de integrar las instalaciones deportivas en su entorno circundante. Este proceso de concienciación es el que se intenta reflejar a lo largo del presente volumen, gracias a una cuidada selección de proyectos que, lejos de adscribirse al desafortunadamente habitual monolitismo egocéntrico, apuestan por un proceso de integración natural que vela por las condiciones medioambientales del paisaje, urbano o rural, en que se inscriben.

Intentar catalogar por tipologías los proyectos incluidos en el presente tomo constituye un lógico sistema de presentación. Sin embargo, hay que hacer algunas observaciones al respecto. Este proceso taxonómico no debe reducirse a criterios simplistas, como podrían ser el deporte practicado o las dimensiones de los proyectos. Existe un parámetro conceptual mucho más determinante, el que distingue entre prácticas de competición y actividades lúdicas y de ocio. En virtud de esta diferenciación de fondo, es posible efectuar un recorrido mucho más fiable por las obras que configuran este quinto volumen de la colección *World of Environmental Design*. De hecho, esta distinción conceptual preside el mundo del deporte desde sus inicios ancestrales, pues no hay que olvidar que la esencia deportiva está directamente relacionada con el espíritu humano. La dualidad entre competitividad (aspiración social) y esparcimiento (aspiración personal) ha estado presente de manera ininterrumpida desde los inicios de la humanidad. Por ello, constituye el sistema más racional para acercarse a la realidad contemporánea de la arquitectura deportiva y para comprender mejor cómo el paisajismo concilia las necesidades funcionales y pragmáticas con el inexcusable respeto por el entorno.

En primera instancia, el estudio va a centrarse en los deportes de competición, aquellos que gozan de una aceptación mayoritaria y exigen un complejo programa de infraestructuras y servicios que los convierten en macroproyectos que intentan armonizar entre sí la arquitectura, la ingeniería, el urbanismo, el diseño y el paisajismo. Las obras que mejor simbolizan esta categoría son las construidas en torno a los acontecimientos que, con carácter cuatrienal, articulan las prácticas competitivas internacionales: las Olimpiadas.

La inspiración clásica y humanista que, desde sus inicios históricos, anima estos eventos sigue presente en cierta manera en el momento actual. Por regla general, los Juegos Olímpicos constituyen la excusa ideal para que las ciudades organizadoras realicen grandes esfuerzos para mejorar sus equipamientos deportivos y sus infraestructuras viarias. Uno de los ejemplos más recientes y representativos de este proceso de regeneración cualitativa es el de la ciudad de Barcelona, a la que los Juegos de 1992 han puesto en el centro de la atención mundial, tanto por parte del público como de la crítica.

También dentro de esta categoría, que puede ser considerada como paisajismo urbano, es posible establecer algunas diferencias de matiz. Por una parte, hay que mencionar las obras de gran envergadura, dotadas de una voluntad de ordenación de los tejidos ciudadanos. En el caso de Barcelona, este volumen ofrece como muestra su popular Port Olímpic, notable proyecto de la sociedad MBM Arquitectes, que ha significado la recuperación del espíritu marítimo de una ciudad que, durante muchos años, había vivido de espaldas al mar. También dentro de este ámbito se pueden englobar el Olympia Park de Munich, obra del prestigioso equipo Behnisch & Partners, o la Olympic Plaza de Calgary, diseñada por M. Paul Friedberg & Partners. En los tres casos, su función focalizadora de la dinámica ciudadana supone un brillante ejercicio de integración entre urbanismo y paisajismo.

No obstante, al calor de estos grandes acontecimientos también surgen otro tipo de proyectos de menor magnitud que, con menos dosis de ambición, contribuyen a cubrir necesidades puntuales de la vida cotidiana de una ciudad. El caso de la adecuación de las losas de la barcelonesa Ronda Litoral es uno de los más significativos. La propuesta de Llorens y Soldevila consigue minimizar el impacto ambiental de una infraestructura de alta velocidad, integrándola en la dinámica de varios barrios periféricos mediante equipamientos deportivos de uso público. También el Parc del Segre, obra de Ramon Ganyet i Solé, puede ser considerada una obra de servicio ciudadano que sirve para conjugar armónicamente deporte y medio ambiente.

El segundo gran grupo mencionado, el referido a las actividades de ocio, responde a las necesidades de una sociedad que vive de espaldas a la naturaleza y que encuentra en el deporte una manera de alejarse de las tensiones cotidianas y reencontrarse con su medio natural. Este tipo de paisajismo es menos urbano que el descrito anteriormente, puesto que sus instalaciones suelen emplazarse en grandes espacios abiertos, ajenos a la acción perturbadora de la mano del hombre. Por esta razón, estas instalaciones deben integrarse en el medio, respetándolo al máximo y procurando que su impacto ecológico no desvirtúe el entorno natural.

Los centros vacacionales ideados por The Landmark Group en la Gold Coast australiana son claros ejemplos de esta tendencia que pretende combinar el ocio activo y el pasivo. Los campos y clubs de golf, además de la práctica deportiva, ofrecen también múltiples servicios al público o a sus asociados. Constituyen una de las ofertas lúdicas más atractivas, puesto que permiten la relajación y el reposo en un equilibrado ambiente natural. En este volumen se pueden encontrar algunas muestras inspiradas en la tradición inglesa (el Caldes International Golf Course de Ramón Espinosa y Takenaka España) junto a otras propuestas más arriesgadas e imaginativas, como las que Desmond Muirhead ha diseñado para el Club de Golf Aberdeen o el Stone Harbor. Este concepto de la relación intimista con la naturaleza a través del deporte está presente también en el centro de equitación de La Garance, obra del Atelier Cube.

world of environmental design

Landscape of Recreation I (Sports Facilities)

La Garance
Atelier Cube

View of the meadow and some of the competition obstacles.

Vista de la pradera y algunos obstáculos de competición.

Completion date: 1984
Location: La Garance, CH 1024 Ecublens (Switzerland)
Client/Promoter: William de Rham (De Rham & Cie. SA)
Collaborators: Maurice Pidoux ETS/GPA; Professor EPFL Dr. J. Natterer and W. Winter, assistant EPFL

In general, sports architecture is associated with the large scale of Olympic events or other very popular sports that require installations with a large capacity. It must not be forgotten that there are other facilities catering for less popular sports requiring more contact with nature. Horse riding is one of the more typical sports in this second group.

This project is an excellent example of how small-scale constructions can resolve basic requirements with greater aesthetic and pragmatic success. The horse-riding facilities at La Garance, in the municipality of Ecublens, are an excellent example of how architecture can fit into the landscape, physically and culturally.

This project was the responsibility of the Lausanne-based company Atelier Cube, one of the most widely recognised companies on the Swiss and European creative panorama. It was founded by Guy Collomb (1950), Marc Collomb (1953) and Patrick Vogel (1952), whose architectural training was basically at the EPFL, the Lausanne Polytechnic, although their horizons have been broadened by studies at other prestigious centres, such as the Cooper Union in New York, or the Zurich Polytechnic (EPFZ).

Since 1981, Atelier Cube has performed some of the most important projects completed in the Swiss canton of Vaud, and this has led to widespread recognition and mentions by the jury in the Distinction Vaudoise d'Architecture. One of their first architectural projects made

17

the team famous; their design for the archives of the canton of Vaud received the SIA Prize for Energy, awarded by the Swiss Association of Engineers and Architects, and a special mention from the jury of the Prix Béton 1989, from the Swiss association of manufacturers of cement, lime and gypsum. Their other outstanding projects include a 72-unit dwelling in the rue de la Borde in Lausanne; the prototype modular electrical facility for the Vaud electricity company; the experimental installation in the plasma physics research institute in Ecublens; and the landscaping and improvement of the strip of Voie Suisse by Lake Uri (in collaboration with the architect Ivo Frei).

Another project by Atelier Cube clearly dealing with landscape is the La Garance horse-riding installations in the magnificent Vaud countryside. This context has clearly influenced the project's design and conception. The built facilities are located on a large flat area covering 4 hectares (45,719 m^2) alongside the river Venoge. There are no access problems as there is a road running through the woodlands.

In terms of landscaping, the project is based on respect for its natural surroundings. This is clearly seen in the emphasis attached to the river Venoge and in the rows of trees running along its banks and those surrounding the large meadow area. This helps to ensure that the irregularly shaped central area is completely isolated from the surrounding areas, which have been affected by the urban growth of Lausanne. Thanks to the presence of the trees, the atmosphere created in the centre is natural and intimate, and this helps the practice of horse riding. The large trees rising over the meadow include oaks, ashes and lindens.

The architectural design has clearly been subordinated to its landscape setting. All the built structures are on the edges of the site, following a design based on longitudinal edges, around which they are grouped. This leaves almost all of the meadow area free. This arrangement distributes all the installations perfectly, including the following competition facilities: jury stand, and public stand for spectators; covered spaces to hold discussions or eat and drink in peace and quiet; a club, studio and housing for the staff. From a sporting point of view, the wooden competition installations are in fixed positions. For some trials, the competition circuit is extended, using a curve, beyond the plot towards the only part of the periphery that maintains its rural atmosphere.

The built structures, ie. the competition route, the jury stand and the training area occupy only a small part of the meadow. The rest consists of simple structures with lean-to roofs, sets of large passages and volumes with projecting supports. The pilings and interior staircase are the only non-wooden components.

In fact, the intervention clearly chose to use natural and rural materials, emphasising the use of wood as a distinctive feature. This helps to integrate it into its landscape setting, the idea underlying the entire project. Structurally, a series of cross-shaped pillars, also made of wood, favour the continuity of the attics and the prefabricated panels of the facade.

The final result is one of the best examples of this aspect of sports architecture, fusing together aesthetic beauty and practicality, even though it is more modest than large sports centres and stadia. It also follows a correct feeling for the project's requirement for a natural appearance, making this apparently minor project into one of the most brilliant examples of landscaping applied to the world of sport.

The building is on the edge of the site.

The project is characterised by simple structures.

El edificio se sitúa en los límites de la parcela.

La simplicidad volumétrica caracteriza el proyecto.

Por regla general, la arquitectura deportiva está asociada a acontecimientos olímpicos de gran magnitud o a deportes de carácter mayoritario que exigen instalaciones con una amplia capacidad de aforo. Sin embargo, no se debe obviar la existencia de otro tipo de equipamientos que acogen la práctica de deportes más minoritarios y que requieren un mayor contacto con la naturaleza. La equitación es uno de los ejemplos más característicos de esta segunda opción.

La propuesta que aquí se analiza es una excelente muestra de cómo las construcciones de menor envergadura pueden profundizar con mayores garantías estéticas y pragmáticas en las necesidades del proyecto. Asimismo, las instalaciones para deportes ecuestres de La Garance, ubicadas en el término de Ecublens, evidencian de manera magistral la capacidad para integrar la arquitectura en el paisaje, no sólo desde un punto de vista físico, sino también cultural.

Los responsables de esta intervención pertenecen a una firma afincada en Lausanne: Atelier Cube, una de las empresas creativas más reconocidas del panorama suizo y europeo. Sus fundadores son Guy Collomb (1950), Marc Collomb (1953) y Patrick Vogel (1952), cuya formación arquitectónica está centrada principalmente en torno a la EPFL, la escuela politécnica de Lausanne, aunque sus conocimientos se han ampliado en otros prestigiosos centros como la Cooper Union de Nueva York o la escuela politécnica de Zurich (EPFZ).

Desde 1981, Atelier Cube ha realizado algunas de las obras más representativas del cantón suizo de Vaud, lo que se ha traducido en numerosos reconocimientos y menciones del jurado de la Distinction Vaudoise d'Architecture. Una de sus primeras incursiones en el campo de la arquitectura consagró prácticamente al equipo: el edificio de los archivos cantonales de Vaud recibió el Premio SIA —sociedad suiza de ingenieros y arquitectos— de la Energía y una mención especial del jura-

View of one of the internal dining rooms, connected to the exterior.

Wood is the main material used throughout.

Vista de uno de los comedores internos, en total conexión con el exterior.

La madera es el material predominante en el conjunto.

do del Prix Béton 1989 de la Sociedad suiza de fabricantes de cemento, cal y yeso. Pero también hay que mencionar obras tan destacadas como: un inmueble de 72 unidades en la rue de la Borde de Lausanne; el prototipo de instalación eléctrica modular para la compañía eléctrica de Vaud; la sala de experimentación del centro de investigación física del plasma en Ecublens; y la adecuación paisajística de la franja de la Voie Suisse, junto al lago de Uri (en colaboración con el arquitecto Ivo Frei).

Otro de los proyectos de Atelier Cube que incide claramente sobre el tema del paisaje es el de La Garance, las instalaciones para la práctica del deporte ecuestre que se integran en el magnífico entorno natural de la campiña del Vaud. El contexto ha influido claramente en los parámetros formales y conceptuales del proyecto. Los equipamientos constructivos se han emplazado sobre una amplia planicie de unas cuatro hectáreas (45.719 m^2), bordeada por el curso fluvial del Venoge. Los accesos no presentan dificultad, gracias a una carretera que atraviesa el bosque suizo.

Desde un punto de vista paisajístico, el proyecto se fundamenta principalmente en el respeto por el entorno natural. Esto se aprecia en el énfasis otorgado al curso de agua del Venoge y a las hileras de árboles que flanquean sus riberas o circundan la gran pradera. Esto contribuye a que la irregular superficie central se encuentre completamente aislada respecto a las zonas limítrofes, que han sufrido la urbanización de la periferia de Lausanne. Gracias a la presencia del arbolado, se consigue que en el recinto se respire una atmósfera de intimidad natural, que favorece la práctica ecuestre. Entre los árboles de gran porte cabe destacar la presencia de robles, fresnos y tilos, que se elevan enmarcando la herbosa pradera.

La intervención arquitectónica se ha subordinado claramente al marco paisajístico. Todos los cuerpos constructivos se han ubicado justamente en el límite de la parcela, siguiendo un desarrollo de arista lon-

gitudinal en torno a la cual se agrupan. De esta manera, se consigue liberar prácticamente todo el terreno de la pradera virgen. Con esta disposición, se consigue distribuir a la perfección la totalidad del programa funcional, que consta de los siguientes equipamientos para competición: tribuna de jurado y galería-tribuna para el público; espacios cubiertos para la celebración de debates o para comer y beber tranquilamente; almacenes para material de mantenimiento; club, estudio y alojamiento para el personal. Desde el punto de vista deportivo, las instalaciones para la competición, construidas en madera, son de disposición fija. En algunas pruebas, el recorrido de competición se amplía, a través de una curva, más allá de la parcela, hacia el único lugar de la periferia que conserva una cierta atmósfera rural.

Por lo que respecta a la estructura constructiva, únicamente el itinerario competitivo, la logia del jurado y la zona de adiestramiento ocupan una mínima parte de la superficie de la pradera. El resto se conforma a partir de cuerpos simples con cubiertas a un agua, juegos de amplias galerías y volúmenes en voladizo. Asimismo, se ha utilizado un sistema de pilotes que, junto a la escalera interior, son los únicos componentes que no han sido construidos con madera.

De hecho, la intervención apuesta claramente por la utilización de materiales rústicos y naturales, haciendo especial hincapié en el uso intensivo de la madera como elemento distintivo. De esta manera, se refuerza la idea de integración en el contexto paisajístico que preside todo el proyecto. Estructuralmente, un sistema de pilares cruciformes, igualmente en madera, favorecen la continuidad estática de los sotabancos y el montaje prefabricado de los paneles de fachada.

El resultado final constituye uno de los más celebrados ejemplos de esta faceta de la arquitectura deportiva que, desde una posición más modesta que la de los grandes pabellones o estadios, consigue aunar la belleza estética y la efectividad pragmática. Todo ello está, además, presidido por una certera intuición de las necesidades naturalistas del proyecto, lo que consigue convertir a esta intervención, aparentemente menor, en una de las más brillantes muestras del paisajismo aplicado al mundo del deporte.

View of one of the internal rooms.

Natural light also contributes to the atmosphere inside.

View of one of the main structures, with a background of trees.

Vista de una de las salas interiores.

La luz natural también forma parte de la atmósfera interior.

Toma de uno de los volúmenes principales, sobre un fondo arbolado.

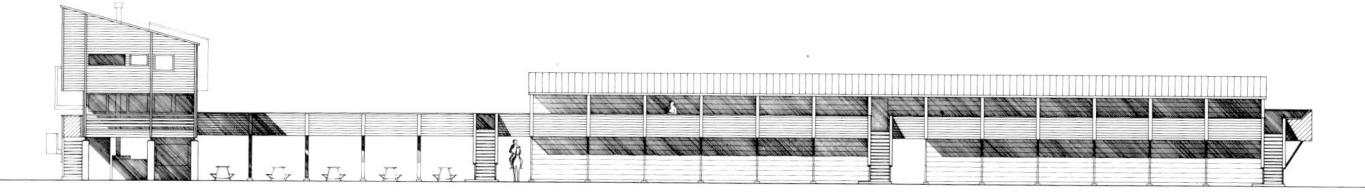

ELEVATION SUD

ELEVATION NORD

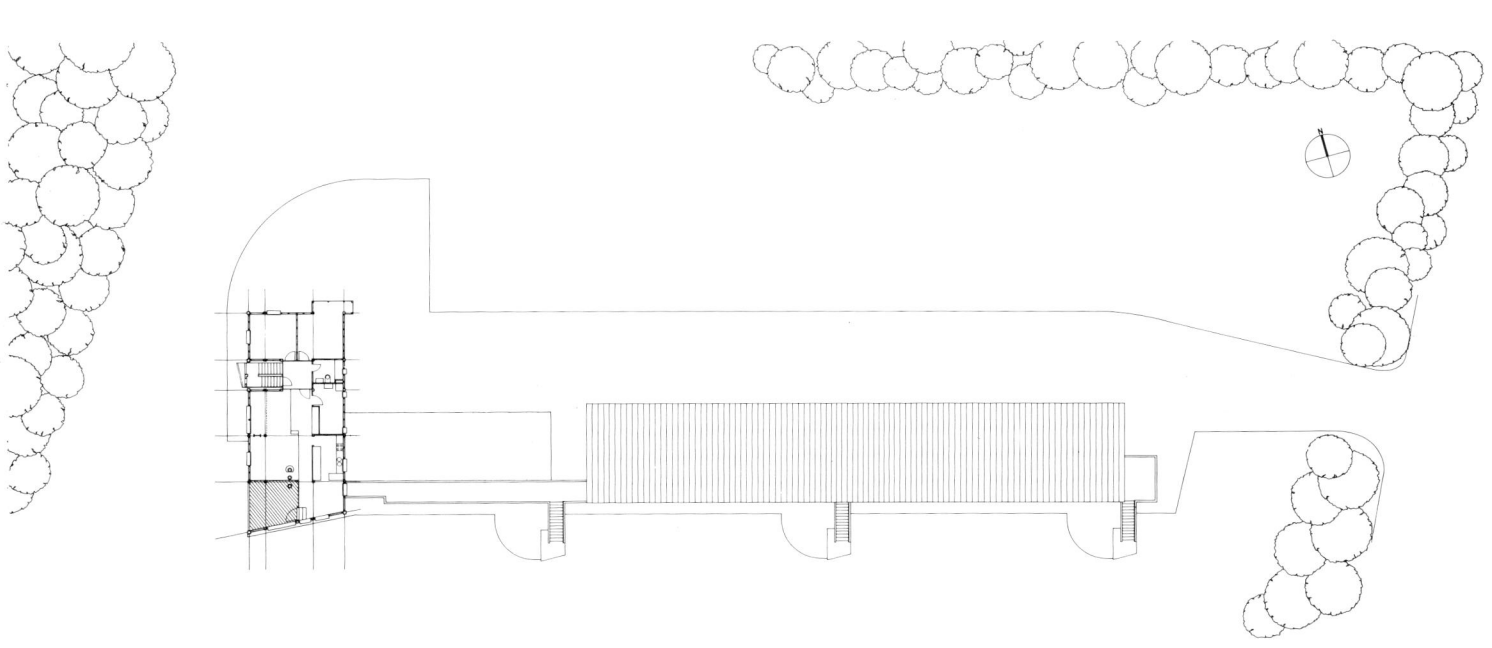

Plan showing location of the centre, with the Venoge and the trees around the meadow.

Two elevations of the building, organised into a longitudinal sequence.

Plan of the second floor of the construction.

Plano de situación del centro ecuestre, con el Venoge y los árboles que flanquean la pradera.

Dos alzados del edificio, organizado en una secuencia longitudinal.

Planta del segundo piso de la construcción.

Sanctuary Cove
The Landmark Group

Completion date: 1989
Location: Hope Island, Queensland, Australia
Client/Promoter: Michael and Jenny Gore
Collaborators: The Hulbert Group

Australia offers great opportunities for the creator of landscapes. This young country offers features – wide open spaces, the absence of a fixed culture, and a favourable climate – that are ideal for all types of experimentation and new projects in a landscape that has yet to be defined, and can thus still be transformed by human activity. One of these projects was Michael and Jenny Gore's commission in 1986 for The Landmark Group to create a high-quality recreational complex in Australia. The site was 370 ha of undeveloped grazing land, between Brisbane, the capital of Queensland, and the Gold Coast, the largest concentration of resorts in the region. The project was to create an 18-hole golf course, a 240-room Hyatt Hotel, a country club, a community recreation club, and several residential complexes.

The Landmark Group is a group of professionals specialised in landscape architecture. Their activities are mainly in Australia and southeast Asia, and include planning, site analysis, landscape design, and project management and execution. Their recent projects include the recreational complexes at Kooralbyn Valley International Resort, Royal Pines Resort on the Gold Coast and Eastern Star Resort in Thailand.

The site's vegetation was sparse, with a few eucalyptus on the ridges and palms in the wetland areas. The original vegetation was preserved as a special visual setting for the future development of the area. The project's aims were to create great visual diversity and a typically Australian landscape. This was done by designing a large number of differentiated areas with distinctive characters, emphasised by the

Aerial view of the residential marina.

Vista aérea de la marina residencial.

dominance, within the overall range used, of a different species of tree in each one.

The design of the Grand Hyatt Hotel is reminiscent of the traditional composition of the Australian household, sited on a hill surrounded by outbuildings and set in rolling lawns with towering eucalyptus. Exuberant vegetation with strong colours and textures were used in the building's surroundings to divide the large area into a series of human-scaled areas. The hotel consists of two centres of activity around two swimming pools. One of them is a natural riverside beach, while the other is more formal and related to the hotel, forming part of a series of axially symmetrical terraces with waterfalls, fountains and cascades. The two areas share common features, such as vegetation and shrubs, suitable for the formal and informal environments in the two areas. A large walkway runs from the hotel towards the shopping centre, and consists of a terracotta staircase with an axial cascade leading to a series of fountains at the bottom. The design includes a golf course that winds along the lower level, formerly wetlands, and incorporates some pools that are natural in appearance. The palms that were already present were integrated into the design by siting the holes of the golf course around them, creating centres of attention that were later extended by further plantings of new species of local palms and shrubs.

The social club was designed as another house on the hill, crowning the views from the golf course. The lawn and eucalyptus plantings emphasise the entrance areas and create landmarks for the pedestrian routes. There is also a recreational area with twelve tennis courts and two bowling greens. The landscaping is simple and only aims to break up the uniformity and scale of the games area.

The residential areas include 66 waterfront villas, 150 houses on the golf course and 10 patio homes. Each of the sectors is characterised by a specific type of vegetation and each street has a distinctive tree. The most representative tree throughout the scheme is the golden rain tree (*Koelreutaria paniculata*), a medium-sized tree with a distinctive branching pattern and yellow flowers, which emphasises the water's edge and provides abundant shade.

The commercial centre is urban in character, unlike the other areas, with an image corresponding to its different use. It is basically a group of shops, restaurants, banks and markets located near to the residential marina. The marina gives a nautical touch to this area's simple low-rise design, unified by using metal roofing and walling, and including a small park and a courtyard/beer-garden. The diversity of situations, uses and types gives the complex a wide range of materials, finishes, colours and vegetation, all resulting in a brilliant scheme that is rich in details and formal solutions.

The landscaping model adopted imitates nature, integrating vegetation, water and architecture into a diverse whole, where organic forms create a powerful, yet harmonious, image based on the subtle combination of natural and artificial structures.

This is achieved by using features proceeding from different cultural contexts that are easily assimilated and identified – the marina is in a Mediterranean style, the staircase and cascade are in the Italian style, and the green comes from the English golfing tradition –, all skilfully brought together as a reflection of Australian society, a mosaic of cultures from different areas.

Backyard of a house.

The use of water firs the design into its natural surroundings.

Panoramic view showing the golf course and marina.

View of the gardens around the hotel entrance.

Patio trasero de una vivienda.

El diseño a través del agua se entronca en la naturaleza.

Panorámica en la que pueden apreciarse el campo de golf y el puerto deportivo.

Vista del ajardinamiento que rodea la entrada del hotel.

The result is an innovative space, symbolic and full of landscaping references, that fuses strong design with careful attention to fine detail, where each element seems to have been painstakingly studied and each solution fulfils the clear requirements and previously defined programme. The Sanctuary Cove complex is a clear example of a total landscaping project, using limited natural resources to create a new residential and recreational landscape that is integrated into the Australian landscape.

Australia es un campo abonado para el creador de paisajes. Este país joven ofrece elementos –grandes espacios abiertos, ausencia de arraigo cultural, clima favorable– idóneos para todo tipo de experimentaciones y nuevos proyectos sobre un paisaje que está aún por hacer y es, por tanto, susceptible de ser transformado por el hombre. Una de estas propuestas es la que en 1986 Michael y Jenny Gore encargaron al equipo Landmark para la realización de un complejo recreativo de alto nivel en Australia. Se contaba para ello con 370 Ha de terreno virgen, explotado únicamente como pasto para el ganado, situado entre Brisbane, la capital de Queensland y la Gold Coast (la mayor concentración turística de la región). El proyecto resultante contemplaba la creación de un campo de golf de 18 hoyos, un hotel de 240 habitaciones, un centro social, un club recreativo y varios complejos residenciales.

El equipo Landmark es un grupo de profesionales especializados en arquitectura del paisaje. Su área de acción se centra principalmente en Australia y el sudeste asiático y su actividad incluye el planeamiento, los análisis del lugar, el diseño paisajístico, y la gestión y ejecución del proyecto. Entre sus realizaciones más recientes se pueden destacar los complejos recreativos Kooralbyn Valley International Resort, Eastern Star Resort en Tailandia y Royal Pines Resort, Gold Coast (Australia).

La vegetación preexistente era escasa, con tan sólo unos grandes eucaliptos en las lomas y palmeras en las zonas pantanosas. Se preservó esta vegetación original como un especial marco visual para el futuro desarrollo del área. El proyecto tenía como objetivos una gran diversidad visual y la creación de un paisaje típicamente australiano. Para ello se diseñaron un gran número de áreas diferenciales con distintos caracteres, acentuados por el predominio en cada una de ellas de una especie arbórea, dentro de la amplia gama general.

El diseño del Grand Hyatt Hotel evoca la composición tradicional de la casa australiana, situada en un cerro y rodeada por un grupo de cobertizos en un entorno de césped ondulante y elevados eucaliptos. Alrededor del edificio se proyectó una vegetación exuberante de plantas de fuertes colores y texturas para dividir el gran espacio en una serie de recintos a escala humana. El hotel se compone de dos focos de actividad alrededor de dos piscinas. Una de ellas es una playa natural situada al borde de un río. La otra es más formal en relación con el hotel y se integra en una serie de terrazas con ejes de simetría, saltos de agua, fuentes y cascadas. Las dos áreas tienen como elementos comunes la capa vegetal y los arbustos, que se adaptan por igual al ambiente formal e informal de cada una de ellas. Del hotel parte hacia el centro comercial un gran paseo que consiste en una escalera de terracota con una cascada de agua en su eje central, que culmina con una serie de fuentes en el nivel inferior. Se diseñó también un campo de golf de forma ser-

View of hotel and restaurant at sunset, from the swimming pool-beach.

The hotel facade from the beach.

The majestic reflections of the water, decorate the hotel's silhouette.

Vista crepuscular del hotel y el restaurante desde la playa-piscina.

Fachada del hotel desde la playa.

La majestuosidad de los reflejos del agua arropan la silueta del hotel.

penteante entre las zonas bajas –antiguas marismas– incorporando algunos estanques de apariencia natural. Se integraron también las palmeras existentes, situando los hoyos del campo a su alrededor y creando focos de atención que posteriormente se ampliarían con otras plantaciones de nuevas especies de palmeras y arbustos del lugar.

El club social se pensó como otra casa en la colina rematando las visuales desde el campo de golf. La plantación de césped y eucaliptos enfatiza las áreas de entrada y crea hitos para los recorridos peatonales. Existe también una zona recreativa que consta de doce canchas de tenis y dos pistas de bolos. El entorno paisajístico es simple y pretende tan sólo romper la monotonía y la escala del área de juegos.

Los sectores residenciales del complejo incluyen 66 casas frente al lago, 150 viviendas en el campo de golf, y 10 casas con patio. Cada uno de los sectores se caracteriza por un tipo de vegetación concreta y cada calle cuenta con un árbol distintivo. No obstante, la especie emblemática de toda la actuación es el Golden Rain Tree (*Koelreutaria paniculata*), un árbol de tamaño mediano, con ramas irregulares y flores de color amarillo, que enfatiza el borde del agua y ofrece abundantes sombras.

El centro comercial tiene un carácter urbano que contrasta con los otros sectores y da la imagen de un uso distinto. Es básicamente un conjunto de tiendas, restaurantes, bancos, y un mercado situado en las proximidades de la marina residencial. El sector náutico da un sabor marino a esta área de diseño simple y baja altura –con tejados y paredes metálicos–, que cuenta además con un pequeño parque y un patio-jardín con bares. La diversidad de situaciones, usos y tipologías da al complejo una gran riqueza de materiales, acabados, colores y texturas vegetales; configurando una intervención brillante y rica en matices y soluciones formales.

El modelo paisajístico adoptado es el esquema naturalista que integra vegetación, agua y arquitectura en un conjunto diverso en el que las formas orgánicas dan una imagen armónica y potente a la vez, a partir de la sutil combinación de cuerpos naturales y artificiales.

Se parte para ello de elementos procedentes de distintos contextos culturales fácilmente asimilables e identificables –el puerto náutico de corte mediterráneo, la escalinata con agua procedente de la tradición italiana, el *green* del golf inglés– agrupados de forma hábil como un reflejo de la propia sociedad australiana, mosaico de culturas de variadas procedencias.

Se consigue así un espacio innovador, rico en sugerencias y referentes paisajísticos, que aúna un diseño de fuerte impronta con una caligrafía cuidada y atenta al detalle, en el que cada elemento parece haber

sido minuciosamente estudiado y cada solución se muestra ajustada a unos requerimientos claros y a un programa previamente definido. El complejo Sanctuary Cove es un ejemplo claro de intervención paisajística total, en la que a partir de unos pocos recursos naturales se crea todo un nuevo paisaje integrado en el entorno australiano con un fuerte carácter residencial y recreativo.

View of the hotel and golf course. *Vista del hotel y el campo de golf.*

The pier in the residential marina. *Embarcadero de la marina residencial.*

General plan of the complex. *Planta general del complejo.*

The structure over the Coastal Ring Road

Alfons Soldevila Barbosa and Josep I. de Llorens Durán

Completion date: 1990-1992
Location: The Buen Pastor and Barón de Viver Boroughs of Barcelona
Client/Promoter: Ministry of Transport and Public Works (MOPT), Municipal Institute of Urban Planning SA (IMPU)
Collaborators: Impusa Technical Services, P. Barragán, INCYCO, R. Jornet, J. Ortiz, J. M. Cámara, INITEC, J. M. Diez, J. Espinet, F. Reina and F. Force

For many residents, the new fast road around Barcelona is the Olympic project that did most to change the city's image, and to launch it into the future as an efficient city capable of transforming itself. The ring roads have also managed to combine the most demanding engineering requirements with architectural elements for other uses than purely traffic-related ones. This is the case with the sports facilities in Llorens and Soldevila's project for the Coastal Ring Road. Slabs of reinforced concrete measuring 6,600 m² and 11.600 m² respectively cover the road on its route through the Barón de Viver and Buen Pastor districts. These coverings have thus been converted into areas of double value to the city; they rejoin the banks of the River Besós to the layout of the city, allowing the riverbank to be used for leisure activities. Covering these sections of the ring road seeks to minimise the environmental impact of the road on these densely populated districts, and to use the space created for much-needed sports facilities.

The architects who designed this project, Josep Llorens and Alfons Soldevila, combine their experimental work with their teaching activity

Cosy and intimate spaces have been created under the huge pergola.

Bajo la pérgola monumental se han conseguido recrear espacios más recogidos e íntimos.

35

in Barcelona's Higher Technical School of Architecture (ETSAB) and their overseas experience as visiting lecturers at the International Laboratory of Architecture and Urban Design in Siena (ILAUD) and Washington University, St Louis, Missouri (United States). They have been rewarded with numerous prizes in international competitions, such as the UNESCO project to rebuild the great Library of Alexandria, the competition to extend the Nîmes bullring, and their *ex aequo* first prize in the competition for ideas to redesign the Estación de Francia in Barcelona.

They are currently working on the design of a metro station in Barcelona, developing a new architectural approach to urban transport infrastructure.

The functional requirements of these slabs over the Coastal Ring Road were to provide a playground, sports facilities and a low building housing changing rooms, a small civic centre for the Barón de Viver district, four tennis courts, and four additional paddle tennis courts with changing rooms in the structure in the Buen Pastor district.

Both complexes are covered by huge pergolas providing each site with shady spaces sheltered from rain. These elements help to blend the scheme into the cityscape and into the huge area covered by the bed of the River Besós. The geometry of the project also had to be adapted to the form of the high-speed ring road, largely determined by speed. The linear geometry of the slabs was used to lay out the sports courts one after the other, as if they were carriages pulled by a hypothetical train. Alongside the river, the slabs are perforated with skylights at regular intervals which provide natural light for the road, and for a long row of palm trees planted every 7.5 metres at the level of the traffic, "crossing" the slab to form a pedestrian promenade alongside the sports facilities.

The wire netting fences around the courts and the service buildings form a linear sequence of spaces, alternately empty and full, that are horizontal but which do not compete with the leading role of the spaces created by the pergolas. These take the form of a structure of trusses, with a distance of approximately 30 m between the pillars. A horizontal cover of galvanised grating on the upper surface of these trusses serves to diffuse bright sunlight. Two slightly curved waterproof polycarbonate sheets under the trusses meet to form a gutter that collects rainwater and also serves as a support for the indirect lighting system. This translucent cover hides the trusses it hangs from, helping to give the latticework a delicate effect.

The same criteria have been followed in the choice of materials and urban furnishings as for the pergolas. The ramps and access steps are constructed from prefabricated concrete blocks. The surfaces of the courts have been treated with a special asphalt finish, giving it a distinctive terracotta colour. A restrained combination of tarmac and concrete has been used for the other surfaces. Under the pergola, two rows of concrete benches with wooden seats have been constructed between the pillars and on both sides of the shaded area. In the areas next to the courts, however, a solution more in keeping with the transparency of the wire netting has been chosen, by siting romantic benches. The low-maintenance materials chosen contribute to the functional style of architecture typical of Barcelona Council's recent projects for recreational urban spaces. These spaces have benefited from the lessons learnt from the first, experimental, "hard squares" in the early eighties. The resulting complex, constructed with few resources, appears to pro-

View from ground level of the pergola's roof.

The elements used combine to confer a highly cohesive image.

Palm trees provide a Mediterranean image.

The lighting systems fit in perfectly with the other urban furnishing elements.

Contrapicado de la cubierta de la pérgola.

Todos los elementos del proyecto logran dar una imagen general de gran coherencia.

La palmera ofrece una imagen claramente mediterránea.

Los sistemas de iluminación quedan perfectamente integrados entre los restantes elementos del mobiliario urbano.

vides an immediate solution to supposedly contradictory problems: the city's requirement for fast ring road infrastructure, and more local sports architecture related directly to the life of the neighbourhood.

La nueva vía rápida que circunda Barcelona es para una buena parte de sus habitantes el proyecto olímpico que ha contribuido en mayor medida a cambiar la imagen de la ciudad y a proyectarla hacia el futuro como una metrópolis capaz y consciente de sus posibilidades de transformación. Las rondas, además, han sabido conjugar los más exigentes requerimientos de la ingeniería con una visión arquitectónica dirigida más allá de un uso orientado exclusivamente hacia el vehículo. En este registro se enmarcan los equipamientos deportivos proyectados por Llorens y Soldevila en la Ronda del Litoral, los cuales aprovechan dos diferentes losas de hormigón armado de 6.600 m^2 y 11.600 m^2, que cubren sendos tramos a su paso por los barrios de Barón de Viver y Buen Pastor, para convertirlos en zonas con un doble valor urbano; reconectando la orilla del río Besós a la trama urbana y revalorizando la primera en relación al aprovechamiento del tiempo libre. La cubrición de dichos tramos de ronda respondió en principio al deseo de minimizar en la medida de lo posible el impacto ambiental de la vía a su paso por unas zonas densamente pobladas y revertir la superficie ganada en subsanar su endémica escasez de instalaciones deportivas.

Los arquitectos autores del proyecto, Josep Llorens y Alfons Soldevila, han sabido combinar su actividad docente en la Escuela Técnica Superior de Arquitectura de Barcelona (ETSAB) y sus experiencias en el extranjero como profesores visitantes en el Laboratorio Internacional de Arquitectura y Urbanismo de Siena (ILAUD) o en la Washington University de St. Louis, Missouri (Estados Unidos), con una continuada actividad experimental que ha sido reconocida con numerosos éxitos en concursos internacionales, como el convocado por la UNESCO para la reedificación de la gran Biblioteca de Alejandría, el concurso para la ampliación de la plaza de les Arenas de Nîmes o como su primer premio, *ex aequo*, en el concurso de ideas para la remodelación de la barcelonesa Estación de Francia.

En la actualidad trabajan en el proyecto de una estación de metro en Barcelona, desarrollando de nuevo la faceta más arquitectónica de las infraestructuras relacionadas con la movilidad urbana.

El programa funcional para las losas de la Ronda del Litoral planteaba el emplazamiento de una pista de juegos, una pista deportiva y una edificación baja que incluyera los vestuarios, además de un pequeño centro cívico para la de Barón de Viver, y cuatro pistas de tenis, además de otras cuatro de *paddle tennis* y sus respectivos vestuarios para la de Buen Pastor.

Ambos conjuntos quedan rematados por una pérgola monumental que dota al conjunto de espacios singulares sombreados y protegidos de la lluvia. Estos elementos ayudan a integrar la operación en la confluencia de la escala urbana con la vasta superficie del cauce del río Besós. La geometría del proyecto se tiene que adaptar, por otra parte, a las formas –fuertemente determinadas por la velocidad– inducidas por el trazado de la ronda. La respuesta hacia la geometría lineal de las losas estriba en encadenar las diferentes pistas deportivas una tras otra, como si se tratara de los vagones de un tren tirado por la fuerza de una hipoté-

General view of the pergola and the slab on which it has been built.

The sports facilities are separated by metal fencing.

The metal fences allow the courts to be seen.

Vista general de la pérgola y de la losa sobre la que se halla instalada.

Los equipamientos deportivos quedan separados por vallas metálicas.

Las vallas metálicas permiten una perfecta visión de las pistas.

tica máquina materializada en su singular estructura de cubrición. En el flanco adyacente al río, las losas quedan perforadas rítmicamente por unos lucernarios que, al mismo tiempo que procuran la iluminación natural de la calzada de la vía rápida, permiten que una larga hilera de palmeras plantadas cada 7,5 m y a nivel del tráfico, *atraviesen* la losa para acompañar al peatón en su paseo a lo largo de las pistas.

Las protecciones de enrejado metálico de las diferentes pistas deportivas y las edificaciones auxiliares configuran una macla lineal de pequeños volúmenes llenos y vacíos cuya horizontalidad rehúye competir por el protagonismo con los espacios definidos por las pérgolas. Éstas quedan formalizadas a través de una estructura de cerchas que salva una luz de aproximadamente 30 m entre pilares. Sobre el canto superior de dichas cerchas se apoya una cubrición horizontal de reja de pasamanos galvanizada que actúa como difusor de la luz solar. Bajo el canto inferior, dos láminas impermeables de policarbonato ligeramente curvadas se encuentran en un canalón que recoge el agua pluvial y al mismo tiempo sirve de soporte para la iluminación indirecta. Dicha envolvente traslúcida, desmaterializa la imagen de las cerchas de las que está suspendida, contribuyendo a la sensación de ligereza del umbráculo.

Al igual que con las pérgolas, también se ha seguido un criterio homogéneo a la hora de elegir los materiales y el mobiliario urbano de ambas operaciones. Tanto las rampas como los peldaños de acceso han sido realizados mediante piezas de hormigón prefabricado. La superficie de las pistas ha sido tratada con un acabado asfáltico especial que le confiere su característica tonalidad terracota. El resto de las superficies combina el uso del asfalto negro con el hormigón visto en un ejercicio de contención y de sobriedad. Bajo la pérgola y coincidiendo con las cepas de los pilares que le sirven de apoyo, dos hileras de bancos de hormigón con asiento de madera quedan dispuestas flanqueando la zona de sombra. En las zonas adyacentes a las pistas, sin embargo, se ha optado por una solución más acorde con la transparencia de las protecciones de enrejado, mediante la colocación de unas adaptaciones del banco romántico.

La elección de unos materiales que apenas requieren de escasa inversión para su mantenimiento contribuye a una imagen arquitectónica en coherencia con los valores de uso que ensalzan los ejemplos más recientes de espacios urbanos para el ocio promovidos por el ayuntamiento de Barcelona, espacios que han sabido aplicar la lección aprendida tras los primeros experimentos de plazas duras de principios de los años ochenta. El conjunto resultante resuelve con pocos recursos y con aparente inmediatez dos problemas supuestamente difíciles de conjugar: las infraestructuras para la velocidad de la escala metropolitana, y la arquitectura deportiva a un nivel más doméstico y relacionado directamente con la vida del barrio.

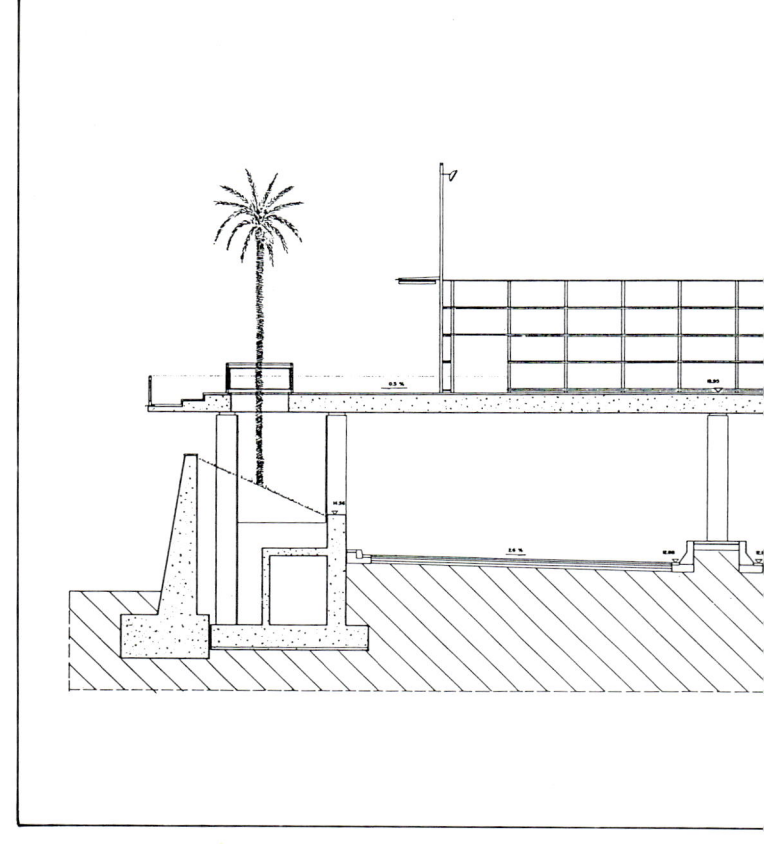

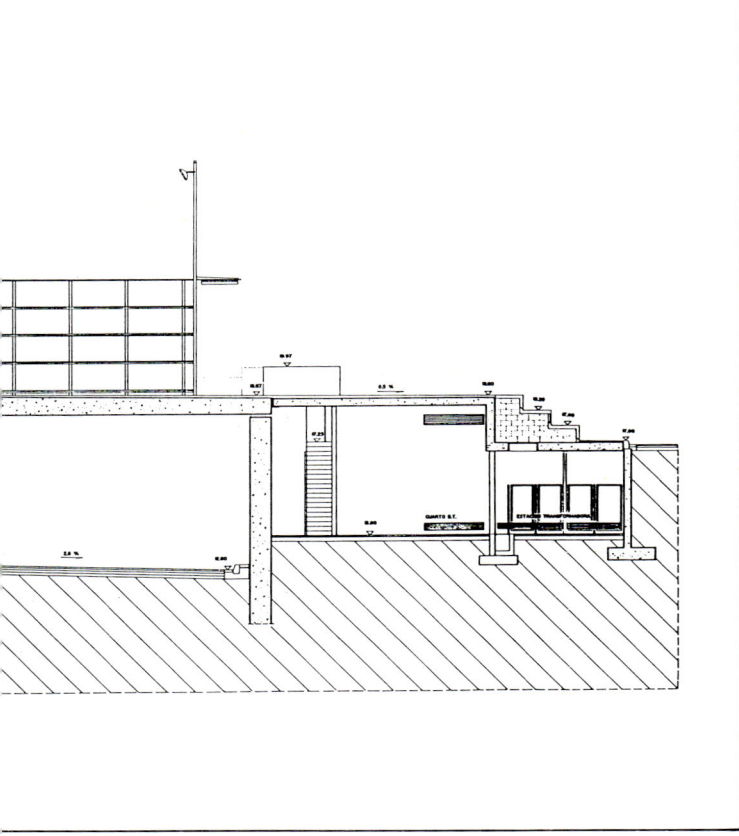

Side view of the pergola.

Longitudinal section.

Vista lateral de la pérgola.

Sección longitudinal.

41

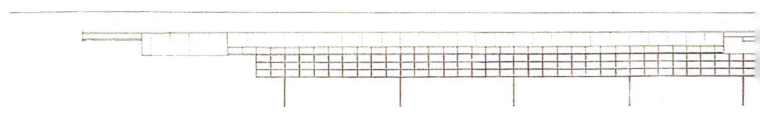

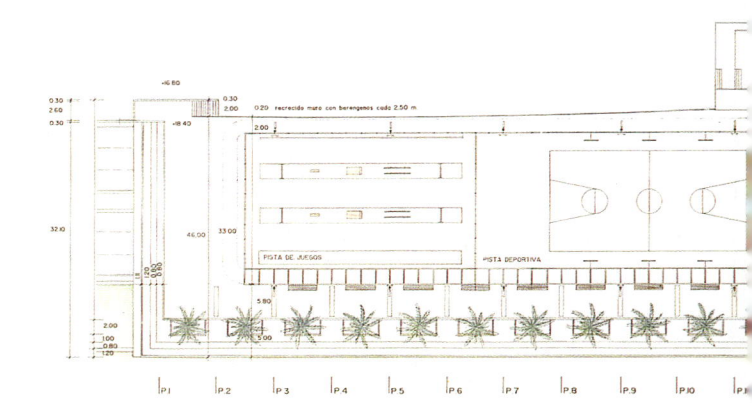

General ground plan.

Ground plan of the project as a whole.

Planta general.

Planta del conjunto de la intervención.

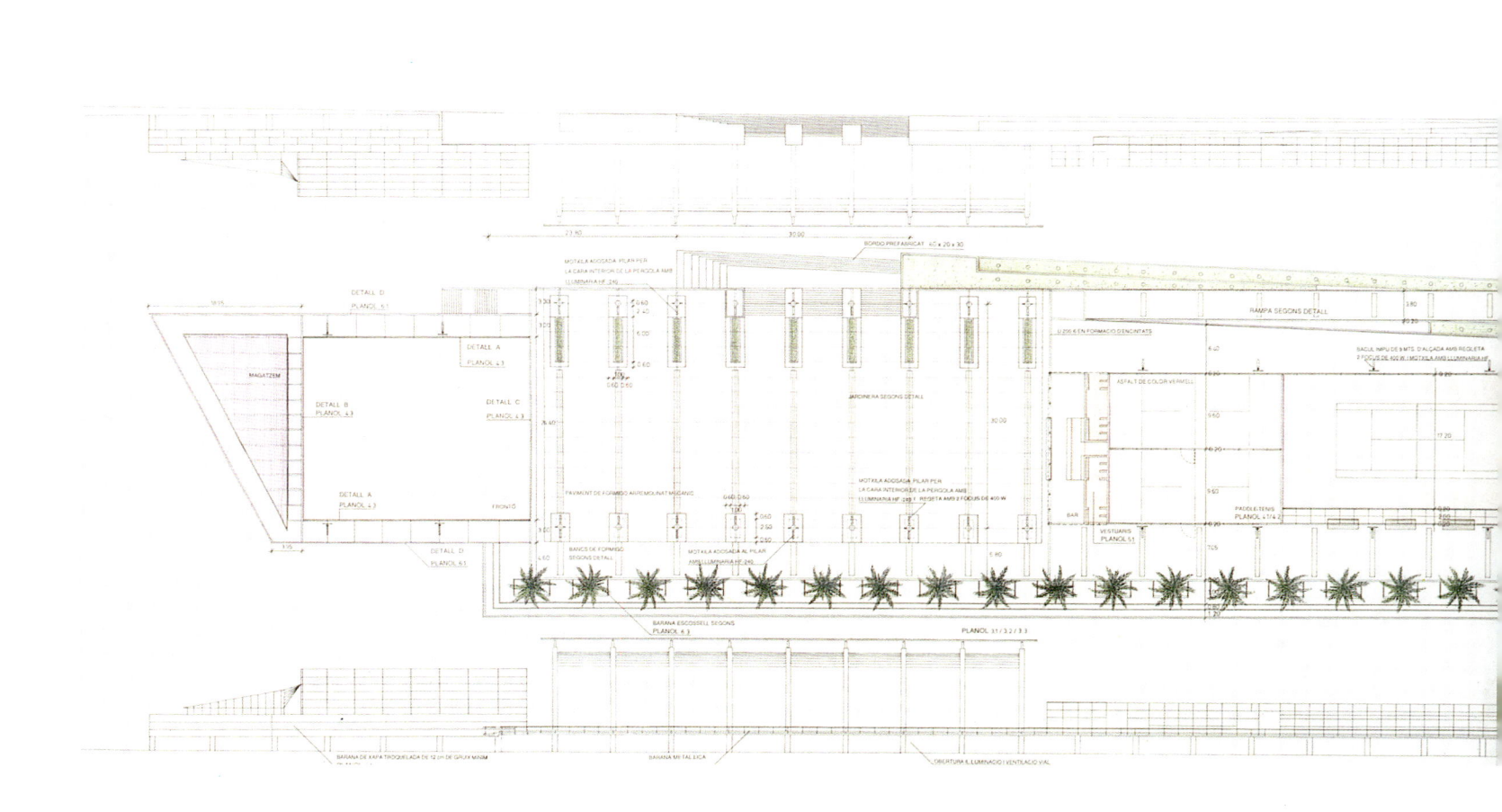

PLANTA GENERAL

43

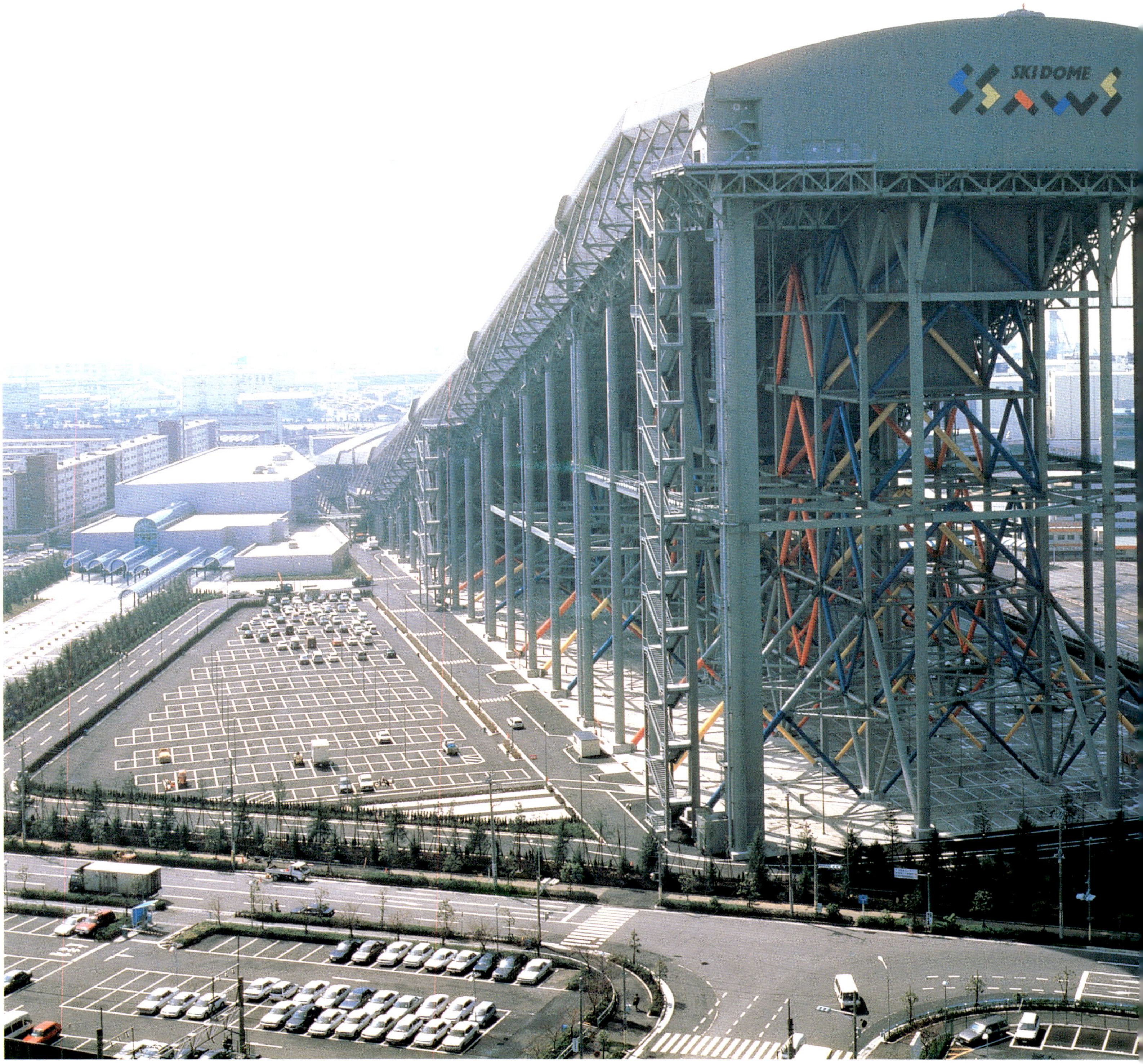
SKI DOME
SSAWS

Ski Dome SSAWS
Kajima Corporation

Completion date: 1993
Location: Hama-chou 2-3-1, Funabashi-shi, Chiba-ken (Japan)
Client/promoter: Mitsui Fudosan Co. Ltd.
Collaborators: Kazunobu Abe and Kenji Sawada (architects); Takuji Ueno (general manager of the landscape department), Yukio Toyoda (chief landscape architect) and Yasuhiro Sameshima (landscape architect); N.K.K. Co. Ltd.

 This project is a major example of how humans attempt to mould nature to their needs. It also, however, clearly shows that respect for the surroundings is the best approach to such an unusual project, which attempts to overcome climatic limitations to benefit human interests. It is thus a high-technology engineering project, but it fulfils all the landscaping requirements necessary for its integration into the surrounding environment.

 The popularity of skiing in Japan is the concept underlying this macroproject. Being able to ski all year round within the city was, for many enthusiasts, an unattainable futuristic dream. Reality, nevertheless, has once again overtaken humanity's eternal aspirations to recreate and dominate nature. This magnificent construction combining architecture, engineering and technology with the most exquisitely sensitive landscape design towers over the city of Chiba, on the Japanese island of Honshu.

 It shows, yet again, that the involvement of large multidisciplinary companies that can take great care of all project details is essential in this type of undertaking. Kajima Corporation is one of these organisations, and, after more than 150 years experience, has some of the leading professionals in these creative areas. At the head of the group are Rokuro Ishikawa, Shoichi Kajima and Akira Miyazaki.

 Any attempt to summarise the Kajima Corporation's long and brilliant history would be difficult and fruitless. It is only necessary to men-

General view of the complex.

Vista general del conjunto.

tion some of its best-known recent projects as examples, and these include: the Seikan Tunnel, built between 1972 and 1985; the Beijing Golf Club, in 1986; the royal palace in Jiddah, Saudi Arabia; the Merkur Hotel in Leipzig and the Grand Hotel in Berlin; the OUB Center Building in Singapore; and the Kemaman Breakwaters in Trengganu (Malaysia). The corporation's international vocation has been consolidated by awards such as the Deming Prize in 1982 or first mention in the 5th International Winter Cities Biennial competition for a district in Montreal.

The project under discussion can be considered from two different perspectives that are, however, perfectly complementary: the purely functional aspects and the landscape design. Regarding the former, this is one of the most ambitious projects of recent decades: artificially re-creating this winter sport throughout the year is a challenge that overwhelms the imagination. However, the Kajima Corporation's great technological capabilities have made this dream possible, after several years of research and structural tests, such as earthquake and hurricane simulation.

The enormous engineering framework, about 490 m long and with a maximum height of some 100 m, towers over an area of 41,000 m^2. There are two ski-slopes for different skill levels: one is for experts, with a gradient of approximately 20%, and the other is for beginners, with a slope of 15%. The base of the slope is made of cement covered in plastic, on which there is a 50-cm-thick layer of snow. Chairlift systems and service facilities (restaurants, swimming pools, shops etc.) complete the project's functional programme.

The most interesting aspect of the project, however, is the creation of snow and the maintenance of environmental conditions inside the complex. The temperature on the ski-slopes varies between -2° and -6° C, and this is maintained by efficient insulation techniques (which prevent cold air and humidity from escaping) and the automatic recycling of the snow itself. A gas cogeneration system has been used to provide the whole complex with energy. This system of energy is highly effective, as well as being economical and environmentally friendly.

To minimise environmental impact on the surroundings, those involved in the project opted for design values that respected the landscape. The concept behind the external design was the modern Scandinavian style. Central to this desire to evoke the rational and functional atmosphere of northern Europe is the large plaza that provides access to the built structures.

This open space has an area of 200 x 45 m, with viewlines leading to the glass arches of the entrance building. A sculpture symbolically presides over the square; the monument designed by Per Arnoldi, a structure of concrete and fibreglass reinforced with plastic that is a minimalist representation of the snow, mountains and feeling of Scandinavia.

The paving forms an attractive geometric design, based on the use of different types of concrete in tones of grey: permeable concrete (cast on site or in bricks), asphaltic concrete and plain concrete. Steel has been used for the sign boards and benches around the complex. Precast concrete has been used for the cubic lighting boxes, assembled on site.

Lastly, the plantings have been chosen with especial care, particularly the impressive *Metasequoia glyptostroboides* at the entrance to the plaza visually framing the monument. Tall trees include Himalayan

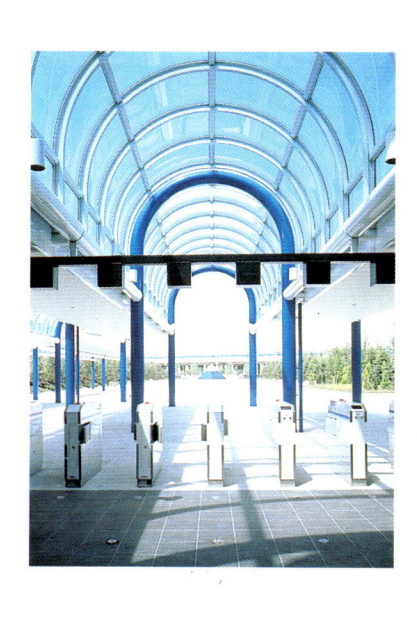

View of the access building.

Close-up of the entrance and the large glass dome.

Aerial perspective of the complex.

Part of the cover of the ski-slopes.

Toma desde el edificio de acceso.

Detalles de la entrada y la gran bóveda acristalada.

Perspectiva aérea del recinto.

Fragmento de la cubierta de las pistas.

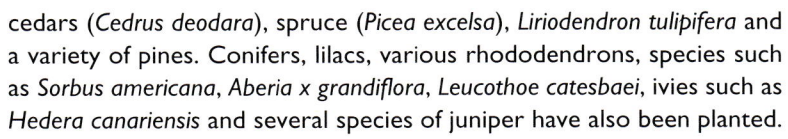

cedars (*Cedrus deodara*), spruce (*Picea excelsa*), *Liriodendron tulipifera* and a variety of pines. Conifers, lilacs, various rhododendrons, species such as *Sorbus americana*, *Aberia x grandiflora*, *Leucothoe catesbaei*, ivies such as *Hedera canariensis* and several species of juniper have also been planted.

Éste es uno de los más claros ejemplos de cómo el ser humano intenta supeditar la naturaleza a sus necesidades. No obstante, es también una muestra de cómo el respeto por el entorno constituye la mejor manera de afrontar un proyecto de estas singulares características, que intenta superar las limitaciones climáticas en beneficio de los intereses humanos. Por estas razones, la intervención se revela como una actuación de ingeniería tecnológica de alto nivel, pero que observa todos los condicionantes paisajísticos necesarios para su integración en el entorno circundante.

La popularidad de que goza el deporte del esquí en el archipiélago nipón está en la base conceptual de este macroproyecto. Poder esquiar durante todo el año en el interior de la misma ciudad era, para muchos aficionados, un sueño que entraba dentro del ámbito de la anticipación y el futurismo. Sin embargo, la realidad se ha vuelto a adelantar a las aspiraciones eternas del hombre por recrear y dominar la naturaleza. En la ciudad de Chiba, en la isla japonesa de Honshu, se alza esta magnífica construcción que conjuga arquitectura, ingeniería y tecnología con la más exquisita sensibilidad paisajística.

Una vez más se demuestra que, para este tipo de obras, es necesaria la intervención de grandes compañías multidisciplinares, capaces de cuidar al máximo todos los detalles del proyecto. Kajima Corporation es una de estas organizaciones que, con una trayectoria de más de 150 años, cuenta en su seno con algunos de los mejores profesionales de

The sculpture by Per Arnoldi in the centre.

View of the plaza at night.

Engineering and technology complement each other in this ambitious project.

Graphic sign boards in the sports area in the foreground.

The use of colours in the structures livens up the engineering design.

En el centro, toma de la escultura de Per Arnoldi.

Vista nocturna de la plaza.

Ingeniería y tecnología se complementan en este ambicioso proyecto.

En primer plano, indicadores gráficos del área deportiva.

El colorido de las estructuras anima el diseño de ingeniería.

estos ámbitos creativos. Al frente del grupo se encuentran Rokuro Ishikawa, Shoichi Kajima y Akira Miyazaki.

Intentar reducir en unas cuantas líneas la brillantez de la extensa trayectoria de Kajima Corporation sería una tarea tan ardua como infructuosa. Tan sólo es posible ofrecer como muestra algunos de sus más recientes y reconocidos trabajos, entre los que se cuentan: el Seikan Tunnel, construido entre 1972 y 1985; el club de Golf de Pekín, en 1986; el palacio real de Arabia Saudí en Jeddah; el hotel Merkur en Leipzig y el Grand Hotel en Berlín; el OUB Center Building de Singapur; o el Kemaman Breakwaters en Trengganu (Malasia). Una carrera internacional que se ha consolidado con galardones como el Deming Prize de 1982 o la primera mención en el concurso de la 5th International Winter Cities Biennial para un barrio de Montreal.

El presente proyecto puede observarse desde dos prismas distintos que, sin embargo, están complementados a la perfección: el puramente funcional y el paisajístico. En el primer aspecto, éste es uno de los proyectos más ambiciosos de las últimas décadas: recrear artificialmente el deporte de la nieve en cualquier época del año es un reto que escapa a la imaginación. Sin embargo, el gran potencial tecnológico desplegado por Kajima Corporation ha hecho posible este sueño, tras varios años de investigaciones y pruebas estructurales que incluyen simulación de terremotos y vientos huracanados.

Sobre una superficie de 41.000 m² se eleva el monumental armazón de ingeniería, que alcanza una altura máxima de unos 100 m y una longitud de unos 490 m. Las dos pistas del complejo presentan distinta dificultad: la de expertos, con un desnivel aproximado del 20 %; y la de principiantes, con una inclinación del 15 %. La base del suelo es de cemento recubierto de plástico, sobre el que se dispone la capa nívea, de unos 50 cm de espesor. Los sistemas de telesillas y los equipamientos de servicios (restaurantes, piscinas, tiendas, etc.) completan el programa de funciones del recinto.

No obstante, la parte más interesante del proyecto es la referida a la creación de la nieve y a la conservación de las condiciones ambientales en el interior. La temperatura en las pistas oscila entre los -2° y los -6°C, y el mantenimiento se realiza mediante unas calculadas técnicas de aislamiento (que evitan la salida de aire frío y humedad al exterior) y el reciclaje automático de la misma nieve. Para proporcionar energía a todo el complejo se ha empleado el GAS (Cogeneration system), un sistema energético que combina con gran eficacia la economía y la ecología.

Para evitar el negativo impacto ambiental en el contexto, los proyectistas han apostado por una intervención respetuosa e imbuida de valores paisajísticos. Desde una perspectiva conceptual, el referente sobre el que ha basado el diseño exterior ha sido el del estilo moderno escandinavo. El anhelo de aprehender la atmósfera racional y funcionalista del norte europeo tiene su núcleo en la gran plaza que da acceso a los volúmenes constructivos.

Con una superficie de 200 m x 45 m, este espacio abierto culmina su larga perspectiva en el acristalamiento abovedado del edificio de entrada. Un elemento escultórico preside simbólicamente la plaza: el monumento diseñado por Per Arnoldi, una estructura de hormigón y fibra de vidrio reforzada con plástico que representa de forma minimalista la nieve, las montañas y la atmósfera escandinava.

Detail of the interior.

Lighting and colours characterise the atmosphere inside.

Detalle del interior.

Iluminación y colorido caracterizan la atmósfera interior.

La pavimentación dibuja un atractivo diseño geométrico gracias a la utilización de distintos tipos de hormigón, siempre en tonos grisáceos: permeable (vertido o en forma de ladrillos), asfáltico y simple. El acero también forma parte del conjunto, tanto en los indicadores como en los bancos que bordean el lugar. El hormigón precolado está presente en las cúbicas cajas de iluminación, que han sido fabricadas *in situ*.

Por último, la elección de especies vegetales ha sido especialmente cuidada, destacando las impresionantes *Metasequoia glyptostroboides* que sirven de entrada a la plaza y enmarcan visualmente el monumento. Entre los árboles de gran envergadura destacan los cedros del Himalaya (*Cedrus deodara*), abetos (*Picea excelsa*), *Liriodendron tulipifera* y alguna variedad de pinos. También se han plantado coníferas, lilos, varios rododendros, especies como *Sorbus americana*, *Aberia x grandiflora*, *Leucothoe catesbaei*, hiedras como la *Hedera canariensis* y sabinas como la *Juniperus*.

The chairlift system carries people to the ski-slopes in only two minutes.

View of one of the ski-slopes.

The machinery and services are identical to those on any mountain ski-slope.

Different gradients distinguish the slopes used by experts and beginners.

El sistema de telesillas facilita el desplazamiento en sólo dos minutos.

Vista de una de las pistas.

La maquinaria y los servicios son idénticos a los de cualquier pista de alta montaña.

Los distintos grados de desnivel diferencian la práctica entre expertos y aficionados.

Monument

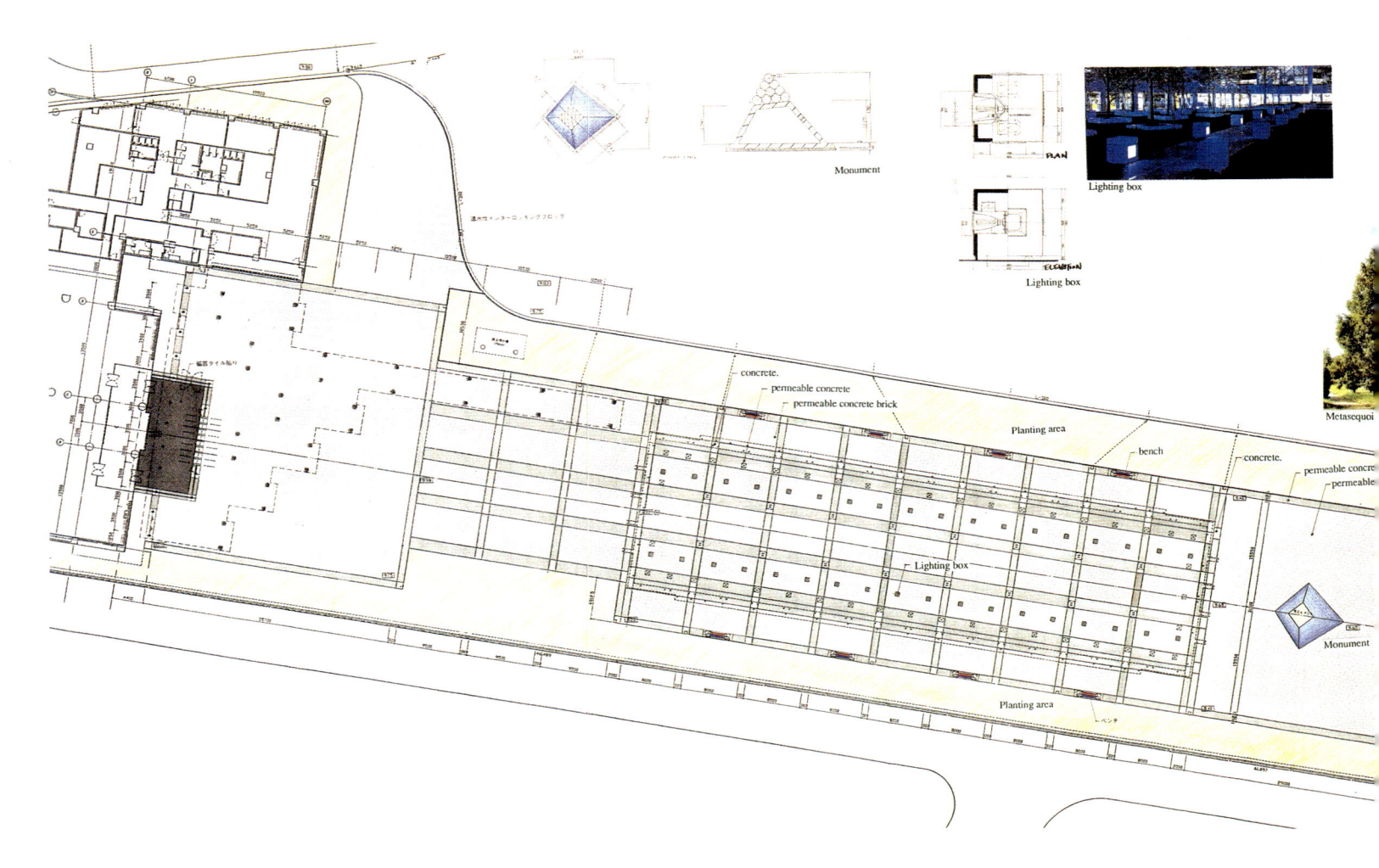

Lighting box

Lighting box

Metasequoi

concrete.
permeable concrete
permeable concrete brick
Planting area
bench
concrete.
permeable concre
permeable
Lighting box
Monument
Planting area

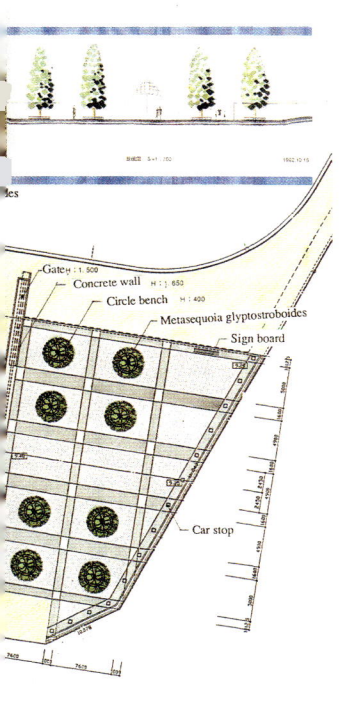

General ground plan of the large plaza, with details of the furnishings, paving and vegetation.

Majestic view of the ski installations at sunset.

Side view of the pyramid.

Planta general de la gran plaza, con algunos detalles de mobiliario, pavimento y vegetación.

Majestuosa vista crepuscular de las instalaciones de esquí.

Alzado de la pirámide.

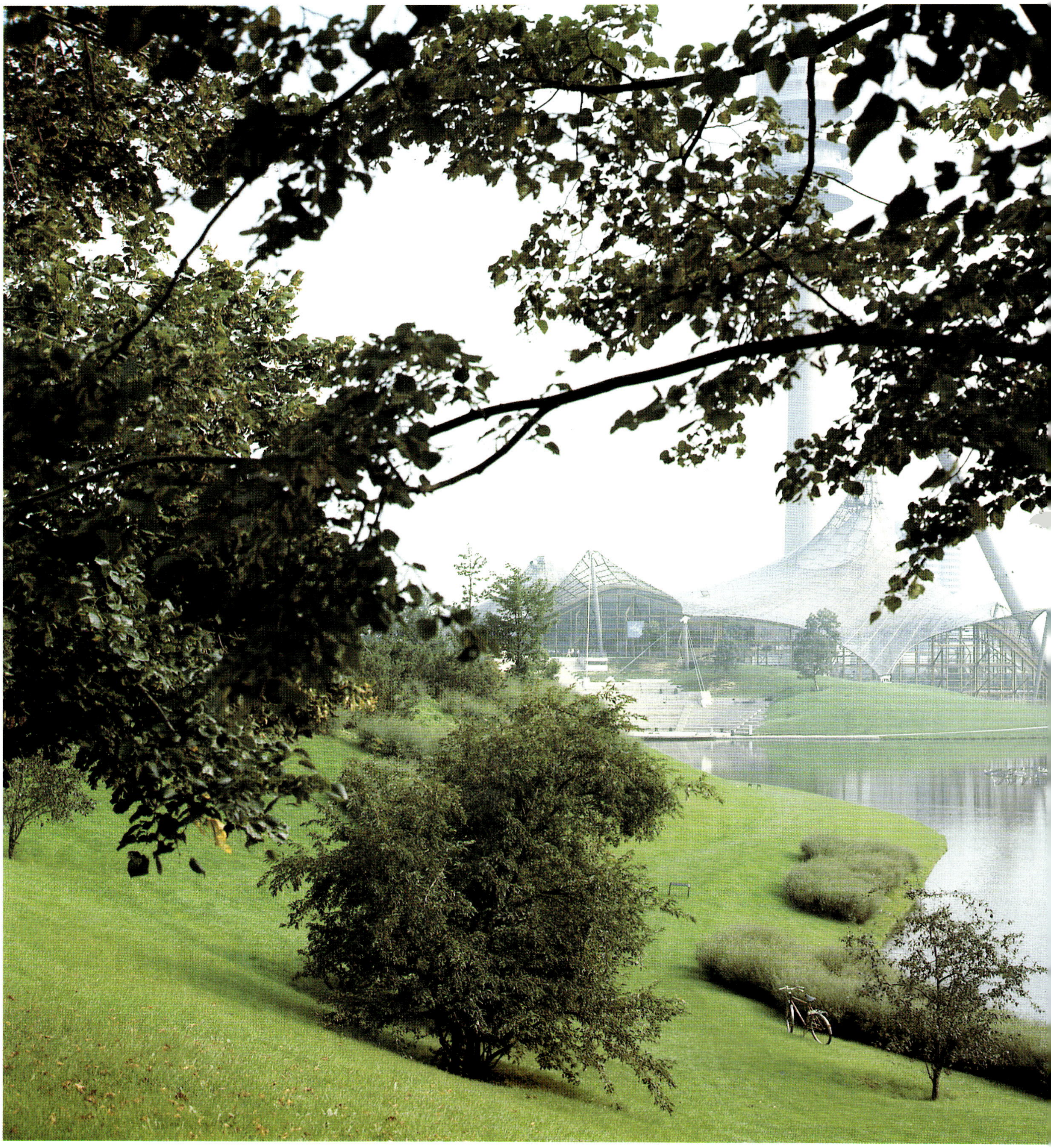

Olympia Park
Behnisch & Partner

Completion date: 1972
Location: Munich, Germany
Client/Promoter: Olympic Park-Corporation MBH
Collaborators: Günther Grzimek (landscaping); Frei Otto; Leonhardt + Andrä (covering structures)

"*The Olympics in green, with short walks, the muses and sport.*" This was the slogan of Munich's winning candidature to hold the XX Summer Olympic Games. The planning of one part of this city in its pre-Alpine setting and the definitive end of the post-war political era of accelerated national reconstruction were also factors requiring an adequate formal expression in the Olympic complex. This had to house the main sporting facilities, as well as providing an adequate communications system for pedestrians and traffic. The 1967 competition for this project was won by the Behnisch & Partner architecture team. The versatile development of their proposal made them the core of a working team open to multiple professional collaborations.

Günther Behnisch is the main principal, although this studio's variable composition is one of its main characteristics. It was founded in 1952 as Behnisch & Lambart, and adopted its current name in 1979. The actual team of architects consolidated with Winfried Büxel, Manfred Sabatke and Erhard Tränkner, as well as Günther Behnisch, as its main members. From its beginnings the studio's projects concentrated on schools, sports centres and other public buildings. During the 1960s they explored the construction possibilities of prefabricated elements, and the Ulm School of Engineering was the first public building constructed entirely using prefabricated elements. In the second half of the decade, after exhausting this method's potential, the company turned towards craft methods that exploited the possibilities offered by industrial technology. Their forty years of professional activity include partic-

Nature and installations blend together creating idyllic landscapes.

Naturaleza e instalaciones se fusionan en paisajes idílicos.

ipation in more than 400 competitions and the completion of more than 100 projects, one of the most important being the German Bundestag in Bonn (1992). In his personal career, Günther Behnisch has alternated professional activities with teaching, and has obtained several prizes and honorary mentions: he is a member of the International Architecture Academy of Sofia, Bulgaria (1990), an honorary member of the Royal Incorporation of Architects in Scotland, Edinburgh (1992), the Gold Medal of the Académie d'Architecture de Paris (1992); and these are just some of his more recent achievements.

The scheme for the Munich Olympic Park has turned into an elaborate landscaping operation. The large, prominent hill, originally a refuse pile, extends in the form of dykes that break up an originally flat terrain and form the nerve centre of the complex, a central platform which the different installations are grouped around, in the form of sunken amphitheatres. An artificial lake forms the horizontal plane of reference and its reflection unite the mountain, the platform and the stadia. The stadium coverings appear to be only flimsy constructions, light transparent veils suspended over the Olympic stadia, but they are in fact made of Plexiglas. This architectural feature, together with the communications tower, is the distinctive image of the Olympic Centre. Topography and gardening are used to define different areas, whether natural or fulfilling a specific purpose. The mountain and lake, for example, are areas for general leisure, where people can pass time, and where the landform and vegetation evoke typical pre-Alpine scenery. Sequences of willows run along the access routes to the installations, an unmistakable reference to Munich's most important avenues. These accesses, subdivided into more modest multiple routes, have the capacity to absorb the foreseen flow of spectators to the major events, but also allow pedestrians to enjoy a quiet walk through the park. The changing perspectives, the different views of the succession of amphitheatres, all help to create an atmosphere for the spectator even before the show starts. However, the monumental feeling of the stadia is greatly reduced because they are in concave depressions excavated in the terrain, and this creates a harmonious balance between their scale and that of their surroundings.

The design of Munich's Olympia Park has achieved its two aims. These were to create the setting for the Olympic Games and, looking beyond the games, to give life to a fragment of the city that had previously been disconnected. It has clearly been a success; the Olympic Park is now, together with the English Garden, the favourite urban leisure area of Munich's inhabitants.

Relief, water and vegetation define different environments.

Typical pre-Alpine vegetation.

Paths run through leafy woodlands.

The monumental scale can only be fully realised from the hilltop.

The Plexiglas domes are suspended over the Olympic facilities.

Topografía, agua y vegetación definen los ambientes.

Vegetación típicamente prealpina.

Los caminos discurren a través de frondosos bosques.

Sólo desde la cumbre de la montaña se adivina la monumentalidad del estadio olímpico.

Las cubiertas de plexiglás quedan suspendidas sobre las pistas olímpicas.

«Las Olimpiadas del verdor, de los recorridos cortos, de las musas y del deporte». Así rezaba el lema de la candidatura muniquesa cuando le fue otorgada la organización de los XX Juegos Olímpicos de verano. La ordenación de un fragmento de ciudad de este enclave prealpino, así como el definitivo carpetazo a una etapa política de posguerra y de acelerada reconstrucción nacional, eran otros factores que reclamaban una adecuada traducción formal en el complejo olímpico. Éste debía albergar los principales escenarios deportivos, la villa residencial y los diferentes campos de entrenamiento, además de ofrecer un acertado sistema de comunicaciones viarias, tanto rodadas como peatonales. El concurso convocado a este efecto en 1967 fue ganado por el equipo de arquitectos Behnisch & Partner. No obstante, el polifacético desarrollo de su propuesta convirtió a éstos en el núcleo de un equipo de trabajo abierto a múltiples colaboraciones profesionales.

Con Günther Behnisch como principal responsable, es esta variabilidad en la composición del estudio una de sus principales características. Fundada en 1952 como Behnisch & Lambart, la empresa adoptó su nombre actual de Behnisch & Partner en 1966. El equipo de arquitectos que lo forman actualmente se consolidó definitivamente en 1979 con Winfried Büxel, Manfred Sabatke y Erhard Tränkner, además del mismo Günther Behnisch, como principales componentes. Desde un principio sus proyectos se centraron en escuelas y pabellones deportivos, además de variados edificios públicos. Durante los años sesenta investigaron las posibilidades de la construcción con elementos prefabricados, y la Escuela de Ingeniería de Ulm se convirtió en la primera gran construcción pública totalmente prefabricada. Agotadas las posibilidades en esta dirección, hacia la segunda mitad del decenio, la mirada de la empresa volvió a dirigirse hacia un método artesanal que explotara las posibilidades de la tecnología industrial. Los 40 años de actividad profesional abarcan la participación en unos 400 concursos y la realización de más de 100 proyectos, entre los que cabe destacar la sede del Bundestag alemán en Bonn (1992). A título personal, Günther Behnisch ha alternado la actividad profesional con la enseñanza y ha obtenido diversos premios y menciones honoríficas: miembro de la International Academy of Architecture de Sofía, Bulgaria (1990), miembro de honor de la Royal Incorporation of Architects in Scotland, Edimburgo (1992), medalla de oro de la Academie d'Architecture de París (1992) son tan sólo algunos de sus últimos éxitos obtenidos.

La propuesta para el parque olímpico de Munich se convierte en un elaborado ejercicio de paisajismo. La significativa prominencia de un monte formado a partir de escombros se extiende en forma de diques que, fragmentando un terreno originalmente plano, confluyen en el punto neurálgico del complejo: una meseta central en torno a la cual se agrupan, a modo de anfiteatros hundidos en el terreno, las diferentes instalaciones. Un lago artificial se convierte en el plano horizontal de referencia cuyos reflejos relacionan montaña, meseta y estadios. Las cubiertas de éstos no son más que aparentes construcciones efímeras, livianos velos transparentes –en realidad de plexiglás– suspendidos sobre las pistas olímpicas. Este elemento arquitectónico, junto a la torre de comunicaciones, es la imagen distintiva del centro olímpico. Topografía y jardinería definen diferentes lugares, de naturaleza y uso específicos en cada caso. Montaña y estanque, por ejemplo, son zonas de ocio indeterminado, donde no hay más que hacer y dejar hacer, y en

Water, wildlife, vegetation and technology.   *Agua, fauna, vegetación y tecnología.*

las que orografía y vegetación evocan un paisaje típicamente prealpino. Secuencias de sauces jalonan los recorridos de acceso a las instalaciones en una inequívoca referencia a las más importantes avenidas muniquesas. Subdivididos en múltiples itinerarios más modestos, estos accesos tienen la capacidad de absorber los previsibles flujos de espectadores de actos multitudinarios y simultáneamente permitir al paseante un recorrido tranquilo por el parque. Las perspectivas cambiantes, las diferentes visiones de los sucesivos coliseos, ponen al espectador en situación ya antes del inicio del espectáculo. La monumentalidad de los estadios, por otra parte, queda en gran medida desvirtuada al no ser éstos más que concavidades excavadas en el terreno, alcanzándose así un equilibrio amable en su escala relativa al entorno.

En el Olympia Park de Munich se ha conseguido el doble objetivo de, en primer lugar, formalizar el espíritu de unos juegos olímpicos y después, más allá de los mismos, dotar de carácter a un fragmento urbano anteriormente inarticulado. El éxito es evidente; el parque olímpico es en la actualidad, junto al Jardín Inglés, la zona urbana de ocio predilecta de los muniqueses.

Access routes wind through the landscape.

The covering structures are fixed directly into the ground.

Colour is important in the composition.

Los accesos serpentean a través del paisaje.

Las estructuras de cubrición están directamente ancladas al terreno.

El color, elemento compositivo.

The telecommunication tower rises over the vegetation, which consists of different species of trees.

Entre la vegatación, compuesta por árboles de diferentes especies, se alza la imagen de la torre de telecomunicaciones.

The paths running through the vegetation serve as accesses to the Olympic installations, which fit perfectly into the landscape.

Los caminos abiertos entre la vegetación dan acceso a las diferentes instalaciones olímpicas, que, por otra parte, quedan perfectamente integradas en el paisaje.

The paved areas gently rise to adapt to the site's irregular relief.

Las zonas pavimentadas se ajustan, en suave gradación, a la irregular topografía del terreno.

Sunken amphitheatre.

The sound of water helps to generate a peaceful atmosphere.

Anfiteatro hundido en el terreno.

El sonido del agua contribuye a generar una atmósfera de descanso.

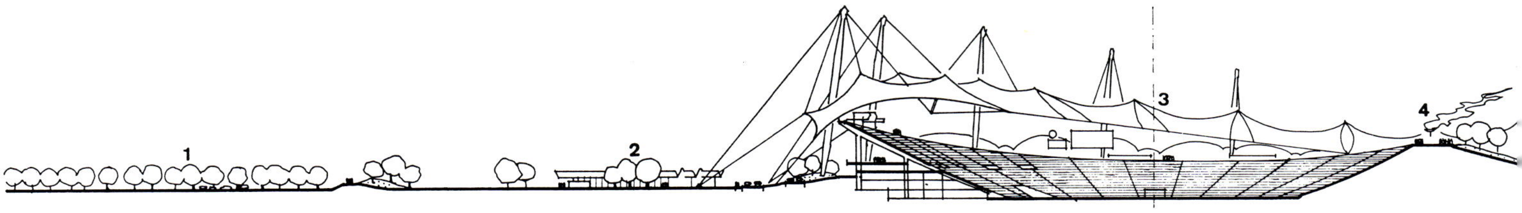
1
2
3
4

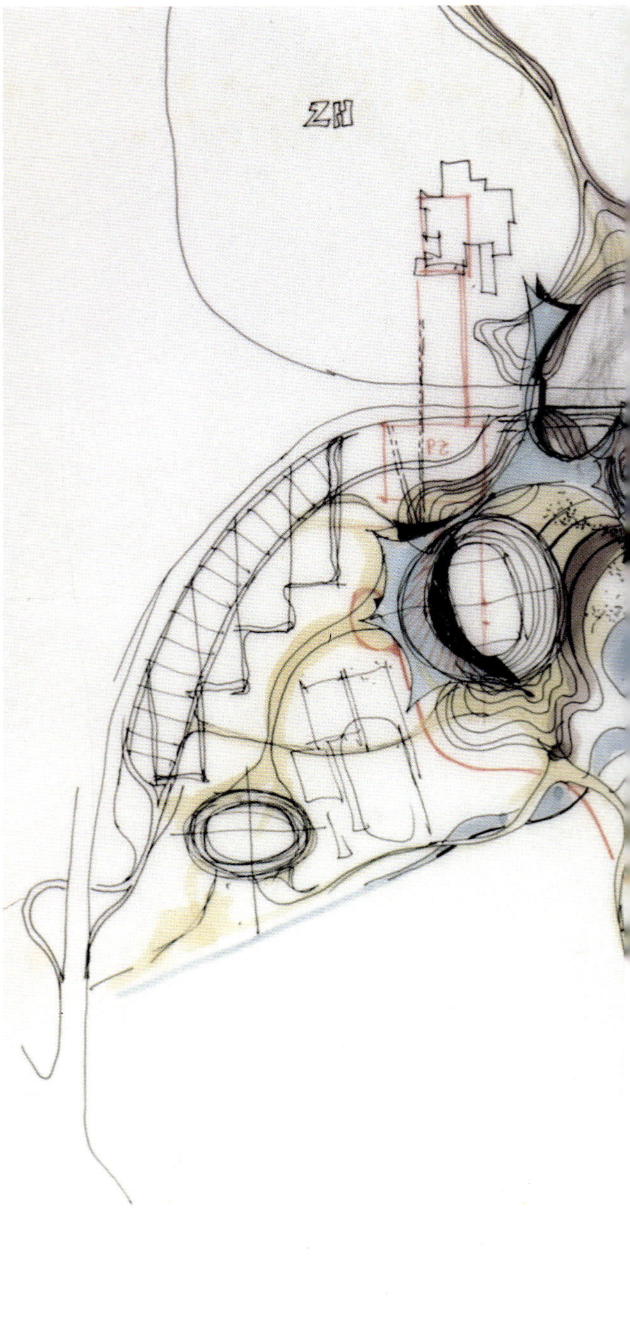
ZH

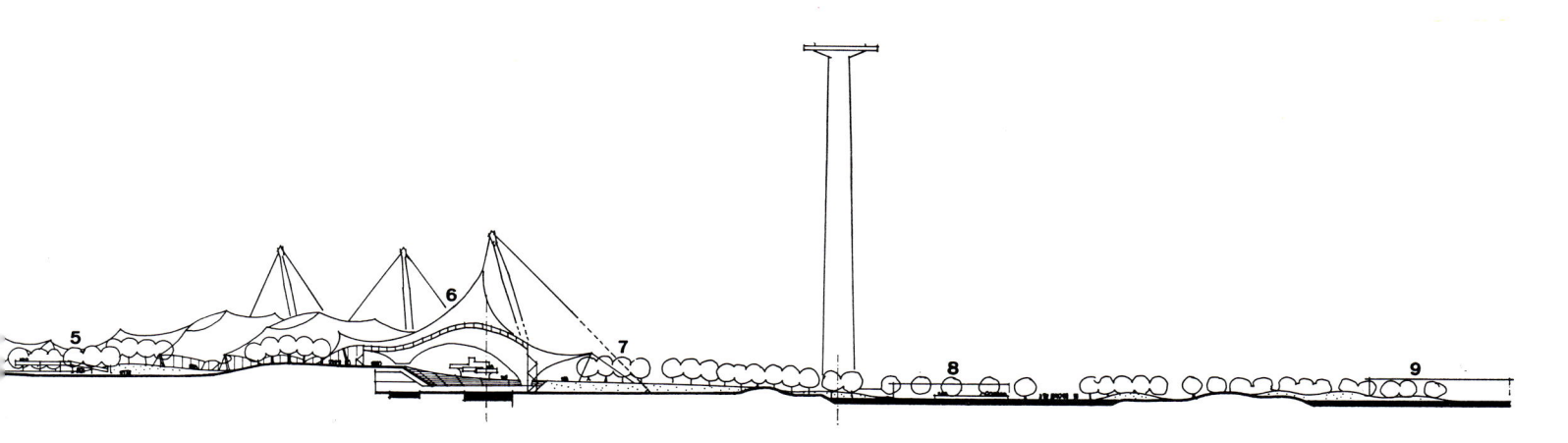

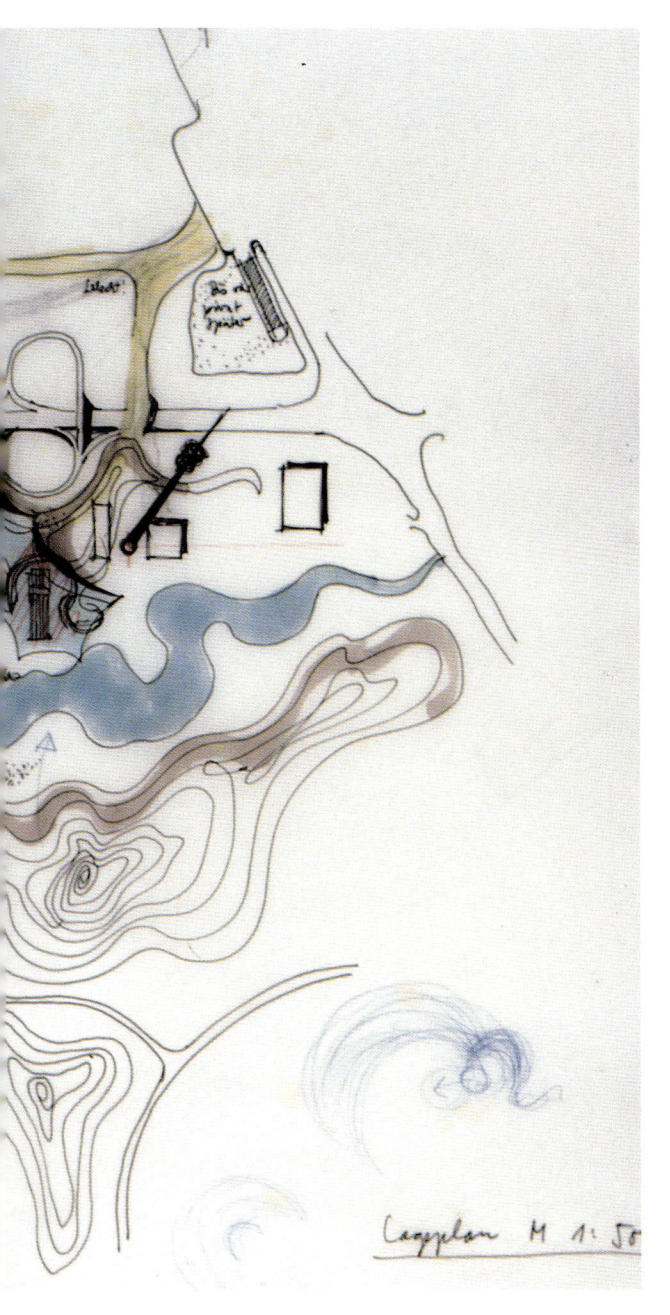

General location plan.

Overall plan.

Planta general de la situación.

Ordenación general del Olympia Park.

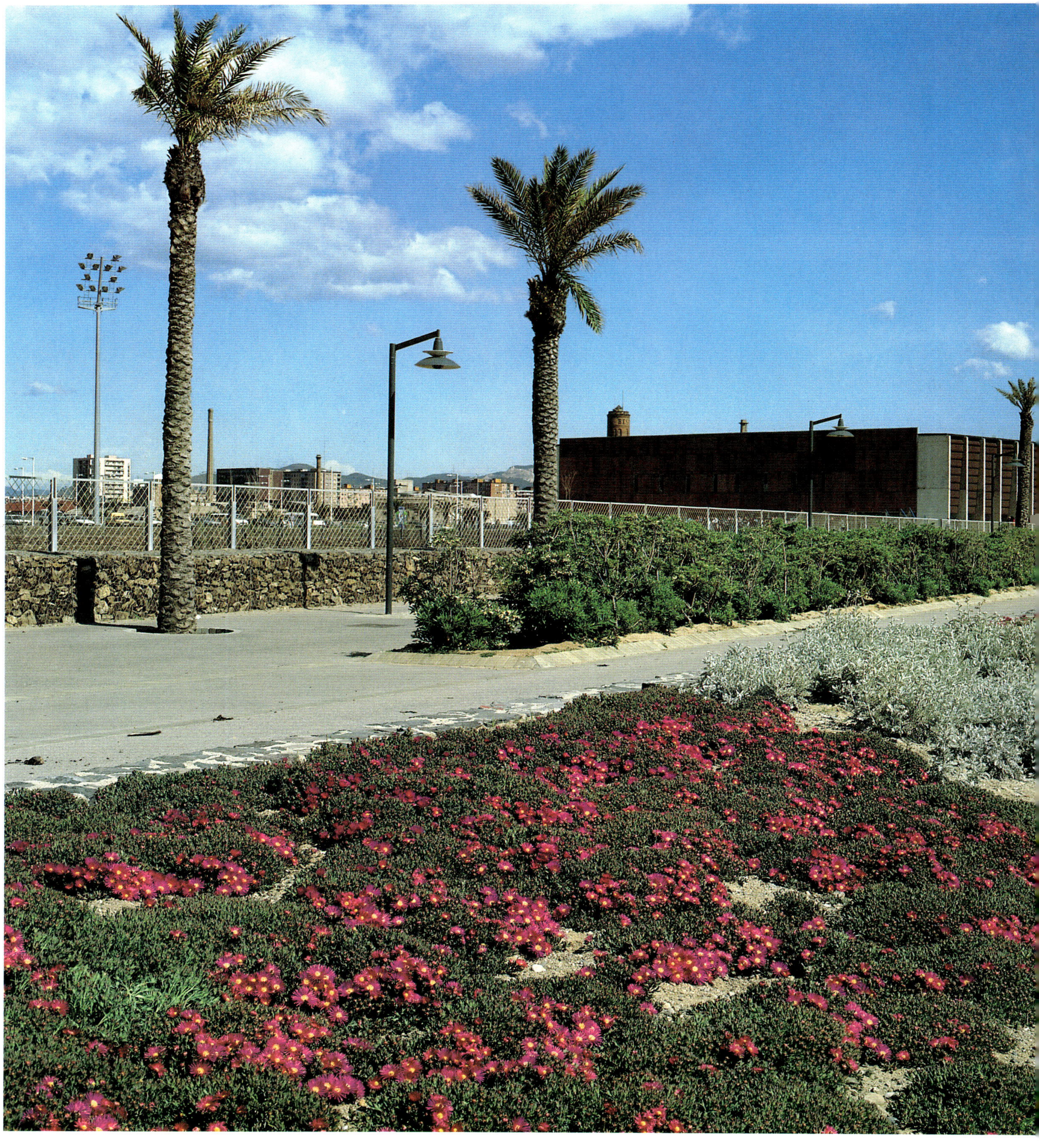

The Mar Bella Pavilion and Athletics Track
Ruisánchez-Vendrell

Completion date: 1990-1992
Location: Poblenou, Barcelona (Spain)
Client/Promoter: Vila Olímpica, S.A.
Collaborators: S. Pieras, E. Prats, F. Belart, S. Cervantes, J.R. Ferragut, M. Gallardo, J. Janué, K. Lindstrom, E. Masclans, J. Ribera, J.P. Saucedo and M. Solá; J.R. Clascá, J. Laviña and M. Tersol (Management, VOSA); R. Brufau and J. Gómez (Structure); SUMMA: J. Fargas, H. Pla and J. Padró (Engineering).

Landscaping is not merely creating external spaces and gardens for public or private use, but covers more complex pragmatic aspects, which are especially important in sports architecture. The 1992 Olympic Games gave Barcelona the opportunity to test not only its effectiveness at successfully organising an event of this magnitude, but also its ability to integrate the new installations into the city's cultural, social and physical environment.

Together with the most symbolic constructions for the Games, such as the Olympic Ring complex, the rest of the sports facilities are characterised by a praiseworthy discretion and moderation of form. This is the case with the Mar Bella Athletics Tracks and Pavilion. This complex is located at the northeastern tip of the Poblenou Park, in a traditional neighbourhood revitalised by the Olympic boom and which plays an important role in the future project to restore the city's seafront, the Sea Park.

The main architects behind this project are Manuel Ruisánchez (1957) and Xavier Vendrell (1955). After following interesting individual careers, they teamed up in 1988 to found Ruisánchez-Vendrell,

Parterres with low vegetation, with palm trees framing entrances in the background.

Parterres con vegetación baja y en segundo término palmeras que enmarcan los accesos.

Architects. Both graduated from ETSAB (Barcelona Higher Technical School of Architecture), in 1982 and 1983 respectively, and worked for such prestigious studios as Torres y Martínez Lapeña (both) and Freixes y Miranda (Ruisánchez). They also worked together as architects for the Projects Unit of the Barcelona Metropolitan Corporation and as lecturers at ETSAB. Ruisánchez's lectures on landscaping at both ETSAB and at Valencia's Higher Technical School of Architecture are particularly worthy of mention.

Although they had received various national awards before going into partnership, they have received most acclaim for their design of the Poblenou Park and this sports complex, both finalists in the 1992 FAD Awards. Their talent has recently been shown by their first prize in the competition for projects for the Fontsanta Park, also in metropolitan Barcelona.

After hosting the badminton events in the Olympic Games, the Mar Bella Pavilion was converted into a sports and cultural centre, and its original 4,000 seats reduced to 1,000. This space has been used to install four multipurpose sports tracks, changing rooms and toilets, a library, rooms for conferences and exhibitions, as well as accommodating the historical archives of the Poblenou district.

The site's characteristics, at one end of the park and facing the seafront, determined the project's fundamental parameters. Although guided by a common objective, a distinction can be made into two complementary blocks. In terms of landscaping, an effort was made to minimise the impact of the buildings' size on the surroundings and to coordinate their layout in relation to the park and to the urban framework. From an architectural perspective, the authors have sought to create a single building that is genuinely multifunctional, and have also sought to connect the interior to the exterior by using transparency in the apparently opaque construction, and emphasising the importance of structure in generating form.

The main body with the sports facilities stands out from the cultural facilities, half-sunken and sited around the perimeter, to reduce the impact of the built volume. The range of architectural techniques used in the building's design (especially the connection between the main body and the lower part) seeks the optimal layout of the functional sectors, and indirect illumination by sunlight, which creates a gradual play of transparencies between interior and exterior.

The cultural centre, situated on the northeast side of the lower block, opens onto a sunken patio incorporating access areas and outdoor activities, including the athletics track surrounding the pavilion. This was used for athletes' training during the Games, and thus had to be the same size as the track in the Olympic Stadium on Montjuïc, meaning that the services had to be located in the pavilion itself.

In this sense, the track plays a decisive role in the landscape design, as it determines the configuration of the complex and, as such, the main theme of the project: the relationship between the interior and the exterior. It has thus been sited on a platform below the level of the seafront promenade and surroundings, protecting it from strong winds and allowing a view of the complex from the outside.

To solve the problem of retaining the earth, walls with gabions were built. The metal fences that enclose the site were located here to allow the track to be seen from the outside. There are two forms of access

Low natural stone walls border all the traffic routes.

All the materials used reinforce the coherence of the complex's image.

Los muros bajos de piedra natural bordean todos los ejes circulatorios.

Todos los materiales refuerzan la imagen unitaria del conjunto.

to the track: one is by crossing open ramps leading through the walls, and the other leads from the lower block of the neighbouring building.

The most conventional aspect of the landscape design is in the entrances to the complex. The relationship between the building, the circulation routes and the seafront promenade is unified by using the same features: low walls in natural stone alongside all the traffic routes; low growing plants, including some hedges and simple flower beds; and trees (with particular attention to the palm trees that symbolize Barcelona's new image) placed at intervals on the site to reinforce the image of uniformity.

El trabajo paisajístico no se puede reducir a la mera creación de espacios exteriores y ajardinamientos para el uso público o privado. Su radio de acción abarca aspectos pragmáticos de mayor complejidad que, en el caso de la arquitectura deportiva, adquieren una importancia determinante. Los Juegos Olímpicos de 1992 brindaron a la capital catalana la oportunidad para poner a prueba no sólo su eficacia funcional en la preparación y el éxito de un acontecimiento de esta magnitud, sino también el talante y la sensibilidad para integrar las nuevas instalaciones en el entorno cultural, social y paisajístico de la ciudad barcelonesa.

Junto a las obras emblemáticas de los Juegos, como las que configuran el conjunto de la Anella Olímpica, el resto de equipamientos deportivos se caracterizan por una discreción y moderación formal dignas de encomio. Una de estas instalaciones es el complejo constituido por la pista de atletismo y el Pabellón de la Mar Bella, situado en el extremo noroeste del Parque del Poblenou, tradicional barrio revitalizado por el impulso olímpico y que ejerce un destacado papel en la recomposición de la fachada marítima de la ciudad a través del futuro Parc del Mar.

Los principales artífices de esta intervención son Manuel Ruisánchez (1957) y Xavier Vendrell (1955), quienes, tras una interesante trayectoria en solitario, se asocian en 1988 para fundar Ruisánchez-Vendrell, arquitectos. Ambos se licencian por la ETSAB (Escuela Técnica Superior de Arquitectura de Barcelona, 1982 y 1983, respectivamente) y trabajan en gabinetes tan prestigiosos como el de Torres y Martínez Lapeña (ambos) o el de Freixes y Miranda (sólo Ruisánchez). Asimismo, coinciden como arquitectos de la Unidad de Proyectos de la Corporación Metropolitana de Barcelona y como profesores en la ETSAB. Hay que hacer especial mención a la docencia en materia paisajística de Ruisánchez, tanto en la ETSAB como en la Escuela Técnica Superior de Arquitectura de Valencia.

Aunque antes de asociarse habían recibido distintos galardones a escala nacional, su mayor reconocimiento se ha producido con el diseño del Parque del Poblenou y de este complejo deportivo, ambos finalistas a los premios FAD de 1992. Su talento se corrobora en la actualidad con el primer premio en el concurso de proyectos para el Parque de la Fontsanta, también en el área metropolitana de Barcelona.

Tras acoger las competiciones olímpicas de badminton, el Pabellón de la Mar Bella se ha transformado en un centro deportivo y cultural que ha reducido sus 4.000 localidades originales a un número de 1.000. El espacio se ha aprovechado para ubicar cuatro pistas polideportivas, vestuarios y servicios, biblioteca, salas de conferencias y exposiciones, así como dependencias del archivo histórico del barrio de Poblenou.

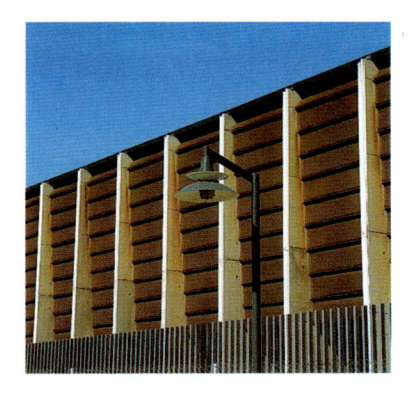

The Mar Bella complex has played an important part in the renovation of Barcelona's seafront.

Lighting devices have been installed among the vertical structures.

The building is striking when seen from the beach.

El conjunto de la Mar Bella ha ejercido un destacado papel en la renovación de la fachada marítima barcelonesa.

Los dispositivos de iluminación se han instalado entre las estructuras verticales.

Desde la playa, el edificio destaca por su contundencia.

Las peculiaridades del emplazamiento, en uno de los extremos del parque y enfrentado hacia la línea marítima, determinaron los parámetros fundamentales del proyecto. Aunque guiados por un objetivo común, se pueden diferenciar en dos bloques complementarios: desde un punto de vista paisajístico, se pretendió minimizar el impacto del volumen en el entorno y coordinar su disposición respecto al parque y al entramado urbano; en un sentido arquitectónico, los autores han buscado la coherencia multifuncional en un único edificio, la conexión interior-exterior a través de la transparencia en una construcción en apariencia opaca y la importancia de la estructura como generadora de la forma.

De esta manera, el cuerpo principal con las salas polideportivas destaca sobre el resto de equipamientos culturales, que se han situado en un basamento perimetral semienterrado respecto al nivel del terreno circundante, lo que contribuye a disminuir el impacto volumétrico. Las distintas técnicas arquitectónicas empleadas en la resolución formal del edificio (especialmente en la conexión entre cuerpo y basamento) persiguen una óptima distribución de los sectores funcionales y la entrada indirecta de luz solar, con lo que se consigue crear un juego gradual de transparencias entre interior y exterior.

El centro cultural, situado en la vertiente noroeste del basamento, se abre hacia un patio igualmente semienterrado que acoge las áreas de accesos y las actividades exteriores. Éstas tienen su máximo exponente en la pista de atletismo que circunda el pabellón, empleada para el entrenamiento de los deportistas durante los Juegos. Ello obligó a que las dimensiones se homologaran a las propias del Estadio Olímpico de Montjuïc y que los servicios se ubicaran en el volumen del pabellón.

En este sentido, la pista ejerce un decisivo papel paisajístico, ya que determina la configuración del recinto y, por tanto, el tema principal de la intervención: la relación entre interior y exterior. Así, se ha situado en una plataforma deprimida respecto al paseo marítimo y al entorno, con lo que se protege respecto a los vientos dominantes y se permite la visión desde fuera del recinto.

Para solucionar la contención de las tierras, se ha recurrido a la disposición de muros de gravedad formados por gaviones de licorella. Sobre éstos se disponen las vallas metálicas de cerramiento que facilitan la visión desde el exterior. La entrada a la pista se realiza mediante dos sistemas: a través de rampas abiertas entre los muros de gaviones y desde el basamento del edificio vecino.

En la definición de los accesos es donde tiene lugar la intervención paisajística más convencional. La relación entre el edificio, los trazados circulatorios y el paseo marítimo está homogeneizada por la utilización de diversos elementos: los muros bajos de piedra natural que bordean todos los ejes viarios; la vegetación baja, con algunos setos y sencillas composiciones florales; y las especies arbóreas (con especial atención a las palmeras como símbolo de la nueva imagen barcelonesa) que, de forma eventual, se introducen en el recinto para reforzar la imagen de uniformidad.

The Mar Bella Pavilion is at the northeastern end of the Poblenou district.

Metal fencing allows a perfect view from the outside.

Athletics track, with the pavilion in the background.

El pabellón de la Mar Bella está situado en el extremo noroeste del barrio del Poblenou.

Las vallas metálicas permiten una perfecta visión desde el exterior.

Pista de atletismo y pabellón en segundo plano.

The athletics track has been built on a platform below the level of the seafront promenade.

First level of the pavilion.

Plan of the semisunken storey of the building.

La pista de atletismo se ha situado en una plataforma deprimida respecto al paseo marítimo.

Primer nivel del pabellón.

Planta semienterrada del edificio.

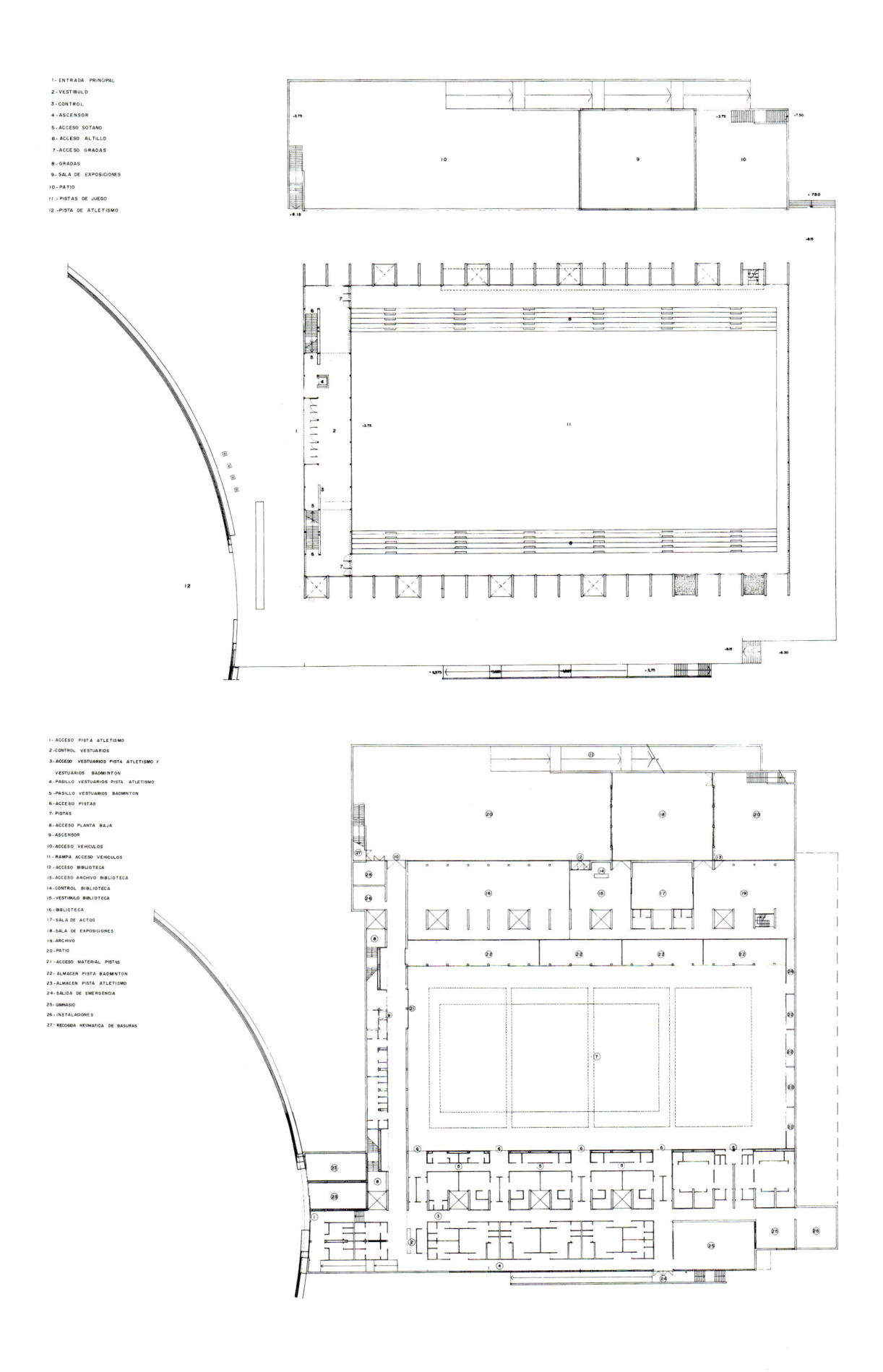

1.- ENTRADA PRINCIPAL
2.- VESTIBULO
3.- CONTROL
4.- ASCENSOR
5.- ACCESO SOTANO
6.- ACCESO ALTILLO
7.- ACCESO GRADAS
8.- GRADAS
9.- SALA DE EXPOSICIONES
10.- PATIO
11.- PISTAS DE JUEGO
12.- PISTA DE ATLETISMO

1.- ACCESO PISTA ATLETISMO
2.- CONTROL VESTUARIOS
3.- ACCESO VESTUARIOS PISTA ATLETISMO Y VESTUARIOS BADMINTON
4.- PASILLO VESTUARIOS PISTA ATLETISMO
5.- PASILLO VESTUARIOS BADMINTON
6.- ACCESO PISTAS
7.- PISTAS
8.- ACCESO PLANTA BAJA
9.- ASCENSOR
10.- ACCESO VEHICULOS
11.- RAMPA ACCESO VEHICULOS
12.- ACCESO BIBLIOTECA
13.- ACCESO ARCHIVO BIBLIOTECA
14.- CONTROL BIBLIOTECA
15.- VESTIBULO BIBLIOTECA
16.- BIBLIOTECA
17.- SALA DE ACTOS
18.- SALA DE EXPOSICIONES
19.- ARCHIVO
20.- PATIO
21.- ACCESO MATERIAL PISTAS
22.- ALMACEN PISTA BADMINTON
23.- ALMACEN PISTA ATLETISMO
24.- SALIDA DE EMERGENCIA
25.- GIMNASIO
26.- INSTALACIONES
27.- RECOGIDA NEUMATICA DE BASURAS

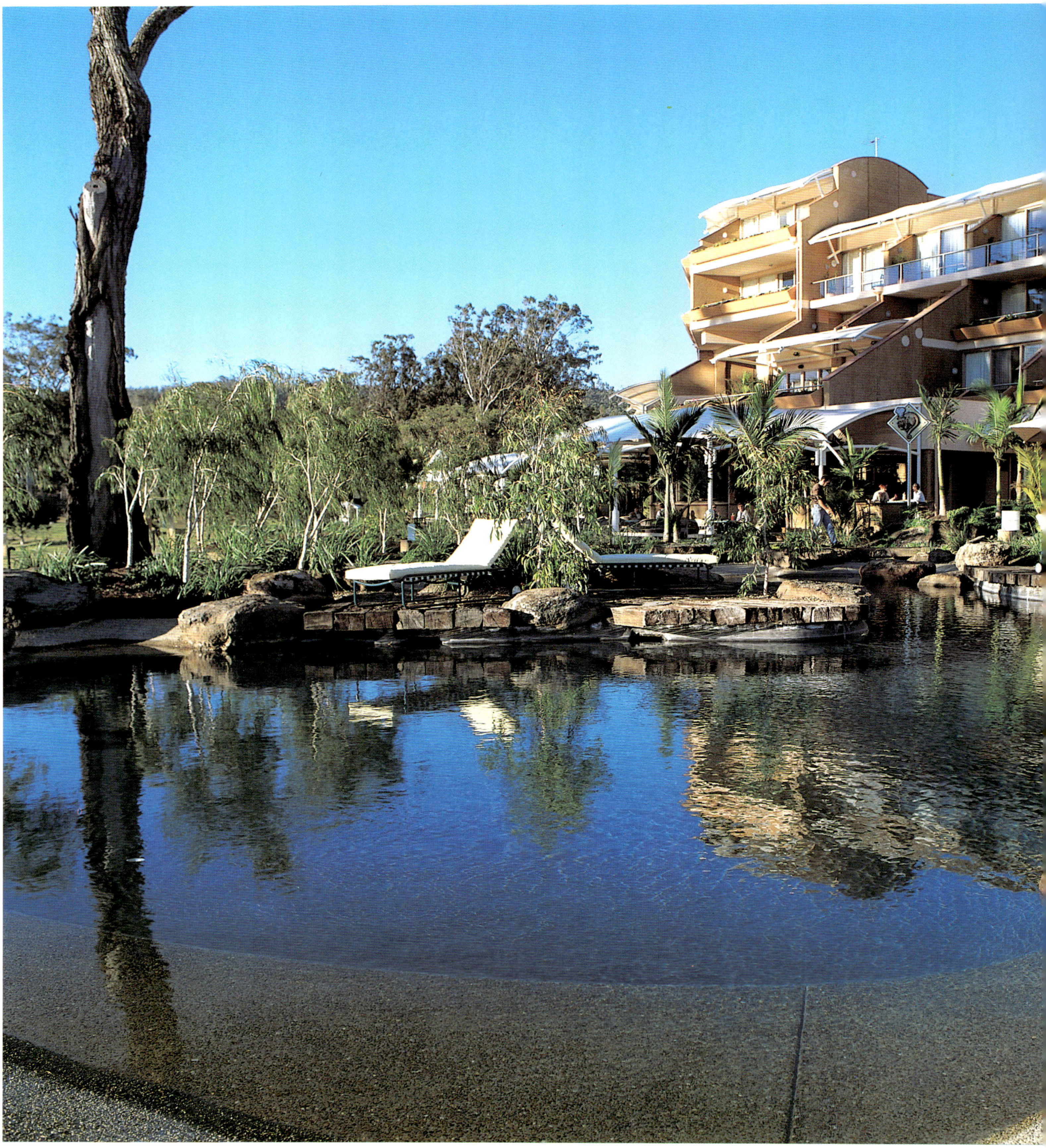

Kooralbyn Valley Resort
The Landmark Group

Completion date: 1991
Location: Queensland, Australia
Client/Promoter: Toya Kumenton

Halfway between Brisbane and Gold Coast lies the lush Kooralbyn Valley, full of Queensland's rich wildlife. The gentle topography features eucalyptus woodlands and pasture, livestock and kangaroos, and is set against an extraordinary background of blue mountains, making it a unique setting for a holiday resort. Conceived as a health centre, the intention was that the incorporation of residential areas and a range of sports facilities should not alter the area's rural character. This, together with the way the development fits in with the outline of the hills, were the leitmotif of a project showing deep concern for the environment.

The integration of their schemes into the landscape is one of the distinguishing characteristics of the long history of The Landmark Group, the group chosen to masterplan the central nucleus of the complex. Their 25 years of experience has made them experts on the basis of their more than 1,500 projects in residential architecture, town-planning and landscaping. The search for singularity and the quality of the final product have been a constant feature of their work.

The confidence deposited in Landmark is also based on the thorough knowledge of the location. Based in Brisbane, an hour from the Kooralbyn Valley, they have completed projects throughout Australia and southeast Asia. Most of the tourist centres, hotels, residential developments and institutional facilities they have built are in these areas. Other services Landmark provides are less related to design and deal more with environmental aspects, going to prove the team's thoroughness in their preliminary study before starting a project.

The rigorous analysis of pre-existing features is one of the keys to understanding Kooralbyn Valley Resort. Starting from an initial struc-

Picturesque stream in the atrium.

Pintoresco paisaje fluvial en el atrio.

ture – a hotel with 200 rooms – a system of paths branches out, apparently in an arbitrary manner. The different routes connect a series of active and passive leisure areas. Conceived as strategically located landmarks, these multiple points of interest are attractive and surprising, thus making a stroll into an experience. A golf course, squash and tennis courts, and horse-riding are mixed in with picnic areas, spectacular waterfalls, gazebos, amphitheatres and romantic gardens.

Access is by following a magnificent line of local eucalyptus whose formal arrangement is in deliberate contrast to the landscape and emphasises the entrance. The use of rammed local earth in constructing the hotel makes it a reflection of the colouring of the local shale outcrops. The vegetation hanging from each terrace also helps to make the building fit in. The parking zone is a subtle ecological statement, based on the area's formerly abundant dry sclerophyllous forests, and shelters the vehicles under the canopy of the towering eucalyptus and between native shrubs.

The four wings of the five-storey hotel are 10 to 20 m apart and form open patios, atria, with refreshing shade and their own microclimates. Together with the earth colours of the facades they evoke deep natural gullies, complete with a created watercourse and lush tropical vegetation. The rest areas along the sinuous trail through these atria allow the passer-by to relax in these delightful surroundings. In the main central access a waterway flows over four small waterfalls and into a large artificial lake. The constant murmuring of the moving water in the interior area increases the sensation of isolation from the external world. Restaurants, bars and open-air leisure areas overlook this oasis and form part of the idyllic atmosphere.

Externally, the lake recreates one of the natural waterholes, billabongs, that are so common in Australia. The vegetation, materials and form are all apparently natural and unplanned. Platforms of rough planking, using old railway sleepers, appear to float over the lake and provide extraordinary views. This conscientious imitation of nature transforms a simple dip in the swimming pool into a comforting return to nature.

To avoid isolating this artificial paradise from the exterior, a path leads through the peaceful external landscape to a sports pavilion, tennis courts, a small motel and a country club. Along this route there are several areas to entice the passer-by. A pergola structure is located at the transition between the sports zone and the hotel. A picturesque picnic area offers the possibility of campfire cooking next to the billabong. Elsewhere, the noise of a waterfall masks external noise, and a wooden stage over the water, visible from all the terraces of the hotel, completes a grass amphitheatre. One can read a book, watch the golf or observe the area's abundant wildlife from a suspended platform at the edge of the lake. A garden, screened from all sides but overlooking the lake, combines lush vegetation with a minimalist design conducive to meditation.

The design of the Kooralbyn Valley Resort is a painstaking response to the existing spirit of place. Different habitats have been carefully combined to make the hot, occasionally inhospitable Australian countryside into something seductive. The proven satisfaction of the visitors and their memories of their stay show how successful it has been, and show how well the design objectives have been realised.

Water flowing in the central axis.

Native tropical vegetation in the atrium.

Canal de agua en el eje central.

Bosque tropical de vegetación autóctona en el atrio.

A medio trayecto entre Brisbane y Gold Coast, con la exuberancia y riqueza agreste propias de la región de Queensland, se halla Kooralbyn Valley. Suave topografía de bosques de eucaliptos y campos de pastoreo, salpicados de ganado vacuno y huidizos canguros, con un extraordinario telón de fondo de montañas azuladas, hacen de este paraje un incomparable marco para la ubicación de un complejo vacacional. Concebido como centro de salud, la incorporación de áreas residenciales y diversos equipamientos deportivos no debía alterar el carácter rural del lugar. Esta circunstancia y la armonía del conjunto con la amable silueta de las colinas se convertirían en *leitmotiv* de un proyecto que manifiesta una profunda preocupación por el entorno.

Es la integración en el paisaje de toda intervención una de las principales características que distinguen la dilatada trayectoria profesional de The Landmark Group, empresa designada para la redacción de la propuesta general de ordenación del núcleo central del complejo. Con una experiencia de 25 años esta firma ha sabido ganarse un reconocido prestigio en base a una obra que abarca más de 1.500 proyectos realizados en el campo de la arquitectura residencial, el urbanismo y el paisajismo. En ellos la búsqueda de la singularidad y la calidad del producto final han sido una constante.

La confianza depositada en Landmark se sustenta igualmente en el certero conocimiento del emplazamiento previsto. Asentados en los alrededores de Brisbane, a una hora escasa de Kooralbyn Valley, su ámbito de actuación se extiende por toda Australia y parte del sudeste asiático. Es en estas zonas donde se concentran la mayor parte de centros turísticos, hoteles, urbanizaciones residenciales y equipamientos institucionales ejecutados. Otros servicios prestados por Landmark, menos implicados en el diseño y más comprometidos con el estudio medioambiental, no hacen sino refrendar la perspicacia de este equipo en la observación previa a cualquier intervención.

Es en esta capacidad de riguroso análisis de las preexistencias donde deben buscarse las claves para la interpretación de Kooralbyn Valley Resort, donde, a partir de un cuerpo embrionario –un hotel de 200 plazas– un sistema de senderos se dispersa con aparente arbitrariedad. Los diferentes itinerarios conectan un conjunto de zonas de esparcimiento activo y pasivo. Concebidos como hitos estratégicamente situados, estos múltiples puntos de interés seducen, sorprenden, provocan sensaciones, convierten el paseo en experiencia. Un campo de golf, instalaciones de tenis, *squash* y equitación se confunden de este modo con áreas de picnic, espectaculares cascadas, miradores, anfiteatros y románticos jardines.

El acceso se produce a través de una espléndida avenida de eucaliptos –de procedencia autóctona– que, en su formalismo, contrasta intencionadamente con el paisaje y enfatiza la entrada. Por otro lado, la utilización de áridos originarios de la comarca en la construcción del hotel –imitando ocasionalmente vecinos yacimientos de pizarra– relaciona a éste indisolublemente con el terreno en su coloración. La vegetación colgante en cada una de las terrazas contribuye también a contextualizar el edificio. En la zona de aparcamiento, el reencuentro con uno de los otrora abundantes bosques de Dry Schlerophyl se convierte en sutil alegato ecologista, mientras los automóviles se cobijan bajo sombrillas de eucalipto y entre arbustos nativos de la región.

Las cuatro alas del hotel, de cinco plantas de altura, separadas entre sí de 10 a 20 m, forman patios abiertos –atrios– de sombra refrescante y microclima propio. Los tonos terrosos de las fachadas evocan una

84

The sunset reflected in the lake.

Rest and bathing areas allow recreation within the lake's naturalistic composition.

La luz crepuscular desencadena juegos de reflejos en el lago.

Zonas de baño y descanso permiten recrearse en la composición naturalista del lago.

profunda garganta natural donde no faltan un ficticio curso fluvial y frondosos bosques tropicales. Las zonas de descanso que jalonan el sendero serpenteante a través de los atrios permiten disfrutar sosegadamente de la particular atmósfera resultante. En el eje central de acceso un canal fluye, salvando cuatro saltos de agua, hasta desembocar en un gran lago artificial. El constante murmullo del agua en movimiento aumenta en este interior la sensación de aislamiento respecto del mundo externo. Restaurantes, bares y zonas de estar al aire libre se abocan hacia este oasis participando de tan idílico ambiente.

Fuera, el estanque imita las charcas naturales tan frecuentes en Australia –los *billabong*–. Forma, materiales y vegetación son los de una naturaleza salvaje, aparentemente incontrolada. Plataformas de tosco enlistonado –el mismo de las vías férreas– parecen flotar sobre el lago y proporcionan extraordinarias vistas. Este concienzudo ejercicio de mimetismo transforma un simple baño en reconfortante retorno a la naturaleza.

Lejos de pretender un posible enclaustramiento en este paraíso artificial, una senda conduce a través de la serena orografía exterior hacia un pabellón de deportes, las canchas de tenis, un pequeño motel, un club de campo. A lo largo de este recorrido diversas zonas atraen la atención del paseante. Una estructura apergolada, por ejemplo, acompaña el traspaso de la zona deportiva al hotel. Una pintoresca área de picnic brinda la ocasión de encender pequeñas hogueras de campamento a la vera de un *billabong*. En otros lugares, una sonora catarata acalla ruidos externos, y un escenario de madera sobre el agua –visible desde todas las terrazas del hotel– completa un anfiteatro de césped. En otra plataforma flotante, más apartada, se puede leer un libro, seguir alguna partida de golf o estudiar la activa vida animal de la región. Más recogido todavía, un jardín resguardado en todas direcciones y abierto al estanque reúne una exuberante vegetación con un diseño minimalista que propician un casi inevitable estado de meditación.

La composición de Kooralbyn Valley Resort responde escrupulosamente a la lógica que impone la preexistencia del lugar. Fusionados con el paisaje se han implantado hábilmente distintos hábitats que hacen seductora la calurosa, a veces inclemente campiña australiana. La certificada satisfacción de los visitantes, el imborrable recuerdo de su estancia, avalan el éxito de la operación y testimonian que los objetivos del diseño se han cumplido ampliamente.

KOORALBYN VALLEY RESORT HEART Masterplan

Water flows permanently along the stream.

General plan of Kooralbyn Valley Resort (central nucleus).

El agua en movimiento del arroyo, permanente compañía.

Plano general de Kooralbyn Valley Resort (núcleo central).

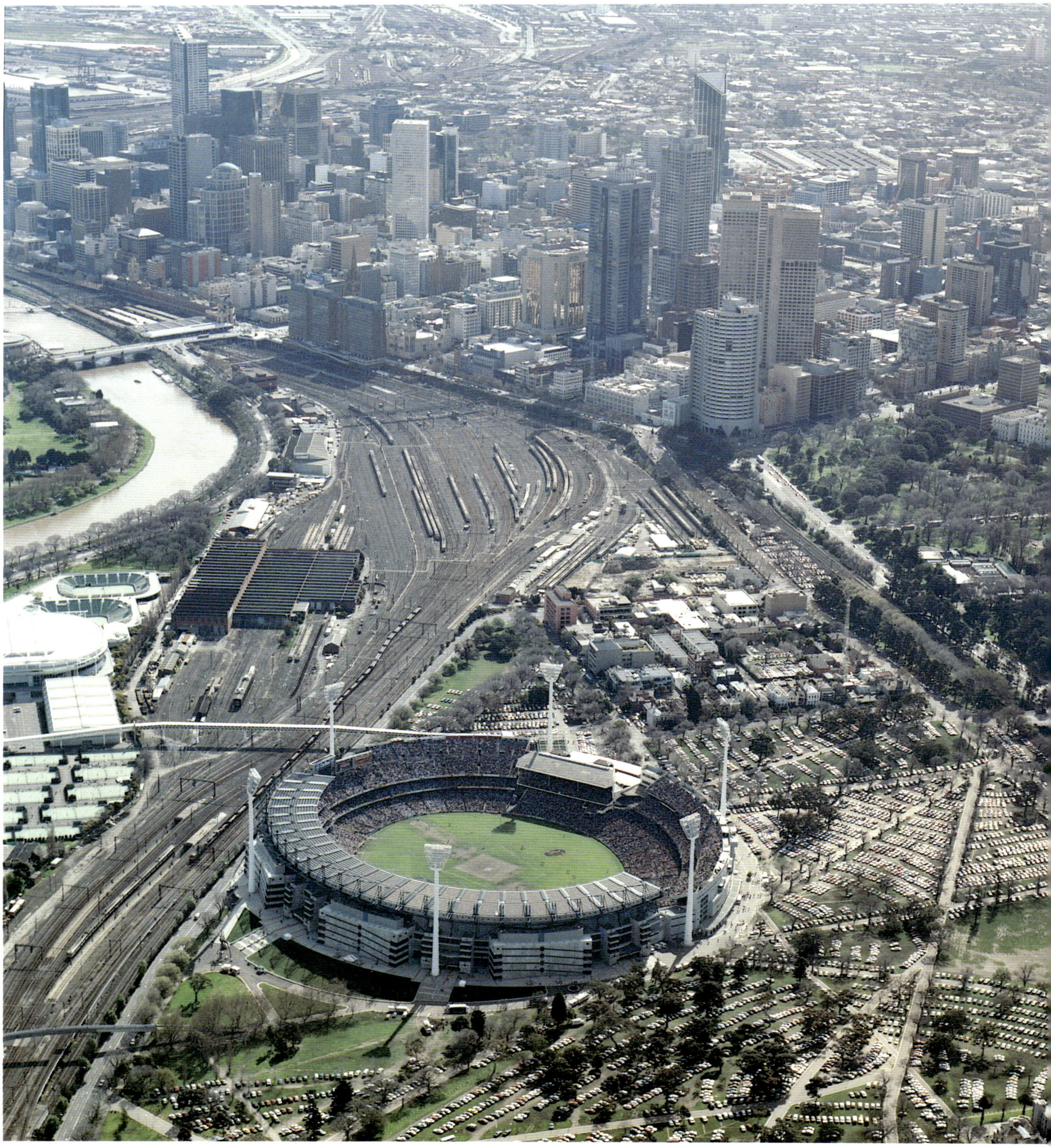

Melbourne Cricket Ground and the Great Southern Stand
Tompkins, Shaw & Evans/Daryl Jackson Pty Ltd

Completion date: 1992
Location: Melbourne, Australia
Client/Promoter: The Melbourne Cricket Club (project engineer, D. K. Wilkinson)
Collaborators: W. T. Partnership (cost management); Connell Wagner (structural engineers); Rankine & Hill (services engineers); Paul Steinfort & Associates (planning/program/delivery strategy); Tract Consultants (landscaping); Gutteridge Haskins & Davey (contract superintendent); John Holland Constructions (building contractor)

Near the banks of the River Yarra, in the city of Melbourne, is one of the most spectacular sporting facilities in the whole of Australia. The 1956 Olympic Games led to the construction of several attractive facilities in the Yarra Park, including the stadium under discussion in this article, Melbourne Cricket Ground. In fact, it is the largest cricket ground in the whole of Australia, and perhaps the largest private sporting club in the world. The Melbourne Cricket Club was founded in 1838, and has 55,000 members, making it one of the continent's most emblematic institutions.

The demand for large capacity spaces to hold sporting, cultural and musical events made it necessary to carry out a complete replacement, to increase the stadium's capacity. This led to the construction of the Great Southern Stand, an excellent grandstand with a capacity of 46,000 spectators and which has extended the wide range of services already provided by the ground.

Aerial view of the stadium, with the Yarra Park in the foreground.

Toma aérea del estadio, con el Yarra Park en primer plano.

The complexity of the project required an interdisciplinary effort from some of Australia's most prestigious creative companies. The firm responsible for the execution of the project: Tompkins, Shaw & Evans, consultant architects for Melbourne Cricket Club for nearly forty years. Over this period they have built the Great Southern Stand, the Australian Gallery of Sport and a total of sixty corporate boxes, as well as playing a leading role in the installation of the ground's three major video screens, located in areas open to the public. They have also been responsible for the improvement and updating of several other stadiums and sports complexes. Their career has earned them a considerable number of accolades, including the Australian and the Victorian Architectural Medals. The basic aim of the design was to reduce construction time as much as possible, and to allow sporting events to be held as normal. The project was finished in only 18 months, in time for the World Cup Cricket Final, in March 1992.

Before entering into the technical and structural details of the Great Stand, it is necessary to mention the building's site and its setting. The Yarra Park was created for the Olympics, and is one of the city's most important public spaces. When major events are held, its grass surfaces are used to park some 7,000 vehicles, which made it necessary to improve drainage in order to ensure the durability of the grass surface. The park has several attractive pedestrian routes, as well as smart entry canopies and park furniture. Nearby are the Flinders Park installations, where the Australian Tennis Open is held.

The Melbourne Cricket Ground lies between these two areas. This large number of sports facilities required large-scale transport infrastructure. Public transport facilities are one of the main attractions of the complex, which can be reached by train, tram, bus or private car. Jolimont and Richmond stations and the pedestrian bridge from Wellington Parade are the main accesses to the area.

With respect to Melbourne Cricket Ground, the accesses to the stadium are set among the huge trees in nearby Yarra Park, and this helps to create an attractive natural setting. Pedestrians basically approach the building on the south, north and northwest. The approach to the southern stand has been enhanced by creating a sloping earth bank, a berm, that connects the park and the stadium. The outer concourse forms a level plane starting at ground level and ending up 5.5 metres above Brunton Avenue, the main road running next to the building. The berm's steps and grassy banks provide meeting and resting places.

One of the most characteristic features of the stadium's new image are the impressive lighting towers. Three of the six structures were strategically installed by Gutteridge Gaskins & Davey behind the former pavilion to take advantage of the planned reconstruction. The towers have become features of the Melbourne skyline, but great care has been taken to reduce light spill, to prevent irritating the neighbouring residents at night.

Returning to the most important element of the stadium's renovation, namely the design of the new southern stand; the site's physical constraints raised a series of technical problems that had to be solved on the basis of structural planning. The design was based on a geometrical ellipse. This led to huge variety of structural elements, all different in form and size. All the parts had to be prefabricated or precast, and light to allow cranage.

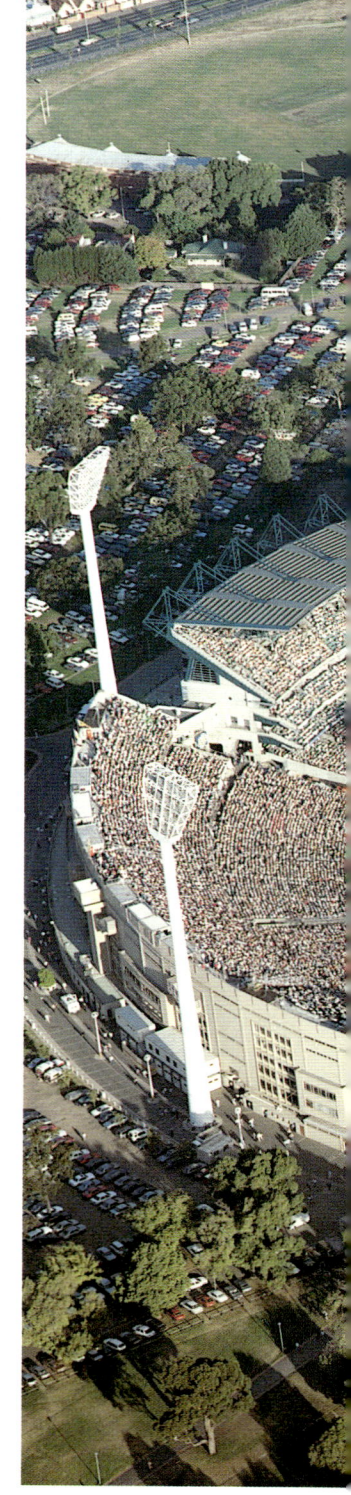

The total built area is 81,300 m², almost half of the entire stadium. The stadium has 41,000 seats, a total capacity of 46,000 spectators, and can be emptied in a maximum time of fourteen and a half minutes. The stand's other main achievements are its comfort and excellent visibility. This is helped by the magnificent cover of a large cantilevered bow trussed roof, a powerful visual feature but a relatively lightweight structure, in contrast to the solid concrete of the construction.

One of the most significant factors in this refurbishment is the many services offered by the new stand. These include the provision of 73 corporate suites, each seating a maximum capacity of 16 people who can see the game through the elegant windows. Although they only account for 3% of the total volume, the suites provide approximately 30% of the project's income. It is also necessary to mention the seven restaurants (five of which have spectacular views of the wicket) two bars and 23 food and drink stalls.

Access to the southern stand is emphasised by this magnificent sculpture, Legends.

Aerial view of a pop concert.

General view, with the new stand and the six light towers.

El acceso a la tribuna sur se enfatiza mediante esta magnífica escultura, Legends.

Toma aérea durante la celebración de un espectáculo musical.

Vista general, con la nueva tribuna y las seis torres de iluminación.

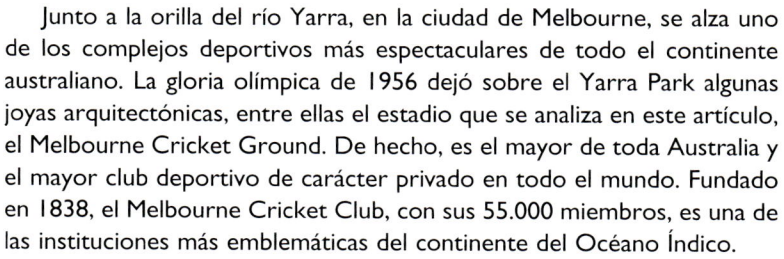

Junto a la orilla del río Yarra, en la ciudad de Melbourne, se alza uno de los complejos deportivos más espectaculares de todo el continente australiano. La gloria olímpica de 1956 dejó sobre el Yarra Park algunas joyas arquitectónicas, entre ellas el estadio que se analiza en este artículo, el Melbourne Cricket Ground. De hecho, es el mayor de toda Australia y el mayor club deportivo de carácter privado en todo el mundo. Fundado en 1838, el Melbourne Cricket Club, con sus 55.000 miembros, es una de las instituciones más emblemáticas del continente del Océano Índico.

La demanda de espacios de gran aforo para acoger acontecimientos deportivos, culturales o musicales obligó a realizar una profunda reestructuración, destinada a aumentar la capacidad del estadio. Ésta se ha traducido en la construcción de la Great Southern Stand, una magnífica tribuna capaz de albergar 46.000 espectadores y que ha servido para ampliar la gran cantidad de servicios que ofrece el recinto.

La complejidad del proyecto exigió un gran esfuerzo multidisciplinar por parte de la empresa encargada de la realización del proyecto; la Tompkins, Shaw & Evans, arquitectos consultores del Melbourne Cricket Club durante casi cuarenta años. Durante ese tiempo se han resposabilizado de la construcción de la gran tribuna en el Great Southern Stand, el Australian Gallery of Sport, 60 zonas reservadas para empresas; además de su destacada labor en la instalación de las tres mayoras pantallas de vídeo emplazadas en lugares de acceso público. Han sido, además, responsables de diversas adecuaciones y modernizaciones en estadios y complejos deportivos a lo largo de su carrera han sido merecedores de numerosos reconocimientos, como la Australian o la Victorian Architectural Medal . El objetivo esencial de la intervención era el de reducir al máximo la fase de construcción y, al mismo tiempo, no obstaculizar la celebración normalizada de espectáculos deportivos. En un periodo de sólo 18 meses, el proyecto se concluyó a tiempo para acoger la World Cup Final de *cricket*, en marzo de 1992.

Antes de entrar a fondo en el tema de los detalles técnicos y estructurales de la gran tribuna, es preciso hacer mención de los aspectos exteriores y de emplazamiento del edificio. El olímpico Yarra Park es uno de los espacios públicos más representativos de la ciudad australiana. Durante los grandes acontecimientos, sus verdes superficies se convierten en aparcamiento para unos 7.000 vehículos, lo que ha obligado a realizar mejoras en el drenaje que aseguren el mantenimiento del césped. El parque dispone de unos magníficos trazados peatonales, así como de un atractivo diseño de entradas y mobiliario. En esta zona también destacan las instalaciones del Flinders Park, sede de los campeonatos del Open tenístico de Australia.

Entre estos dos enclaves se erige el Melbourne Cricket Ground. Tal cantidad de equipamientos deportivos exigía una infraestructura viaria de gran envergadura. Los servicios de transporte público constituyen uno de los mayores atractivos del complejo, al que se puede acceder mediante tren, tranvía, autobuses o vehículo particular. Las estaciones de Jolimont y Richmond y el puente peatonal de Wellington Parade constituyen los equipamientos viarios más característicos de la zona.

Por lo que respecta al Melbourne Cricket Ground, los accesos al estadio están enmarcados por el magnífico arbolado del cercano Yarra Park, lo que contribuye a crear un atractivo marco naturalista. El trazado peatonal circunda el edificio por sus vertientes sur, norte y noroeste. El acercamiento a la tribuna meridional se ha realzado mediante una suave pendiente de tierra que, a manera de arcén, comunica el parque y el estadio. La Brunton Avenue, la principal arteria viaria que bordea el edificio, se encuentra situada 5,5 m por debajo del nivel de la intervención. Esta franja ofrece, con su escalonamiento y sus terrazas cubiertas de vegetación, lugares para el encuentro y el reposo.

Uno de los elementos más característicos de la nueva imagen del estadio son sus impresionantes torres de iluminación. Tres de las seis estructuras, diseñadas e instaladas en 1985 por los ingenieros Gutteridge Haskins & Davey, se situaron estratétigamente tras la antigua tribuna sur para favorecer su prevista reestructuración. Las torres se han convertido en elementos característicos del paisaje urbano de Melbourne, pero se ha procurado controlar al máximo el flujo de iluminación para impedir que perjudique la tranquilidad nocturna de las áreas residenciales circundantes.

Retomando el tema principal de la renovación del estadio, el diseño de la nueva tribuna meridional; los condicionantes físicos del lugar plantearon una serie de problemas técnicos que tuvieron que solventarse a partir de la planificación estructural. La figura geométrica sobre la que se ha basado la intervención ha sido la elíptica. Esto provocó que la complejidad y variedad de elementos estructurales fuera considerable, tanto en la forma como en el tamaño. El único requisito es que todas las piezas debían ser prefabricadas o precoladas, además de ligeras, a fin de evitar las operaciones a pie de obra.

Como datos técnicos, hay que apuntar que el área total construida ha sido de 81.300 m², ocupando prácticamente la mitad del estadio. El número de asientos de la tribuna es de 41.000, aunque en determinadas situaciones puede acoger un total de 46.000 espectadores, que pueden ser desalojados en un tiempo máximo de catorce minutos y medio. Las condiciones de comodidad y visibilidad constituyen otro de los grandes logros de la intervención. A ello contribuye la magnífica cubierta de la

View of one of the restaurants in the southern stand.

View from the new stand.

The large trees in the Yarra Park frame access to the stadium.

Vista de uno de los restaurantes ubicados en la tribuna sur.

Vista desde el interior de la nueva tribuna.

Los grandes árboles del Yarra Park enmarcan el acceso al estadio.

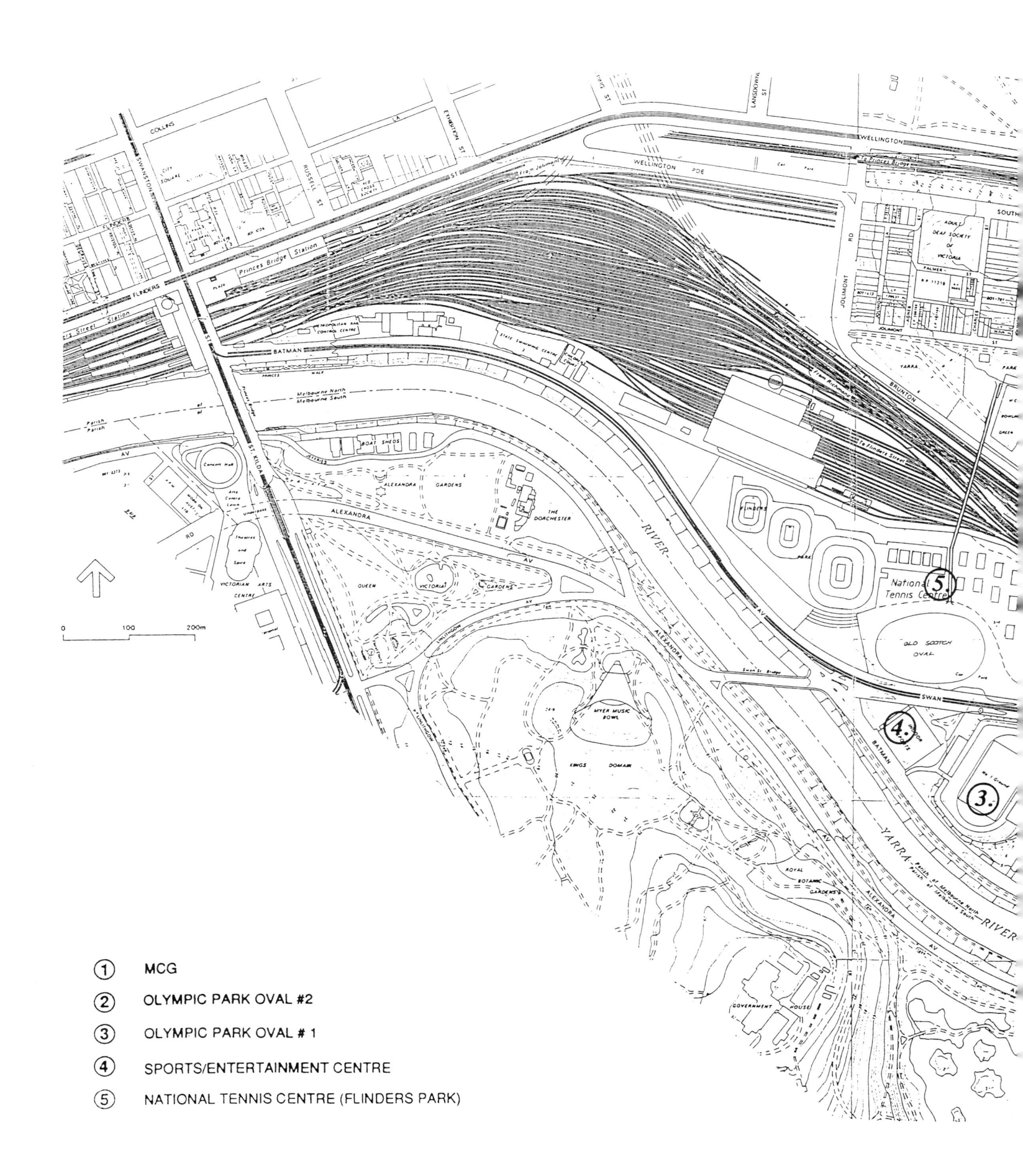

① MCG
② OLYMPIC PARK OVAL #2
③ OLYMPIC PARK OVAL #1
④ SPORTS/ENTERTAINMENT CENTRE
⑤ NATIONAL TENNIS CENTRE (FLINDERS PARK)

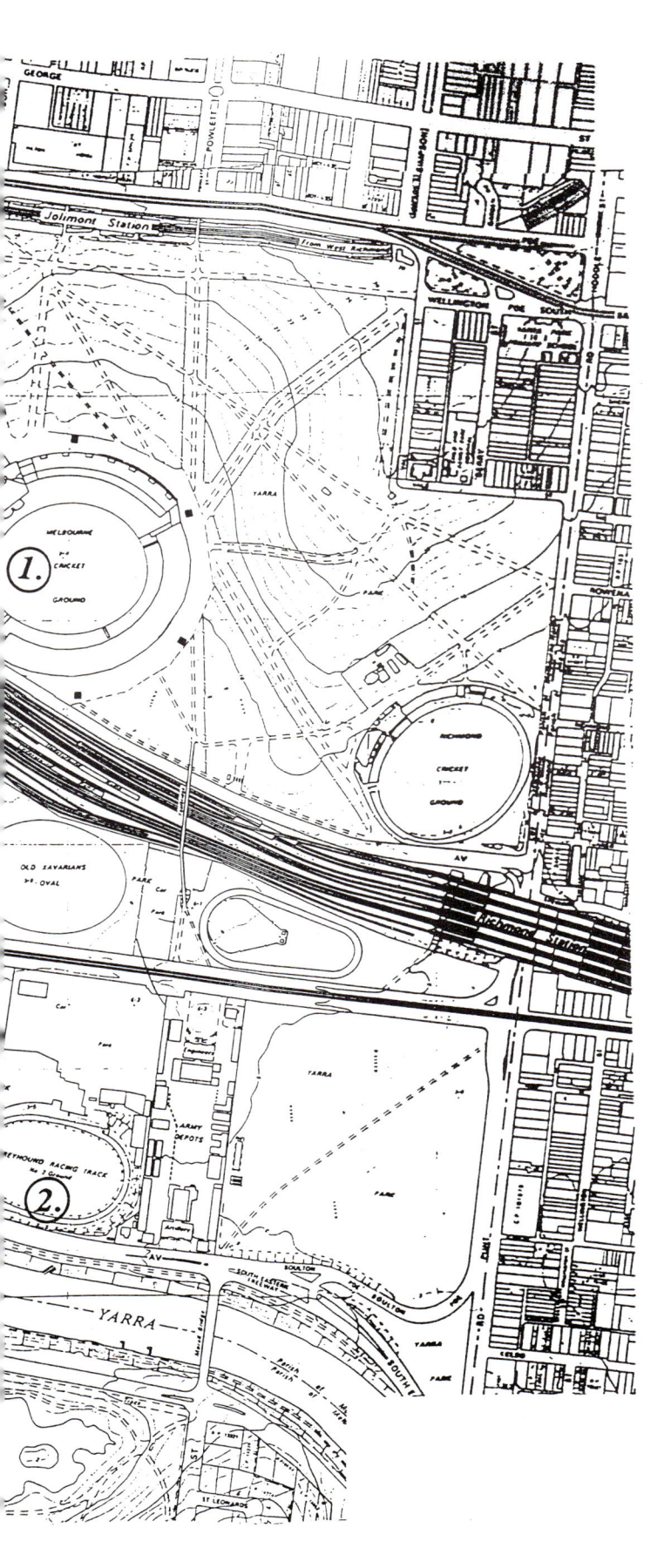

tribuna en voladizo entramado, un poderoso elemento visual cuya relativa liviandad contrasta con la sólida estructura hormigonada de la construcción.

No obstante, uno de los factores más significativos de esta remodelación está referido a la gran cantidad de servicios que ofrece la nueva tribuna. Destaca especialmente la incorporación de 73 departamentos corporativos, con capacidad máxima para acomodar a 16 personas, que permiten ver el juego a través de un elegante acristalamiento. A pesar de constituir un 3% del volumen total, proporcionan un 30% de los ingresos globales. Asimismo, hay que hacer mención a la ubicación de siete restaurantes (cinco de los cuales presentan magníficas vistas sobre el terreno de juego), 2 bares y 23 puestos de comida y bebida.

Plan showing location of and access to the sports facilities in the Olympic park.

Plano de los accesos y localización de los equipamientos deportivos del parque olímpico.

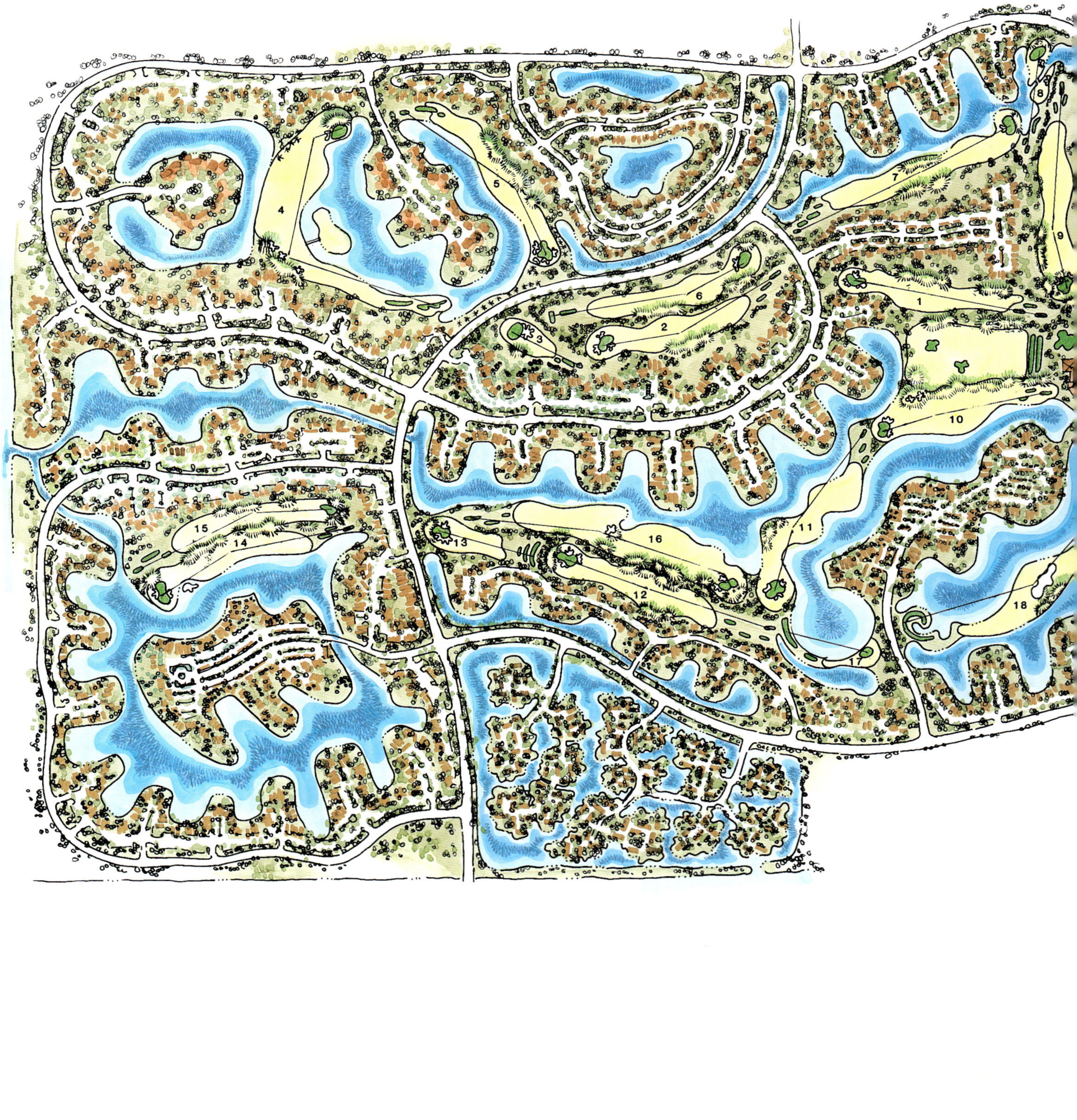

Aberdeen Golf Club
Desmond Muirhead

Completion date: 1987
Location: Aberdeen Drive, Boynton Beach, Florida, USA
Client/Promoter: Universal Development Corporation
Collaborators: Taft Bradshaw (Landscape Architects); Evans Group (Housing Architects); Edward Stone Jr. (Clubhouse Architect); Rossi and Malavasi (engineers)

The design of golf courses, in spite of a series of conditioning factors imposed by the rules of the game, allows a margin of creative freedom that is unthinkable in other sports. In fact, the design of a golf course is ideal for creative landscaping. It is nothing less than the creation of a new landscape, an invented one, on top of the previous one. Even so, the landscaping of golf courses normally recreates a standard model of the English landscape in which a series of patterns have been repeated, with a few variations, and tradition has made them into the standards. Thus, the different elements – the green, the tee, the rough – follow established guidelines, leaving the landscaper little margin for manoeuvre.

Over the last few years some architects, almost always US-based, have appeared who opt for innovative concepts in their approach to designing golf courses, proposing schemes that join rigour in design and performance with an open and imaginative proposal for the new landscape to be created. Desmond Muirhead is one of these architects and, after completing commissions in many countries, he conceived the Aberdeen Golf Course in Florida as a voyage through life and different cultures, so that the course, rather than a mere game, becomes a vital experience.

Desmond Muirhead is considered as one of the best architects specialised in designing golf courses. His best-known designs include Muirfield Village in Dublin, Ohio, USA; La Moraleja in Madrid, Spain;

General plan of the golf course.

Planta general del campo de golf.

New St Andrews in Japan and Stone Harbor in New Jersey, USA. In 1984, after a break in his professional career while he was searching for new criteria and formal content, Muirhead was commissioned to design a golf club in Aberdeen, Florida. In his design for the Aberdeen scheme, his most mature work, Muirhead sought total innovation, and his great talent and intellectual rigour overturned the classic concepts of golf course design. The Aberdeen course was the start of a new era in golf architecture and is an important landmark in landscape design, creating new forms inspired by sculpture, painting and urban morphology.

Muirhead conceived each hole in the course as a specific project with a theme underlying its design, bringing together references as diverse as art, war, Eastern culture, sex and human destiny. Thus, the second hole, called Redan (after the Russian redoubt at Sebastopol stormed by the British in the Crimean War), portrays a battle in which the bravest regiments took the longest route exposed to most enemy fire; it is re-created by the choice between a sloping green or a rolling one. The third hole, called Grasping Hands, consists of white traps that appear to be waiting to grasp the ball between their fingers. The fourth hole, called Beauty and the Beast, consists of a lake with an island in its centre, symbolising Beauty, while the Beast is represented by the tortuous fairway, fraught with perils. The fifth hole uses the symbols of Yin and Yang – the two opposite poles of Eastern philosophy that represent good and evil, light and dark – by reproducing their symbols on the green. In the sixth hole he applies a cosmological idea by representing the four corners of the world by four star-shaped obstacles. The seventh hole is a tribute to the famous British sculptor Henry Moore, and the eighth is an allusion to Alfred Hitchcock; fear is the central theme, as the player must drive the ball over the water to a distant green.

The ninth hole, Paradise Lost, is an allegory for the Biblical incident in Eden, with the snake represented by the lashing curved mound. The eleventh hole represents a mermaid lying on her back, complete with a tail, scales and fish entangled in her hair, although these details can only be clearly seen from the air. The twelfth hole is based on the sculpture *The Kiss* by Brancusi, and the fifteenth is called Marilyn Monroe, after the film star; a large hole symbolises the sex goddess and also Mother Earth and fertility rites.

The sixteenth hole is a tribute to Japanese culture and is based on the work *The Great Wave*, by the painter Hokusai. A rolling fairway leads to a raised green representing Mount Fujiyama. Hole 17 is called Jaws and poses a fatal dilemma; death or glory. The ball is driven from a tee on a peninsula, bringing the golfer face to face with himself. The eighteenth and last hole – Florida Keys – is an existentialist proposal. The player must choose between several routes and face up to the consequences. Quoting Sartre and Heidegger, Muirhead tries to reflect the idea that people are responsible for their actions, and can freely choose their destiny.

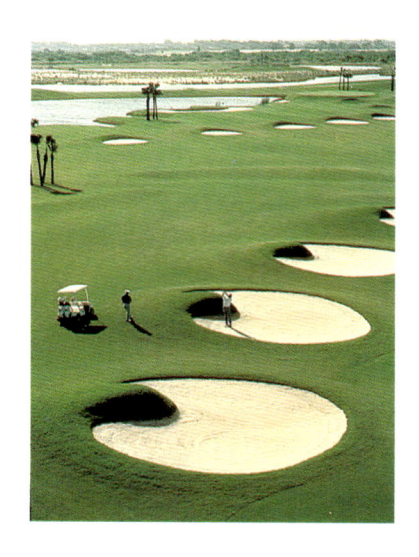

The general plan of the course is a large rectangle with winding routes zigzagging between the greens. The lobed and dentate forms are conspicuous, like childish drawings, and mark the limits of the different areas of the course and provide access to each of the holes. The Aberdeen Golf Club seeks to be a sort of initiation, in which the game of golf is like human life, with its decisions, dangers and processes of growth and evolution. At the same time, Muirhead transposes different cultural elements – art, cinema, society – and turns them into specific shapes, reliefs and topographies. This has led to an imaginative design bringing together land art and land sculpture. Muirhead's work in the Aberdeen course is, to sum up, an absolutely innovative proposal that opens up new lines of creation by its use of interesting and stimulating forms and which, more than a mere sports area, is a total landscape based on the key vital and cultural symbols of our time.

El diseño de campos de golf, a pesar de una serie de condicionantes impuestos por las propias reglas del juego, permite a sus autores un margen de libertad creativa impensable en otros espacios para el deporte. En efecto, el proyecto de un club de golf es, de hecho, un campo idóneo para la creación paisajística. Se trata de la aparición de un paisaje nuevo, inventado sobre otro paisaje anterior. Con todo, el paisajismo de los espacios de golf recrea habitualmente un modelo estándar del paisaje inglés en el que, con pocas variaciones, se van repitiendo una serie de patrones que la tradición ha ido consolidando como una imagen prototípica. Así, los distintos elementos –el green, el tee, el rough– siguen pautas preestablecidas con poco margen para el paisajista.

No obstante, han aparecido en los últimos años algunos arquitectos, radicados casi siempre en Estados Unidos, que apuestan por unas concepciones innovadoras en las líneas de diseño de los campos de golf, planteando intervenciones donde el rigor en el proyecto y la ejecución se unen a una propuesta libre e imaginativa del nuevo paisaje que se está generando. Uno de ellos es Desmond Muirhead, quien, después de múltiples encargos en distintos países, ha concebido el golf Aberdeen, en Florida, como un viaje por la vida y las distintas culturas, de forma que el campo deviene, más allá del mero juego, una experiencia vital.

Desmond Muirhead está considerado como uno de los mejores arquitectos especializados en el diseño de campos de golf. Entre sus más conocidas intervenciones podemos citar Muirfield Village en Dublín, Ohio, EE UU; La Moraleja en Madrid, España; New St. Andrews en Japón o Stone Harbor en Nueva Jersey, EE UU. En 1984, después de un paréntesis en su trayectoria profesional, a la búsqueda de nuevos criterios y contenidos formales, Muirhead recibe el encargo de diseñar un complejo de pistas y club de golf en Aberdeen, Florida.

The winding coastline was used to make the holes more difficult.

The design of each of the holes is best seen from the air.

The difficulty of the holes has been painstakingly studied.

Each hole has been resolved using a figurative treatment.

The landscaping was based on the creation of simple and attractive forms.

El sinuoso perfil de la costa ha sido aprovechado para crear una cierta dificultad en los hoyos.

Sólo desde el aire puede contemplarse el diseño de cada una de las zonas.

La dificultad de los hoyos ha sido estudiada con meticulosa precisión.

Cada hoyo ha sido resuelto mediante un tratamiento figurativo.

La intervención paisajística se ha basado en la creación de formas sencillas y atrayentes.

En el proyecto de Aberdeen, Muirhead apuesta por una innovación total y con gran talento y rigor intelectual le da la vuelta a los conceptos clásicos del diseño de campos de golf, dando lugar a su obra más madura. Con Aberdeen, Muirhead abre una nueva era en la arquitectura del golf y establece un hito importante en el diseño del paisaje, creando nuevas formas inspiradas en la escultura, la pintura y la morfología urbana.

Muirhead ha concebido cada uno de los hoyos del campo como un proyecto concreto con un tema que sirve de pretexto para el diseño formal; enlazando referencias tan dispares como el arte, la guerra, la cultura oriental, el sexo y el destino del hombre. Así, el segundo hoyo, llamado *Redan* (como el último reducto ruso en el Sebastopol acosado por los ingleses en la guerra de Crimea), recrea la batalla en que los regimientos más valientes tomaron el camino más largo bajo el fuego enemigo, mediante una pista inclinada confrontada con otra con montículos. El tercer hoyo, con el nombre de *Grasping Hands* (apretón de manos) se compone de unos salientes blancos que parecen estar esperando para agarrar la pelota entre sus dedos. El cuarto, llamado *La Bella y la Bestia*, se compone de un lago con una isla en el centro, que simboliza la Bella, mientras que la Bestia está representada por un tortuoso recorrido plagado de trampas. El quinto juega con el yin y el yang —los dos polos opuestos de la filosofía oriental que representan lo positivo y lo negativo, la luz y la oscuridad— mediante la reproducción en la pista de sus símbolos gráficos. En el sexto, en cambio, aplica una idea cosmológica al representar las cuatro esquinas del mundo con cuatro obstáculos en forma de estrella. El séptimo hoyo es un homenaje al famoso escultor británico Henry Moore, y el octavo, de especial dificultad, pues casi todas las pelotas suelen perderse, tiene un cierto componente —al que Muirhead alude— de incertidumbre, al tener el jugador que lanzar la bola por encima del agua hasta un agujero lejano.

El hoyo noveno —*Paraíso perdido*— es una alegoría del episodio bíblico del Edén, con una serpiente representada por un montículo que va dibujando curvas zigzagueantes. El undécimo representa a una sirena recostada con su cola, escamas y peces enredados en el pelo; aunque sólo se distinguen claramente estos detalles desde el aire. El duodécimo está recreado a partir de la escultura *El beso*, de Brancusi; y el décimoquinto ha sido denominado *Marilyn Monroe* en homenaje a la estrella del cine: un gran orificio simboliza la diosa del sexo y a la vez la Madre Tierra y los ritos de la fertilidad.

El hoyo 16 rinde tributo a la cultura japonesa a partir de la obra *La Gran Ola*, del pintor Hokusai: una topografía ondulada y un montículo suave representan el monte Fujiyama. El decimoséptimo, denominado *Tiburón*, coloca al jugador ante una disyuntiva fatal: el éxito o la muerte; el golfista se enfrenta cara a cara consigo mismo en una extraña, pero atrayente relación de amor-odio. Por último, el hoyo 18 –*Los Cayos de Florida*– es una propuesta existencialista. El jugador debe optar entre varios caminos y afrontar sus consecuencias. Citando a Sartre y Heidegger, Muirhead pretende reflejar aquí la idea de que el hombre es el responsable de sus actos y de que puede decidir su destino libremente.

La planta general del campo es un gran rectángulo con recorridos sinuosos y zigzagueantes entre los distintos *greens*. Destacan las formas lobuladas y dentadas, como dibujos infantiles que van delimitando las distintas áreas del campo y van dando acceso a todos y cada uno de los hoyos. El campo de golf de Aberdeen pretende ser una especie de viaje iniciático, en el que la partida de golf es como la vida del ser humano, con sus decisiones, peligros y procesos de crecimiento y evolución. Al mismo tiempo, Muirhead hace la transposición de elementos culturales diversos –arte, cine, sociedad– traduciéndolos en formas, relieves y topografías concretas. Con ello realiza una inspirada obra que se acerca al campo del *land art* y de la escultura del territorio. La obra de Muirhead en Aberdeen es, en definitiva, una propuesta absolutamente innovadora que abre nuevas líneas de creación a través de unas formas sugestivas y estimulantes y que, más allá del puro espacio deportivo, plantea una intervención paisajística global a partir de claves culturales y vitales de nuestro tiempo.

In some cases the topography was altered to make the hole more difficult.

On the ground the outlines of the designs blur and lose clarity.

Sketch of part of the scheme.

En algunos casos la topografía ha sido alterada para dificultar el juego.

Desde tierra los contornos de los diseños se difuminan y pierden concreción.

Croquis a mano alzada de parte de la intervención.

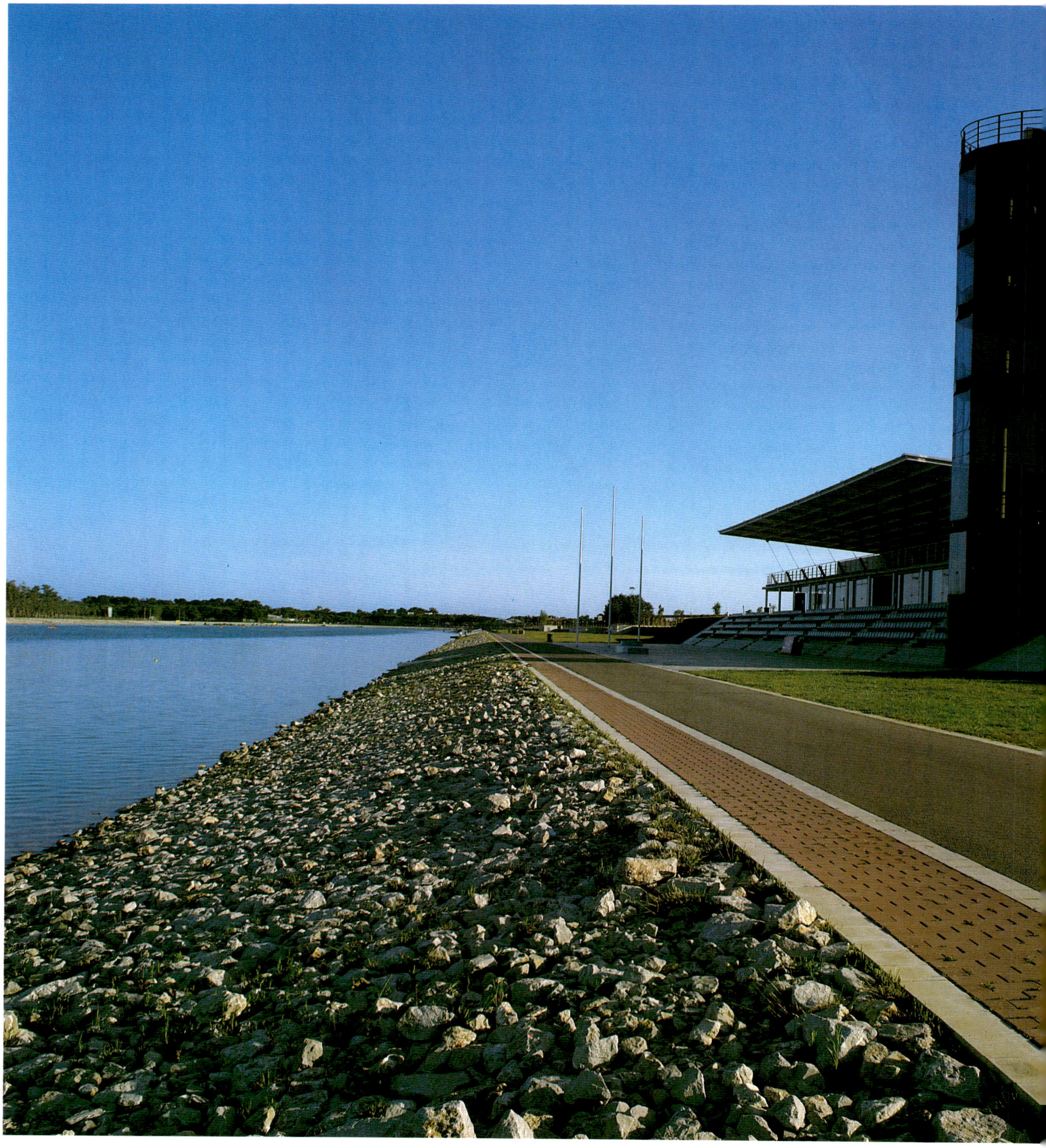

The Gardens of the Canal Olímpic
Ramon Forcada Pons, Xavier Isart Rueda, Maria C. Zoppi

Completion date: July, 1992
Location: Castelldefels and Gavà, Barcelona, Spain
Client/Promoter: Catalan Land Institute (*Generalitat of Catalonia*)
Collaborators: Joan Estrada Aliberas (agricultural engineer); Rigoberto García Albors (technical architect)

A few kilometres from Barcelona, bounded to the north by the first outcrops of the Garraf hills and to the south by the sea, lies a wet alluvial plain. In this area, the delta of the Llobregat River, the land is continually advancing at the cost of the sea, but the area is dominated by fresh and salt water. This fertile wetland was colonised at the beginning of the x century, starting from the watchtower at Castello de Feles, by ploughing it into elongated strips, running from south to north, from the sea towards the mountains.

Centuries later, the poplar plantations marking the limit of the agricultural plots, the irrigation channels and the network of paths all show how much the area has been modified by humans. Among the most historically interesting routes are the Royal Highway to Valencia, and the Barona track leading from Castelldefels to the beach. Slightly to the northeast the limits of the built city remind us of its recent history.

The olympic canoeing canal is in this historical area, sited to the south of the former Royal Highway, right on the boundary between the city and the countryside. The landscaping was by the architects Xavier Isart Rueda, Maria C. Zoppi (responsible for the preliminary design) and

The control tower, grandstand and a partial view of the olympic canal.

Torre de control, tribuna y vista parcial del canal.

103

supervised by Ramon Forcada Pons. Ramon Forcada graduated from the Barcelona Higher Technical School of Architecture in 1986, and after carrying out a series of architectural, town planning and landscaping projects, he was appointed head of the Town Planning section of the Catalan Land Institute, an autonomous body of the *Generalitat* of Catalonia.

The layout of the canal and its gardens evokes the site's history and the traces of time. A new street connecting the motorway and the shore to the centre of Castelldefels follows the route of the Camino de la Barona. To the west, there are car parks, and to the east lies the Canal Olímpic, surrounded by gardens.

The canal is basically an elongated pool, 1,200 m long and 120 m wide. Of the total 42 ha of available land, 15 are occupied by the sheet of water; the rest is divided into access and internal circulation routes, car parks, buildings and garden spaces.

Some rigid guidelines were selected to arrange this large dispersed area, the most striking of which is the north-south axis, emphasised by the canal. The east-west axis, is rather more subtle, but is equally clear, suggested by the horizon of mountains, the shoreline and the dark pinewood between the dunes and the park. The points of intersection between the rather abstract axes and the lines of the territory take the form of the plazas, pavilions and gardens that make up the park. In contrast to the severe architecture of the precinct, the plantings adopt the informality of the surrounding landscape. Thus the contrast between the spontaneous, organic, natural world and the geometric rigour of the built constructions enriches our perception of the space. The entrance to the park is at the intersection of the north-south and east-west axes. By passing along a series of walls with views the visitor approaches the project's main axis, the canal, which sparkles brightly at the end of this route. There is a second route running above the other, parallel to the canal, formed by a gravel promenade that joins the entry pavilion to the canoe entry control tower. Another path zigzags between a series of plazas, which are small gardens arranged to lead to a raised belvedere.

The promenades and plazas are very important elements in the arrangement of the space surrounding the canal. The size of the squares has to some extent conditioned the choice of paving material. Their visual prominence is reduced by creating a grid using three elements, two laterals using 15 cm-wide pieces of artificial grey stone, a tiled centre using 20-cm by 10-cm pieces of the same material, colour and texture as the module. This is a 4 by 4 arrangement of pieces of red stonelike hydraulic concrete. The paths connecting the plazas have a soft surface of river gravel, edged on both sides by a row of the same tiles as used in the rest of the project.

The gardens include three water spaces. The first is a rectangular stepped pool edged by a canal with fountains. The second water space is more complex; a square pool surrounded by a canal from which a second canal emerges perpendicularly and leads to a gargoyle, and the water then falls three metres to a semicircular canal at the same level as the Canal Olímpic. The third of the water spaces is in the last square and is simply a square pond.

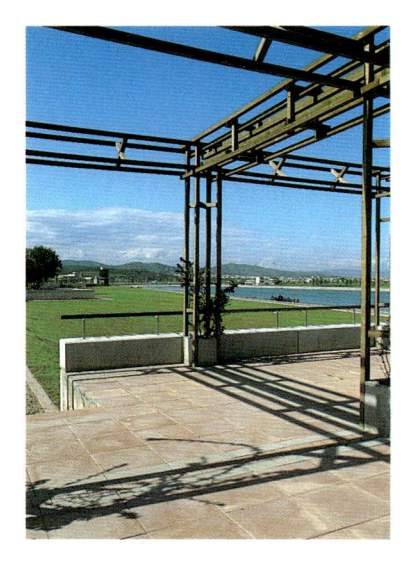

The pergola is a spatial wooden structure repeating in three dimensions the grid design of the paving in the squares. The wood was autoclaved and treated with copper salts to protect it from insects, fungi and the weather. It is on a cross-shaped prefabricated concrete base that serves as a planter.

The gardening of the Canal Olímpic is articulated and related to the services, accesses, the physical limits of the project area and the vegetation present in the area. The car parks are shaded by tipuanas, *Phytollaca* and several oaks. The areas next to the accesses are planted with mimosas and cypresses, helping to extend the meadow area. Wisterias and bougainvillaeas scramble over the pergola.

In the southern area of the canal, the former pinewood was restored with a mass of nut pines. On the eastern line there is a meadow, some lines of poplars to reinforce the edges, and further to the north, there are a hundred more poplars to cover a bare field. The area next to the motorway, to the north of the canal, has been planted with cypresses and white pines. All the soil surface not covered by trees has been grassed and instead of using hard materials, green gradins have been created for public use.

The resulting garden offers the visitor a wide range of scenes. To the south, the pinewood casts its thick, dark reflection in the lake. To the east, beyond the shiny mass of water, the crops stretch away into the distance. To the north, the stark control tower challenges the distant mountains, forming a strange counterpart to the castle on the hill top.

View of part of the pergola, showing at the base the pieces of reddish, stonelike hydraulic concrete.

Detail of one of the paths, showing the junction of the soil and the hard materials of the elements lining both sides.

Buildings, lawn, paving and water; in the foreground is one of the small canals with fountains.

View of the pergola; here it is framed by the canal and the lake in the large square.

View of the paving grid and the service buildings.

Vista de detalle de la pérgola en cuya base se aprecian las piezas de hormigón hidráulico de color rojizo y textura pétrea.

Detalle de uno de los caminos, mostrando la entrega entre el suelo blando y los materiales duros de los elementos que lo encintan por ambos lados.

Diálogo entre edificios, césped, pavimentos y agua; en primer plano se observa uno de los pequeños canales provisto de surtidores.

Vista de la pérgola enmarcada en este tramo por el canal y por el lago de la plaza grande.

Detalle del pavimento reticular y edificios destinados a servicios.

A pocos kilómetros de Barcelona, limitando al norte con las primeras estribaciones del macizo del Garraf y al sur con el mar, se extiende una llanura aluvial impregnada de agua. Es el delta del río Llobregat, una zona en la que la tierra gana terreno al mar sin dejarle tregua, pero en la que el agua, dulce o salobre, no pierde su protagonismo. Según las antiguas crónicas, la colonización de este territorio pantanoso y fértil comenzó en el siglo X, desde la cómoda atalaya del Castello de Feles, mediante una roturación en franjas alargadas, orientadas en sentido de mar a montaña, de sur a norte.

Siglos más tarde, las plantaciones de chopos que marcan los límites de las fincas agrarias, los canales de riego y los caminos de reparto testifican la intensa huella del hombre en el delta. Entre los viales de mayor resonancia histórica están el camino Real de Valencia y el de la Barona que unía a Castelldefels con la playa. Algo más a noreste, los límites de la ciudad urbanizada nos recuerdan la historia más reciente.

El canal olímpico de piragüismo se sitúa en este entorno cuajado de historia. Para su ubicación se seleccionó una franja de tierra situada al sur del antiguo Camino Real de Valencia, en el límite mismo entre el mundo rural y el urbano. El proyecto paisajístico fue realizado por los arquitectos Xavier Isart Rueda, Maria C. Zoppi (autora del anteproyecto) y Ramon Forcada Pons, bajo la dirección de este último. Ramon Forcada obtuvo el título de la Escuela Superior de Arquitectura de Barcelona en 1986 y, tras realizar una serie de trabajos y proyectos en los campos de la arquitectura, la planificación urbanística y el paisajismo, accedió al cargo de jefe de la Sección de Gestión Urbanística del Institut Català del Sòl, organismo autónomo de la Generalitat de Catalunya.

La ordenación del canal y de sus jardines rememora la historia del lugar y evoca las huellas del tiempo. Una nueva calle que enlaza la autovía y el mar con el centro de Castelledefels sigue el trazado del Camino de la Barona. A poniente se sitúan los aparcamientos; a levante, el Canal Olímpic, rodeado de jardines.

El canal, en esencia un estanque alargado, tiene 1.200 m de largo y 120 de ancho. De las 42 Ha de suelo disponible, unas 15 corresponden a la lámina del agua. El resto se reparte entre vías de acceso y viales internos, aparcamientos, edificaciones y espacios ajardinados.

Para ordenar una superficie tan grande, y a la vez tan dispersa, se definieron unas rígidas directrices en las que el eje norte-sur, acentuado por el propio canal, es el de mayor contundencia. El eje este-oeste, quizás más sutil, es igualmente evidente, como sugieren el horizonte de montañas, la línea de mar y de dunas, y el oscuro pinar que se interpone entre éstas y el parque. Los puntos de cruce de líneas, a la vez ejes abstractos y líneas territoriales, se transforman en plazas, pabellones y

General plan of the Canal Olímpic gardens and installations.

Plano general de los jardines e instalaciones del Canal Olímpic.

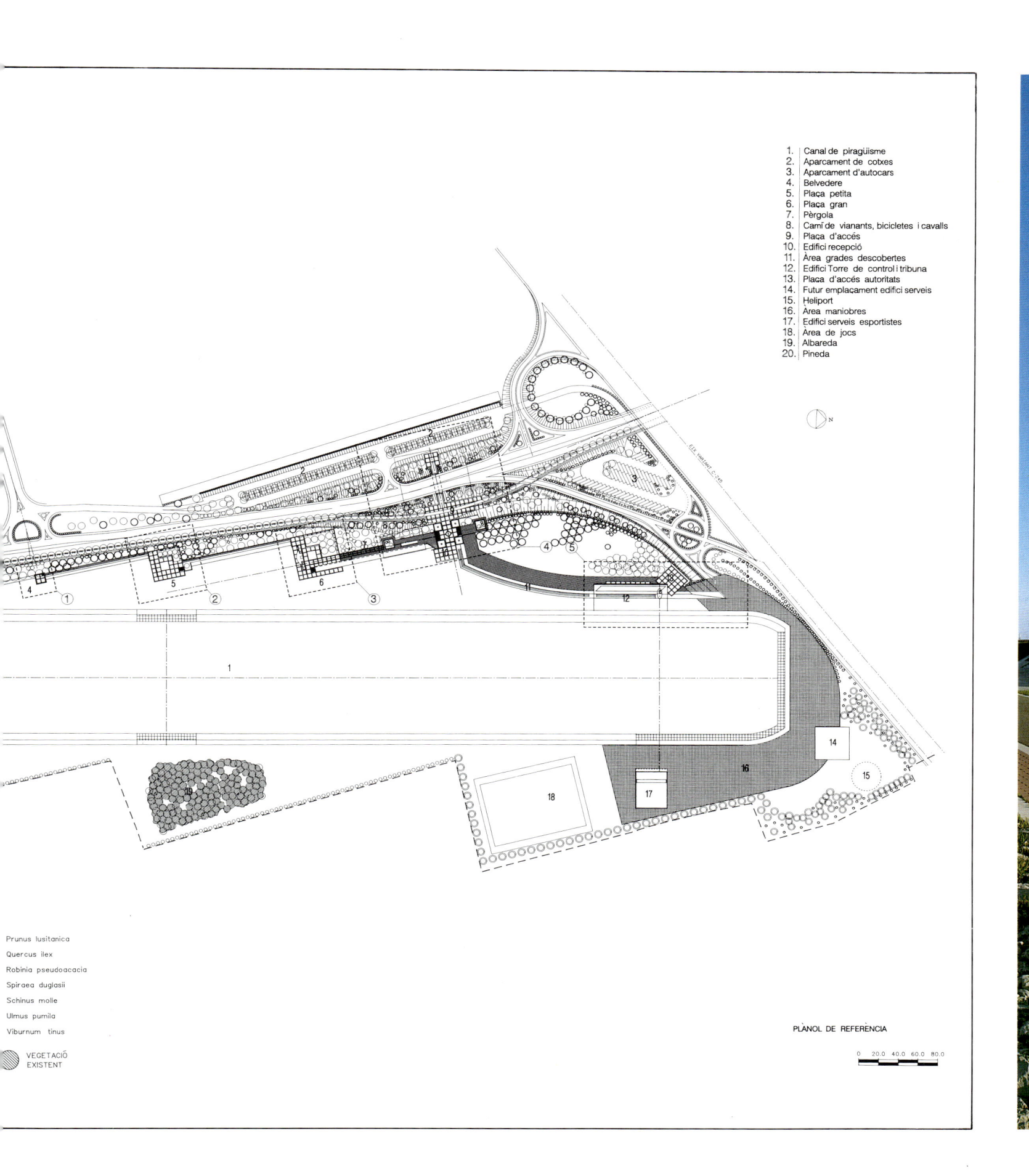

1. Canal de piragüisme
2. Aparcament de cotxes
3. Aparcament d'autocars
4. Belvedere
5. Plaça petita
6. Plaça gran
7. Pèrgola
8. Camí de vianants, bicicletes i cavalls
9. Plaça d'accés
10. Edifici recepció
11. Àrea grades descobertes
12. Edifici Torre de control i tribuna
13. Plaça d'accés autoritats
14. Futur emplaçament edifici serveis
15. Heliport
16. Àrea maniobres
17. Edifici serveis esportistes
18. Àrea de jocs
19. Albareda
20. Pineda

Prunus lusitanica
Quercus ilex
Robinia pseudoacacia
Spiraea duglasii
Schinus molle
Ulmus pumila
Viburnum tinus

VEGETACIÓ EXISTENT

PLÀNOL DE REFERÈNCIA

0 20.0 40.0 60.0 80.0

jardines componentes del parque. En contraste con la severidad arquitectónica de los recintos, la plantación adopta la informalidad del paisaje circundante. De este modo, el contraste entre el mundo rústico, espontáneo y orgánico, y el rigor geométrico de lo construido enriquece la percepción del espacio. La entrada al parque se sitúa sobre el cruce de dos ejes, norte-sur y este-oeste. Mediante una secuencia de muros y vistas enmarcadas, el visitante se acerca al canal, eje de composición del proyecto, que aparece reluciente y bruñido al final del trayecto. Un segundo itinerario, que discurre por encima del primero, paralelamente al canal, comprende un paseo de grava que une el pabellón de entrada con la torre que controla la llegada de piraguas. Otro, en zigzag, conecta una serie de plazas, a su vez pequeños jardines ordenados que culminan en un mirador elevado.

Los paseos y plazas son elementos de gran importancia en la ordenación del espacio que rodea al canal. La dimensión de las plazas ha condicionado en cierta medida la elección del pavimento. Su tamaño se reduce visulmente mediante la creación de una retícula con tres elementos: dos laterales de piedra artificial gris de 15 cm de ancho y un centro de adoquín de 20 x 10 de igual material, color y textura que el módulo. Éste es de 4 x 4 y está formado por piezas de hormigón hidráulico de 50 x 50 cm, de color rojizo y textura pétrea. Los paseos y caminos que conectan unas plazas con otras están formados por un pavimento blando de gravas de río, encintado a ambos lados por una tira de adoquines de igual material, color y textura que el resto.

Los jardines constan, a su vez, de tres espacios de agua. El primero es un estanque escalonado, rectangular y rodeado perimetralmente por un canal provisto de surtidores. El segundo es más complejo: un estanque cuadrado rodeado por un canal del que emerge otro en sentido perpendicular; este último termina en una gárgola y el agua, tras una caída de unos tres metros, llega a un estanque semicircular situado en la misma cota que el Canal Olímpic. El tercero de los espacios de agua se encuentra en la última plaza y consiste únicamente en un estanque de forma cuadrada.

La pérgola es una estructura espacial de madera que repite en volumen la retícula del pavimento de las plazas. La madera está tratada en autoclave y con sales de cobre que la protegen de insectos y hongos y la preservan de las inclemencias del tiempo. Se apoya sobre una base prefabricada de hormigón en forma de cruz que también sirve de jardinera.

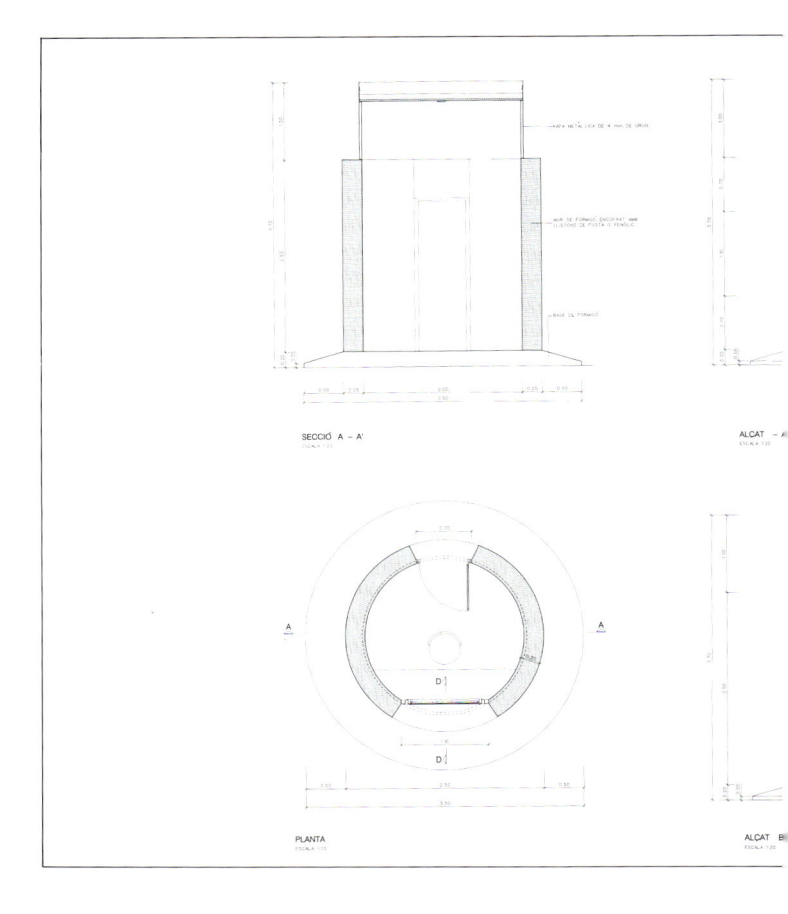

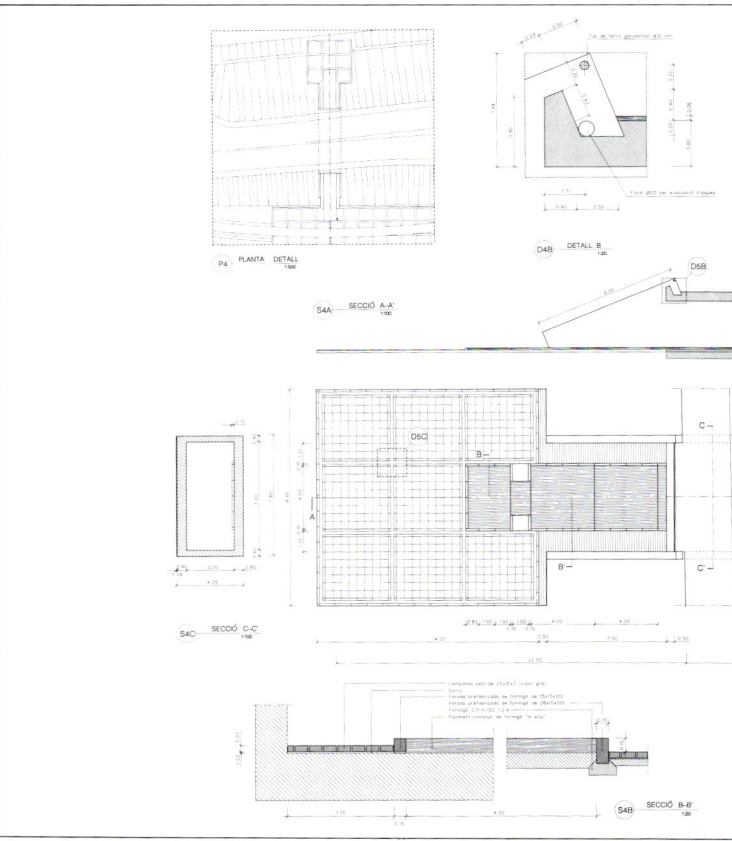

La jardinería del Canal Olímpic se articula y ordena en relación a los servicios, los accesos, los límites físicos del área del proyecto y la vegetación existente en la zona. Los aparcamientos se sombrean con tipuanas, *Phytollaca* y encinas dispersas. En los espacios que limitan con los accesos, el falso febrero, las mimosas y los cipreses refuerzan la extensión del prado. Apoyadas a las pérgolas crecen glicinas y buganvilias.

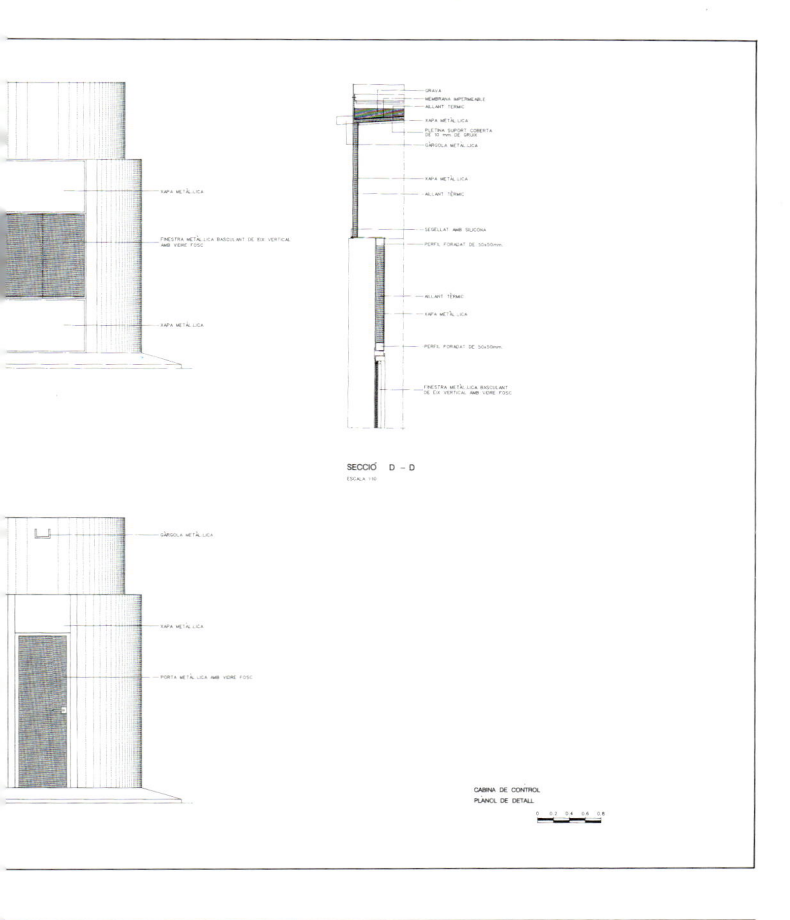

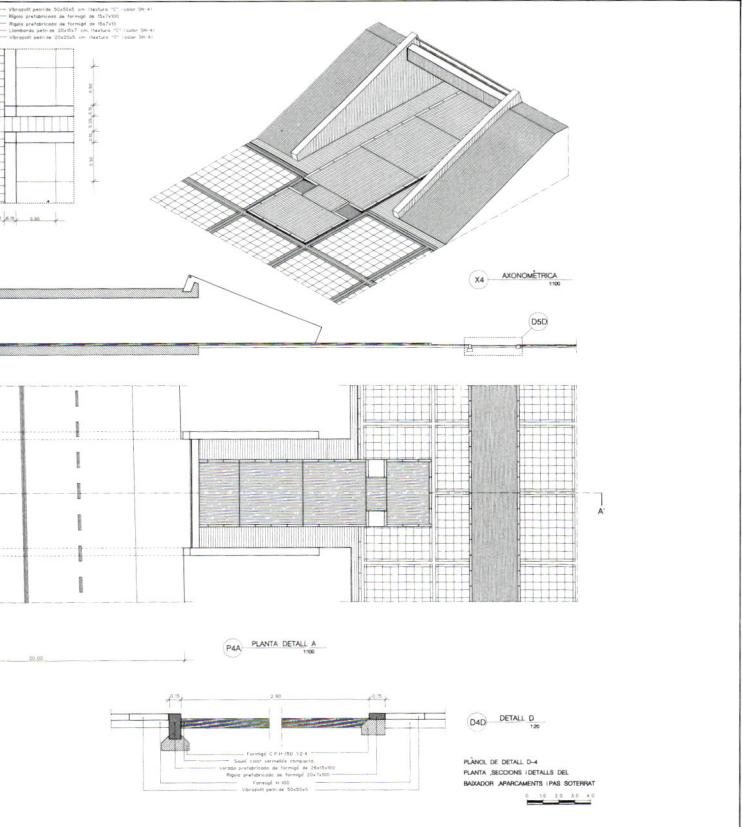

En la zona sur del canal se restituye el pinar preexistente con una masa de pinos piñoneros. En la línea situada a levante se sitúa un prado, unas alineaciones de chopos que refuerzan los límites y, algo más al norte, un centenar de álamos que visten un prado desnudo. El área próxima a la autopista, al norte del canal, se trata con cipreses y pinos blancos. Toda la superficie del suelo no ocupada por masas arbustivas se reviste con prado y, en lugar de usar materiales duros, se crean unas gradas verdes destinadas al uso público.

El jardín que resulta ofrece al visitante una amplia gama de escenas. Hacia el sur, el bosque de pinos se refleja oscuro y denso en el lago. Hacia levante, más allá de una masa reluciente de agua, los cultivos se pierden en la distancia. Hacia el norte, la torre de control, contundente, desafía a las montañas distantes, hermanándose extrañamente con el castillo situado en la cumbre.

Detail of the gravel surface and a partial view of the pool.

Plan of part of the control cabin.

Plan, section and details of the car parks and the pedestrian subway.

Detalle del pavimento de grava y vista parcial del estanque.

Plano de detalle de la cabina de control.

Planta, secciones y detalles del apeadero, de los aparcamientos y del paso subterráneo.

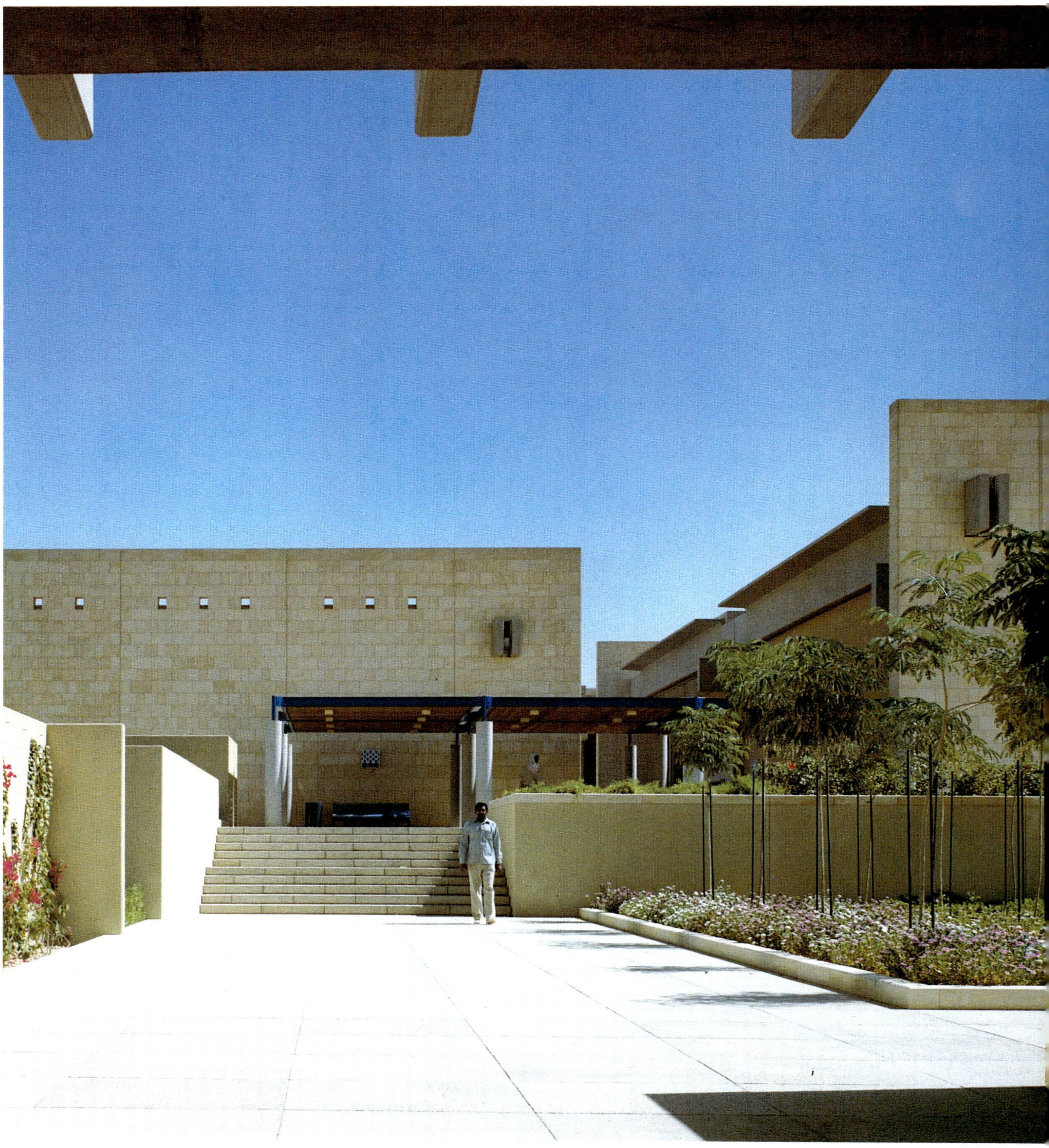

Riyadh Diplomatic Quarter Sports Club
Arup Associates

Completion date: 1985
Location: Riyadh, Saudi Arabia
Client/Promoter: Bureau of Foreign Affairs
Collaborators: Brian Clouston & Partners (landscape architecture subconsultants); John Taylor & Sons (Chartered Surveyors)

In May 1981 Arup Associates' team of architects and engineers was appointed to prepare the design for a sports complex in Riyadh, Saudi Arabia. The facility serves the entire community of the new district built to house the city's diplomatic corps. The site is about seven kilometres west of the city centre on an area included in a master plan developed by the German company Speerplan, and occupying an irregular area of 9.4 hectares of rocky semi-desert. Located in an exclusively residential neighbourhood, a main pedestrian route was designated to cross the site.

The total autonomy of Arup Associates from the Ove Arup Partnership, the parent company – which provides all types of services relating to architecture, town planning, engineering and construction – does not prevent them from accessing and using the enormous resource potential of this global organisation. Arup Associates has been active for more than 30 years and was conceived from the beginning as a modern alternative to the growing complexity of every aspect of architectural projects. The company has participated in projects varying greatly in architectural type and purpose. The workforce of about 50 includes architects, engineers, interior designers, planners, etc. Organised into teams, over the years it has become a single, skilled multidisciplinary practice covering all the stages of the architectural and construction process. Without turning their back on technology, but

The walkway passes buildings, crosses the large garden spaces to protection, under the pergolas, from the intense sun.

El recorrido peatonal sortea edificios, cruza amplios espacios ajardinados y encuentra, bajo las pérgolas, protección del intenso sol.

using it creatively to ensure the integration of structure and environmental engineering into the architectural plan, their compositional objectives have always started from a position of sensitivity towards the human and physical surroundings. The quality of their work is shown by the fact that they have obtained more RIBA awards (the Royal Institute of British Architects) than any other practice in England.

The Riyadh Diplomatic Quarter Sports Club is a response to the desire to transform a virtually featureless arid piece of land into a recreational sports club and also into a versatile new park, a new oasis, designed to serve foreign diplomats. On the basis of this concept, the different sports facilities are conceived as a series of separate buildings and enclosures, linked together by the pedestrian route in the master plan. The path thus does more than join two points, instead playing the role of the spine along which the slow sequence of separate buildings develops; this encourages intensive landscaping of the spaces, which are not mere gaps but clearly continuous. Walking along the footpath becomes an experience due to: the furnishings, including pergolas, benches, bowers, etc; small changes in level; constantly changing visual perspectives, with continuous expansion and contraction of the perceived space; and the vegetation, sometimes dense and sometimes subtle, framing the solid earth-coloured architecture recalling the surrounding region. To sum up, it is a large, intensively gardened area connected with the adjoining pedestrian walkways. To minimise the visual impact of the traffic and 250 parking spaces, these are restricted to 12-metre-wide strips alongside the existing main roads around the site. The service roads for vehicles are hidden as they run between the built structures and the internal site boundaries.

In the context of the master plan, the main sports facilities form two formal courtyards that are also extensively gardened. The sports hall and gymnasium are at the eastern end of the complex, while the swimming pools – both indoor and outdoor – and squash courts are on the northern edge of the Riyadh Diplomatic Quarter Sports Club. At the hub of the site, where the pedestrian path changes direction, by emphasising an existing rise in the ground a visual point of reference is created in the middle of a basically flat terrain. This semi-artificial, strategic raised area houses the centre's non-sporting installations, such as the club house and cafeteria.

Since its inauguration in 1985, the Riyadh Diplomatic Quarter Sports Club has been increasingly used. The gradual occupation of the adjacent district has contributed decisively to this new installation's success, and the establishment of its landscaping character has made it the focal point of the local community, which sees it as a unique leisure space in a city set in the hostile context of the semi-desert. It is immensely popular.

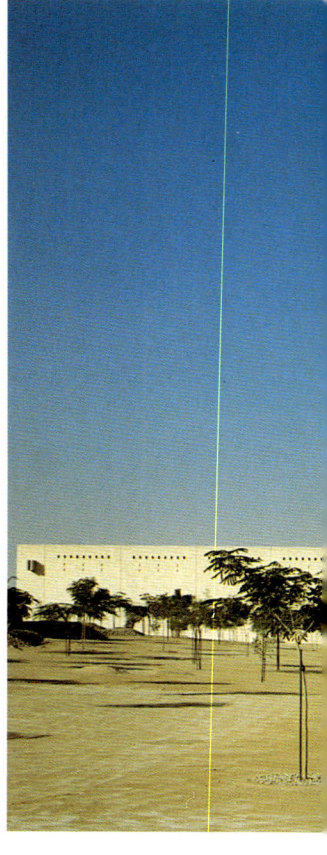

The vegetation may be mistaken for architecture...

... or hide it...

... or complement it.

The built structures create large courtyards with abundant greenery and furnishings.

The horizontal nature of the buildings emphasises the size of the open areas.

La vegetación unas veces se confunde con la arquitectura...

..., y otras la oculta...

..., o la complementa.

Los volúmenes construidos generan amplias plazas interiores, aderezadas con abundante verde y mobiliario.

La horizontalidad de la edificación acentúa la extensión de los espacios libres.

En mayo de 1981 el equipo de arquitectos e ingenieros de Arup Associates recibió el encargo de un proyecto para un complejo deportivo en Riad, Arabia Saudí. El equipamiento debía servir a toda la comunidad del nuevo barrio erigido para albergar los diferentes cuerpos diplomáticos destacados en esta ciudad. El emplazamiento previsto a tal efecto, a unos siete kilómetros al oeste del centro urbano, estaba enmarcado en el contexto de un plan director, desarrollado por la empresa alemana Speerplan, y ocupaba un área de perímetro irregular de aproximadamente 9,4 Ha de rocoso terreno semidesértico. Ubicado en medio de una zona de uso exclusivamente residencial, el plan director preveía, asimismo, el paso de una importante vía peatonal a través del solar.

La absoluta autonomía de Arup Associates respecto de la poderosa Ove Arup Partnership, su empresa matriz —comprometida con toda clase de servicios relacionados con la arquitectura, el urbanismo, la ingeniería y la construcción— no le impide tener acceso y explotar el enorme potencial de recursos de la organización de ámbito mundial. Arup Associates, activa desde hace más de 30 años, se concibió desde un principio como una alternativa moderna a la creciente complejidad que supone, hoy en día, en todas sus vertientes, la realización de un proyecto arquitectónico. Ha intervenido en propuestas de las más variadas tipologías arquitectónicas y funcionales. Su plantilla de empleados, en un número aproximado de 50, incluye arquitectos, ingenieros, interioristas, urbanistas, etc. Organizados por equipos, el conjunto se ha convertido, con los años, en un único y competente taller multidisciplinar que cubre todas las etapas del proceso arquitectónico y edificatorio. Sin desdeñar la tecnología, es más, utilizándola creativamente al servicio de la integración de estructura e ingeniería ambiental en el diseño arquitectónico, los objetivos compositivos siempre han tenido como punto de partida la sensibilidad hacia el entorno, tanto físico como humano. La calidad de su obra la corrobora el hecho de ser el equipo que más premios del RIBA (Royal Institute of British Architects) ha obtenido en Inglaterra.

El Riyadh Diplomatic Quarter Sports Club responde a la voluntad de transformación de una extensión árida, virtualmente carente de atributos, ya no tan sólo en un centro de recreo deportivo, sino principalmente en un nuevo parque de uso polivalente, un oasis de nueva creación, tanto en su vertiente funcional —destinado a la diplomacia foránea—, como en la formal. En base a esta filosofía, las diferentes instalaciones deportivas están concebidas como una serie de construcciones y recintos independientes, unidos entre sí por el paseo peatonal previsto en el planeamiento previo. La esencia de esta vía trasciende, de este modo, la pura función de enlace entre dos puntos para adquirir el valor de eje vertebrador, en torno al cual la lenta secuencia de edificaciones aisladas incita al marcado tratamiento paisajístico de unos espacios ya no intersticiales, sino abiertamente continuos. El mobiliario urbano, con pérgolas, bancos, glorietas, etc; los pequeños desniveles; las visuales permanentemente cambiantes, con dilataciones y contracciones continuas del espacio perceptible; el en unas ocasiones tupido y en otras sutil verde, recortando la arquitectura maciza y de claro color terroso —recordando la naturaleza de la región— de las construcciones... Todo contribuye a convertir el recorrido a pie en experiencia. Es, en definitiva, un amplio parque generosamente ajardinado y perfectamente conectado con las arterias, también exclusivas para viandantes, del vecindario

The design and through maintenance of the gardens creates an agreeable sensation of exuberance.

The varied vegetation serves different functions; shade, decoration, borders.

El formalismo y el continuo mantenimiento de los jardines dan una agradable sensación de exuberancia.

La vegetación, en sus múltiples variedades, cumple diferentes funciones: sombrilla, ornamento, límite.

limítrofe. Para minimizar el impacto visual de la circulación rodada, así como de la dotación de aparcamientos previstos (250 plazas), éstos están distribuidos en áreas de 12 m de anchura máxima, previstas en los márgenes de las principales carreteras colindantes con el perímetro de la zona de actuación. Igualmente, las vías de servicio, de tráfico rodado, quedan ocultas al discurrir entre los macizos construidos y los límites internos del solar ocupado.

En el marco de esta propuesta de ordenación general, los principales pabellones deportivos están situados formando dos atrios que, a su vez, tienen un profuso ajardinamiento de composición formalista. La cancha polideportiva y el gimnasio están en el extremo oriental del complejo, mientras piscinas –al aire libre y cubiertas– y pistas de *squash* delimitan el Riyadh Diplomatic Quarter Sports Club hacia el norte. En el centro del área de intervención, coincidiendo con el punto de inflexión del itinerario peatonal, el énfasis de una prominencia existente del terreno proporciona un punto visual de referencia en medio de una topografía de escaso relieve. Es en esta estratégica elevación semiartificial donde se ubican las dependencias no estrictamente deportivas del centro, como son el club social y la cafetería.

Desde su inauguración en 1985, el Riyadh Diplomatic Quarter Sports Club ha experimentado un aumento constante en su índice de utilización. La paulatina ocupación del nuevo vecindario adyacente ha contribuido de forma decisiva al éxito de este nuevo equipamiento, y la consolidación de su carácter paisajístico lo ha convertido en un obligado punto de referencia para la comunidad local, que ve en él un entorno de esparcimiento único en la ciudad en un hostil contexto semidesértico. Es, no cabe duda, inmensamente popular.

The swimming pool has artificial waves and recreates a small ocean in the middle of the desert.

The noise of the water features creates a cool sensation.

The diversity of the water attractions is one of the main attractions of the Riyadh Sports Club.

La piscina de olas al aire libre recrea un pequeño océano en medio del desierto.

Los juegos de agua aumentan, con su sonoridad, la sensación de frescor.

La diversidad de atracciones acuáticas es uno de los atractivos del Riyadh Sports Club.

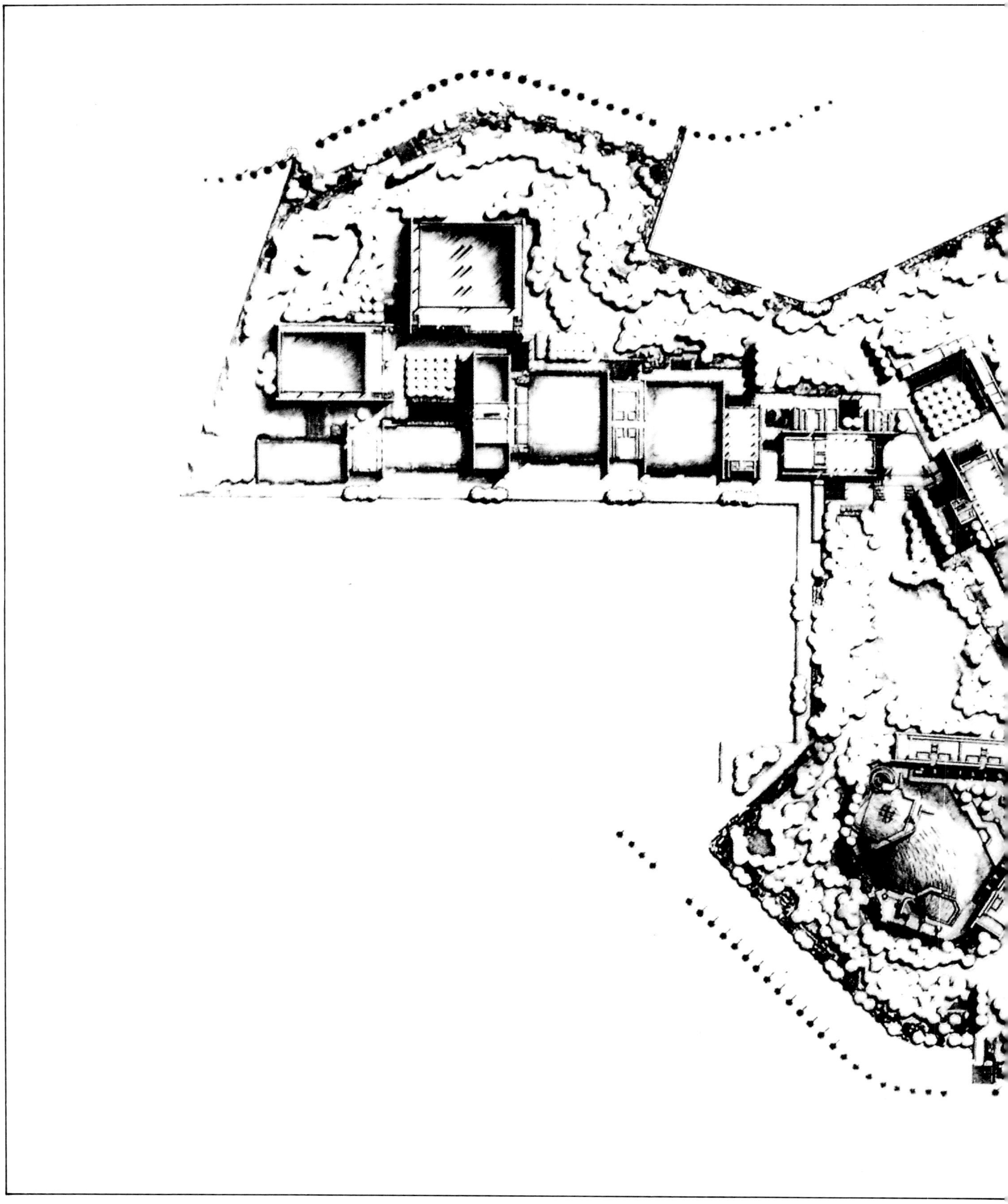

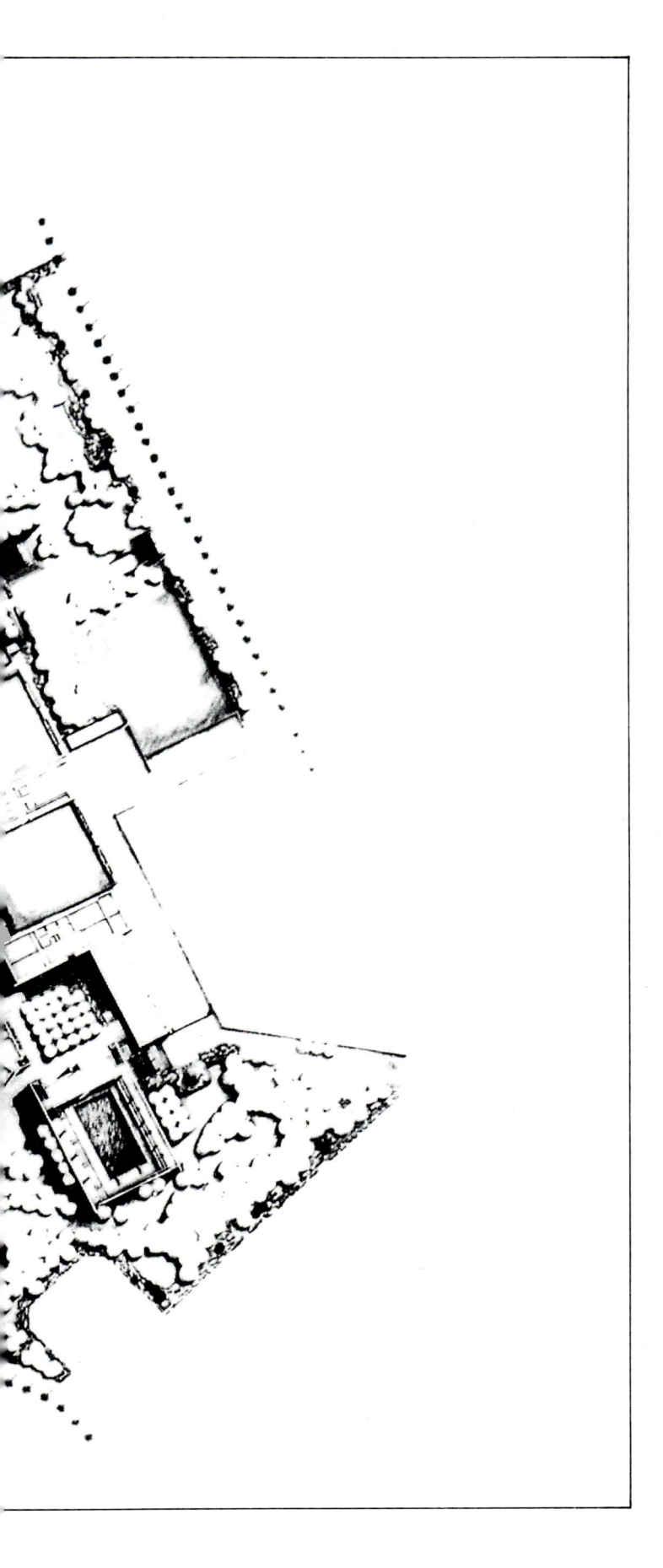

General plan of the Riyadh Sports Club.   Planta general del Riyadh Sports Club.

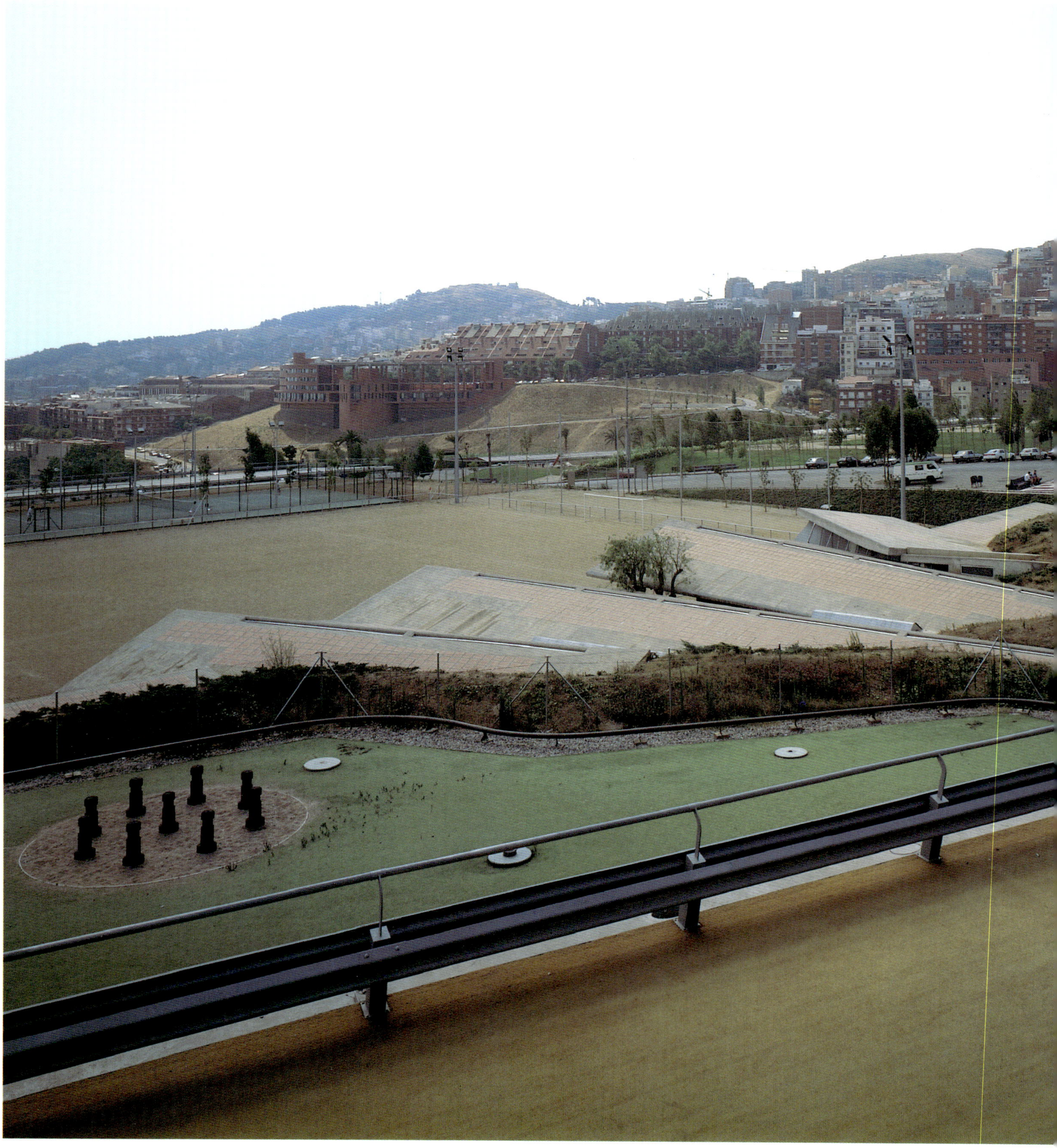

The Olympic Archery Range
Enric Miralles/Carme Pinós

Location: The Valle Hebrón Olympic Park, Barcelona
Completion date: 1990-1992
Client: The Olympic Committee
Collaborators: A. Ferré, E. Prats, R. Prats, S. Martínez (Structures: A. Obiols, R. Brufau)

The 1992 Olympic Games gave Barcelona a unique opportunity to reorder the city and its metropolitan area. The Olympic Ring provided the representative space deserved by the sporting events as well as recovering the Montjuïc mountain, one of the city's few urban leisure zones, which had been neglected by government bodies following its lavish debut for the 1929 International Exhibition. With the Olympic Village, the city recovered a district which had been full of obsolete factories, ceased ignoring the sea and regained its Mediterranean essence. The third major area of development was centred in the Valle Hebrón. A group of sports installations, facilities and residential areas were built around the recently constructed ring road – the most important of those built for the Olympic Games. This area on the outskirts had for decades suffered occupation that was uncontrolled except for the limits imposed by the steep Collserola hills. The archery range, designed by Enric Miralles and Carme Pinós, is located within the area covered by the master plan for the Olympic Park, on the slopes of the Collserola range.

One may be surprised that this project was commissioned from this team, as they had been working together for a relatively short time. Nevertheless, they have been prolific and their work has been immediately recognized. They received the prestigious FAD award in 1985 for one of their first projects – the Escuela La Llauna in Badalona. Enric

Aerial perspective of the archery range and its buildings.

Vista en picado del conjunto de las instalaciones del campo de tiro con arco.

Miralles took over the management of the studio in 1989, and their success continued with another FAD award (1992), the ITALSTAD for Europe prize (1991) and the Premio Ciutat de Barcelona (1992) for the archery range. Enric Miralles' brilliant career has confirmed him as one of the best in the new wave of Spanish architects.

Formed in 1984, Enric Miralles and Carme Pinós' studio was distinguished from the start for the avant-garde image of their architecture. The apparently arbitrary lines, the false disorder in their combination of materials — almost always industrial — and the deliberate tension created in certain spaces, all contribute to a whole which is born from its own fragmentation, where simulated spontaneity contrasts with the elaborate design of each detail.

The site for the archery range had already been decided in the master plan, together with certain preliminary factors (access, slope etc). The programme covered two areas — competition and training — with their respective archery ranges and buildings for the athletes (toilets, changing rooms, etc). The similar requirements and roles for the two areas meant that the solutions were conceptually similar, although they attempt to respond to the particular characteristics of each. The sloping site and the different-level construction outlined in the master plan are their main features. The sunken buildings support the terrace immediately above. They each have a single facade, facing their respective archery range.

In the training area, the form of the retaining wall defines the different areas of the building. The architectural dynamism of its concave forms generates an amalgam of flat surfaces, curves, vertical and horizontal planes with different slopes which — discreetly placed according to the programme — close, cover, separate and protect. Ceramic materials, glass, metal and stone are skilfully combined to emphasise the difficult balance between the elements. The interstices resulting from this intentional division allow diffuse light to enter, while pillars in contrived positions support many different roof planes. These fan out towards the training area, with vegetation emerging from lower platforms, the city and the sea. It is simply the inevitable and uncontrolled expansion experienced by a withdrawn site.

The design of the competition area, on the other hand, is based on public access and circulation. Here the shaping of the land has formed itineraries which introduce the spectator into the landscape. The building is based on repetition of individual dressing room/shower units, each of which is a block closed frontally by concrete screens. Their arrangement is disorderly and delicately mounted on the ground. The dynamism of these prefabricated units presents an apparently ephemeral presence on the site, which is both sensitive and strange. The building is separated from the street by the new landscape formed by the access ramps, the main one of which is covered by a metal pergola with a wavy outline. The sun reflects these sinuous outlines on the asphalt in a repetition of the undulating form of the adjacent land.

The archery range is a paradigm of a project which does not attempt to compete, but to structure a landscape to increase the value of the site. The nature of its landscape design was predetermined by its particular location, which meant that sports facilities had to be built on a slope. This situation has been exploited in the archery range. According to Carme Pinós, *"in one case, we built a geological fault: a massive wall,*

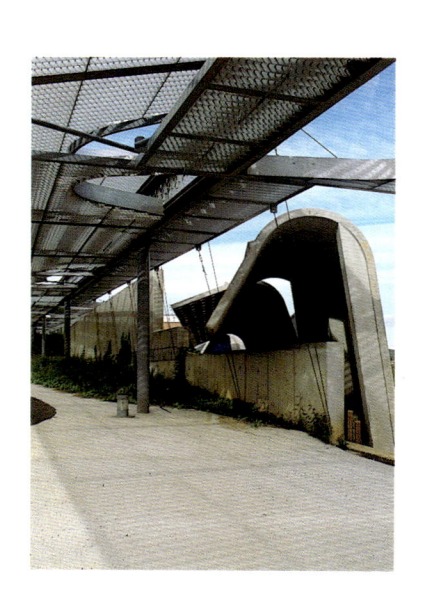

| The pergola reflects the irregularities of the surrounding land. | La pérgola refleja las irregularidades del terreno circundante. |

The wavy outline of one of the access ramps is covered in some points by the pergola.

Una de las rampas de acceso forma una serpenteante silueta cubierta en algunos puntos por la pérgola.

The design of the facilities has been determined by the irregular relief of the site.

El diseño de las instalaciones ha quedado determinado por la irregular orografía del lugar.

The archery range is perfectly integrated into its difficult urban surroundings.

El campo de tiro con arco se integra perfectamente en el difícil entorno urbano.

cracks, trees which hide it; in the other we have made a hole, with concavities in the retaining wall".

Los Juegos Olímpicos de Barcelona'92 brindaron a la ciudad una ocasión única para la reordenación urbanística de su ámbito metropolitano. La Anilla Olímpica proporcionó el espacio representativo que merecían las celebraciones deportivas y devolvió a la ciudad una de sus escasas zonas urbanas de esparcimiento, la montaña de Montjuïc, caída en el olvido por parte de las administraciones después de su fastuosa puesta de largo con motivo de la Exposición Internacional de 1929. Con la operación de la Villa Olímpica la capital catalana recuperó un barrio sobre el que se asentaban obsoletas fábricas, dejó de dar la espalda al mar y recobró su esencia mediterránea. La tercera intervención de envergadura se centró en el Valle Hebrón. Un conjunto de instalaciones deportivas, equipamientos y áreas residenciales debían adecuar unos márgenes de la reciente ronda de circunvalación –principal e importantísimo legado infraestructural de los Juegos– y racionalizar lo que durante décadas había sido periferia de ocupación incontrolada y subordinada al límite orográfico que supone la sierra de Collserola. En la falda de este macizo, y en el contexto de un Plan Director para el Parque Olímpico, se ubica el campo de tiro con arco, concebido por Enric Miralles y Carme Pinós.

El encargo del proyecto a este equipo puede sorprender si se observa la brevedad, a la sazón, de su trayectoria. No obstante, ésta contrasta con una actividad prolífica e inmediatamente reconocida. Ya en 1985, con una de sus óperas primas –la Escuela La Llauna, en Badalona– fueron galardonados con el prestigioso Premio FAD. En 1989 el estudio pasó a ser dirigido en solitario por Enric Miralles. Los éxitos le continuaron sonriendo: otro Premio FAD (1992), el Premio ITALSTAD for Europe (1991) y el Premio Ciutat de Barcelona (1992) –precisamente por el campo de tiro– avalan una carrera fulgurante que ha confirmado a Enric Miralles como uno de los valores más seguros de una nueva hornada de arquitectos españoles.

Formado en 1984, el estudio de Enric Miralles y Carme Pinós se distinguió desde un inicio por la imagen vanguardista de su arquitectura. La aparente arbitrariedad de su trazo, el desorden ficticio en la combinación de materiales –casi siempre industriales–, la intencionada tensión que respiran determinados espacios, conforman un todo que nace de su propia fragmentación, donde la simulada espontaneidad se opone al elaborado diseño de cada detalle.

En el campo de tiro el plan director prefijaba su ubicación, así como ciertos condicionantes de partida (accesos, taludes, etc). El programa se desdobla en dos áreas –competición y entrenamiento– que comprenden sus respectivos campos de tiro, además de sendos edificios para los atletas (servicios, vestuarios, etc). La similitud de ambos sectores, en lo que respecta a requerimientos y colocación asignados, propicia soluciones muy próximas conceptualmente que, a pesar de todo, intentan dar respuesta a las singularidades de cada situación. La pendiente del lugar y el escalonado del mismo que prevé el plan director se convierten en la principal cualidad de las edificaciones propuestas. Éstas se hunden en el terreno y soportan las tierras de la terraza inmediatamente superior. Tienen por lo tanto una sola fachada, relacionada unívocamente con la explanada de tiro que discretamente presiden.

This image clearly shows the strength and dynamism of the design.

The furnishings have been specially designed for this project.

En esta imagen quedan patentes la fuerza y el dinamismo del diseño.

El mobiliario ha sido especialmente diseñado para este proyecto.

En el recinto de entrenamiento es el movimiento del muro de contención el que define los diferentes ámbitos del cuerpo edificado. El dinamismo tectónico de sus concavidades genera una amalgama de superficies planas, curvas, verticales, horizontales y con toda suerte de pendientes que —disimuladamente dispuestas de acuerdo con el programa— cierran, cubren, separan, protegen. Materiales cerámicos, vítreos, metálicos, pétreos, se combinan hábilmente para enfatizar el difícil equilibrio que han alcanzado a encontrar los elementos. Los intersticios resultantes de este concienzudo fraccionamiento permiten el paso de una luz que llega difusa al interior, mientras pilares sostienen —en posición siempre forzada— los múltiples planos de cubierta. Éstos se abren en forma de abanico hacia el campo de entrenamiento, la emergente vegetación de plataformas inferiores, la ciudad y, en última instancia, el mar. No es más que la inevitable e incontrolada expansión que experimenta un escenario introvertido, que preserva el anonimato.

Por el contrario, la zona de competición se concibe en función de la accesibilidad y el trasiego del público. Aquí los movimientos de tierras forman itinerarios que incorporan al espectador en el paisaje. El edificio surge a partir de la repetición de unidades vestuario-ducha, cada una de las cuales es un bloque cerrado frontalmente por pantallas de hormigón. Desordenadamente alineados y débilmente anclados en el terreno, el dinamismo de estos módulos prefabricados manifiesta una presencia aparentemente efímera sobre el territorio, sensibles pero extraños al mismo. La edificación está separada de la calle por el nuevo paisaje que forman las rampas de acceso, la principal de las cuales está cubierta por una pérgola metálica de serpenteante silueta. El sol dibuja sobre el asfalto estos sinuosos recortes y repite así las ondulaciones del terreno adyacente.

Las instalaciones del campo de tiro con arco son paradigma de una intervención que no intenta competir, sino estructurar un paisaje para que éste añada valor al lugar. Su carácter paisajístico viene predeterminado por un emplazamiento comprometido que obliga a construir equipamientos deportivos en un desmonte. En el campo de tiro con arco se explota esta situación. Según Carme Pinós, «*en un caso construimos una falla geológica: un muro macizo, grietas, árboles que la ocultan; en el otro hicimos un agujero, concavidades en el muro de contención*».

Stone, metal and glass are the main materials used in the archery range.

The play of light and colour inside one of the buildings.

The range's facilities are literally below the access roads.

Irregularly shaped stone slabs form the pergola's enclosure.

Piedra, metal y cristal son los principales materiales utilizados en el campo de tiro con arco.

Juegos de luz y color en uno de los interiores.

Las instalaciones del campo quedan, literalmente, por debajo de las vías de acceso.

Losas de irregulares perímetros forman el cerramiento de la pérgola.

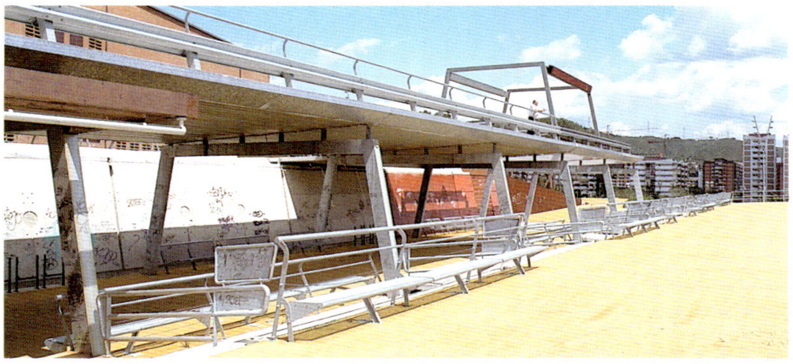

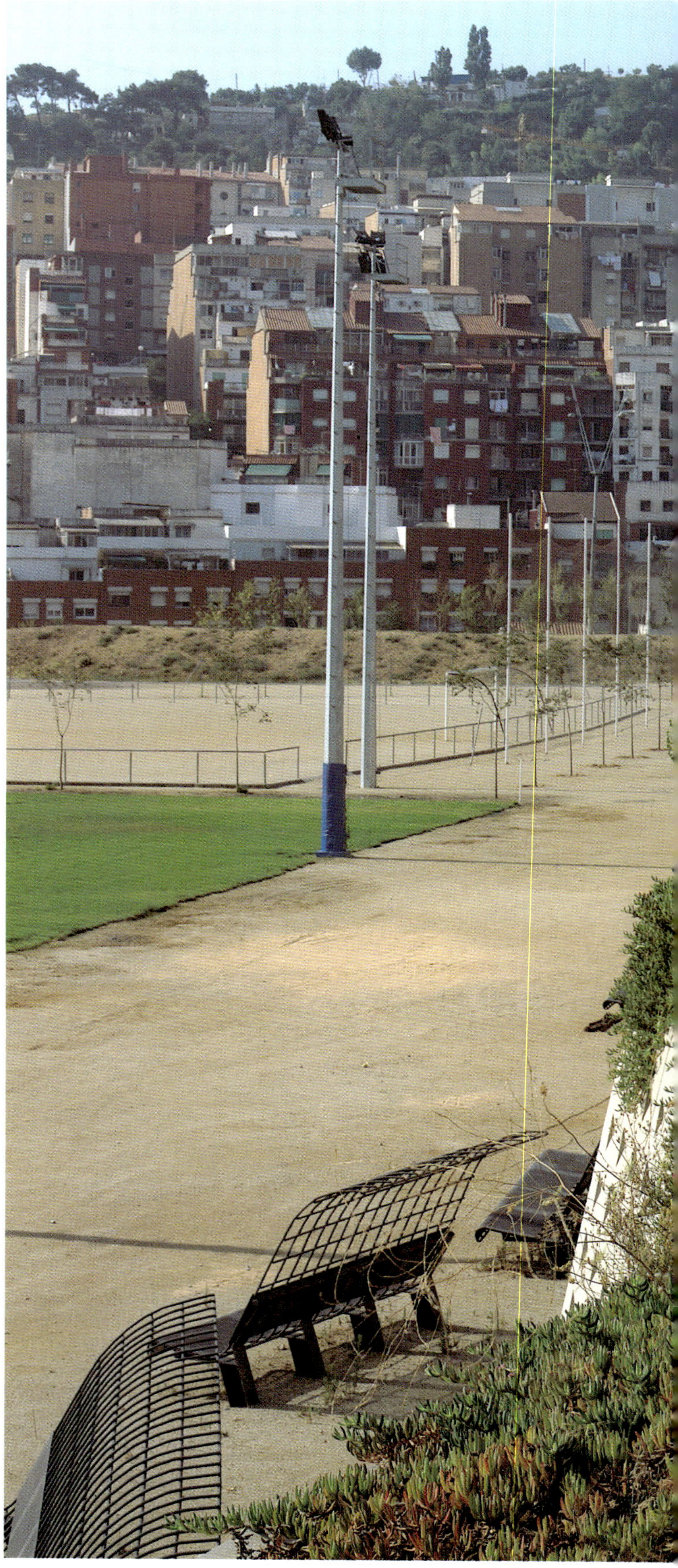

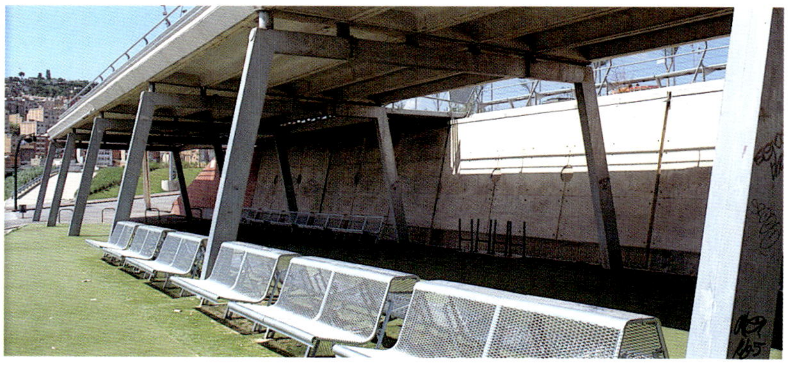

Access ramp to the area.

Benches with a functional design have been installed throughout the site.

The marked slope of the land has favoured the creation of slopes

Rampa de acceso al recinto.

A todo lo largo del recinto se han instalado bancos de funcional diseño.

El pronunciado desnivel del terreno ha favorecido la formación de taludes.

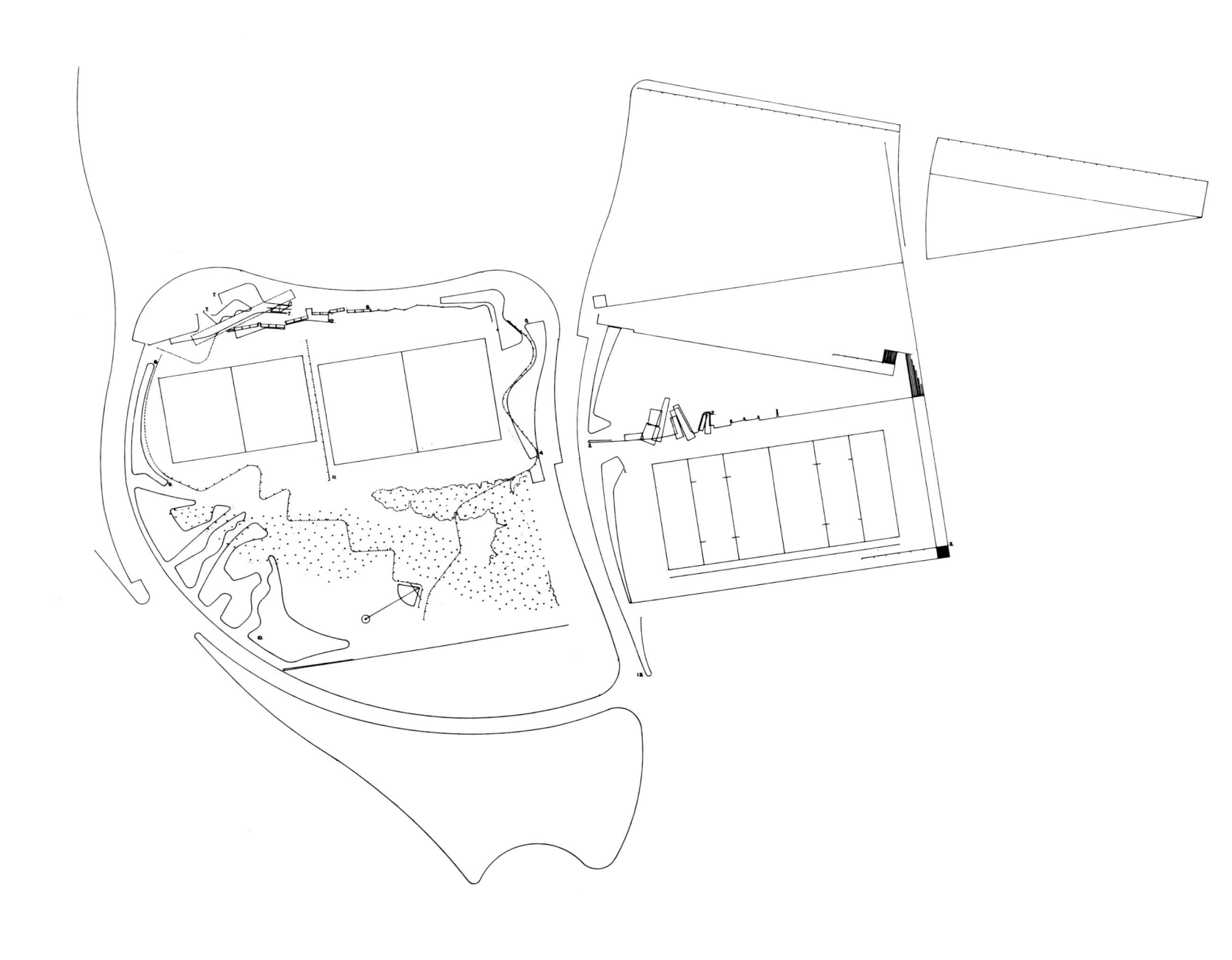

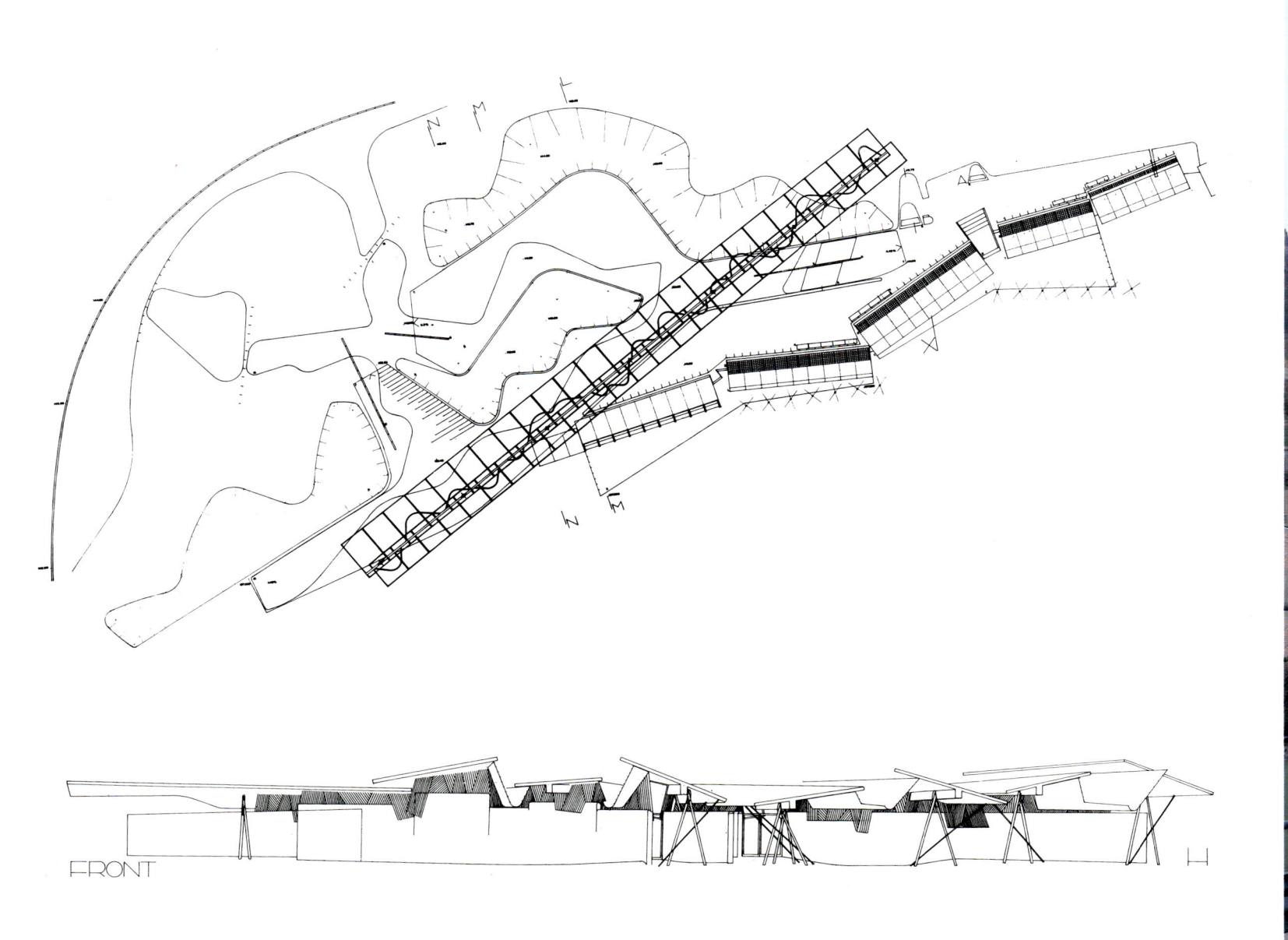

General layout of the archery range.

Layout of the competition area.

Frontal view of the training building.

Ordenación general del campo de tiro con arco.

Ordenación del área de competición.

Visión frontal del edificio de entrenamiento.

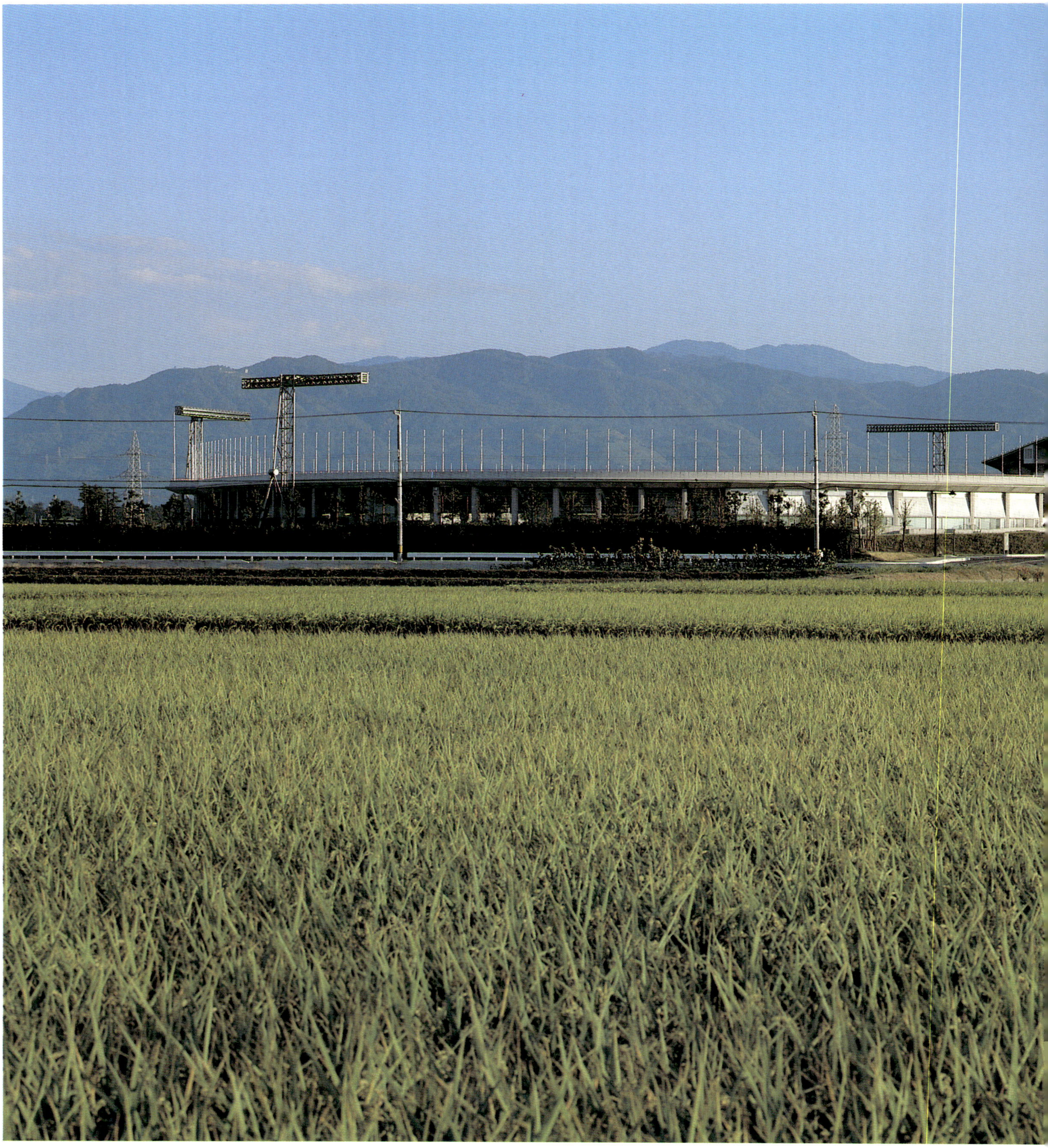

Toyama Comprehensive Sports Park

Kouichi Sone & Environmental Design Associates

Completion date: 1993
Location: Toyama, Toyama Prefecture, Japan
Client/Promoter: Toyama Prefecture
Collaborators: Nobuhiko Inoue Structural Design (structural assessment); Chubu Design Co. Ltd (mechanical assessment); Sato Kogyo Co. Ltd., Takano Construction Co. Ltd. and Sugimoto Construction Co. Ltd (construction)

Toyama is a small city 600 km northwest of Tokyo and the capital of the prefecture of Toyama. It has consolidated its international prestige as one of the places in Japan that pays most attention to cultural, scientific and architectural matters. One of the city's unresolved concerns, its sports infrastructure, is being solved by Kouichi Sone & Environmental Design Associates' ambitious scheme for its periphery.

This creative team's proposal was to plan a sports park to meet local, regional and, eventually, national competitive requirements. They also sought to create a public space for the city that reconciled a XXI-century image of technical innovation with the ancestral spirituality of Japanese tradition. All this is permeated with a deep feeling for the landscape, whose main reference was the panoramic background of the nearby Tateyama mountains.

Kouichi Sone (1936), the head of Environmental Design Associates, was responsible for the general planning of this outstanding project. After graduating and obtaining his master's degree from the Architecture Department of Tokyo National University of the Arts,

View of the stadium, with a panoramic view of the Tateyama mountains in the background.

Vista del estadio, con el fondo panorámico de las montañas de Tateyama.

sone entered the prestigious Kenzo Tange Studio in 1963. Five years later he founded the company that has made his name nationally and internationally famous in the world of architecture and landscaping.

His professional career has been accompanied by teaching (lecturing, professor at the Sibaura Technological Institute) and institutional work (Director of the Japanese Institute of Architects). Some of the most important projects in his brilliant career have been: planning Expo '70 in Osaka and Expo '85 in Tsukuba City; designing the Tama New Town Museum and Concert Hall; public housing in Ibaraki; and the municipal gymnasiums in Nagaoka City and Inagi City. The most important awards he has received during his career have been the Special Prize of the Japanese Institute of Architecture (1969), that of the Tokyo Society of Architects and Engineers (1991) and the Award for Public Buildings (1992).

Together with the major projects for the International Expositions, the Toyama sports complex is one of his largest schemes; of the planned total of 46 ha, the 23 ha corresponding to the first phase of the general plan have already been completed. These include the main athletics stadium, some additional tracks, the entrance area (Entrance Square), and the traffic axis (Alpine Lane) connecting the entrance to Alpine Square, the square that will regulate circulation to the project's three focal points: the stadium, a large circular covered pavilion and a recreational area with a health centre and baseball pitch.

To achieve his scheme's main objective, blending technological innovation with tradition, Kouichi Sone did not limit himself to narrow localism. The imaginative and enriching resulting integration is based on Japanese landscaping concepts, but used in a very large project. These are *shakkei*, the integration of panoramic features into the composition (in this case, the Tateyama mountains); *karesansui*, a method that gives water an almost mystic role (which will be more tangible in later phases of the project, incorporating artificial mist and fountains); and *kainyo*, natural structures protecting against the wind formed by welcoming islands of vegetation.

From the point of view of circulation, spatial articulation along an axis, Alpine Lane, introduces geometric order reminiscent of the baroque and the *patte d'oie* system, creating perspectives apparently leading to the infinite. This east-west main route leaves the magnificent Entrance Square, with its curved perimeter and restrained access canopy. It is foreseen that the route will bifurcate forming a V and then culminate in Alpine Square, the nerve centre of the circulation within the general plan. With respect to the first phase of the project, the stadium and the athletics tracks have been located in the southern area, while the covered pavilion will be in the northern sector and the recreational area will be in the western part.

Special attention has also been paid to integrating the architectural structures into their landscape context. This is why the stadium's shape has been influenced by the sinuous forms surrounding it. This is particularly clear in the design of the facades, where steel and prestressed and post-tensioned concrete go beyond rigidity and form undulating curves. Not even the rhythmic arrangement of the V-shaped supports manages to neutralise the stadium's sensation of serenity and spaciousness.

Finally, two features help to dignify the precinct's exterior spaces. The first is artificial in nature and corresponds to the design of the service constructions, such as tea houses, drinks stalls, toilets, stores, etc.

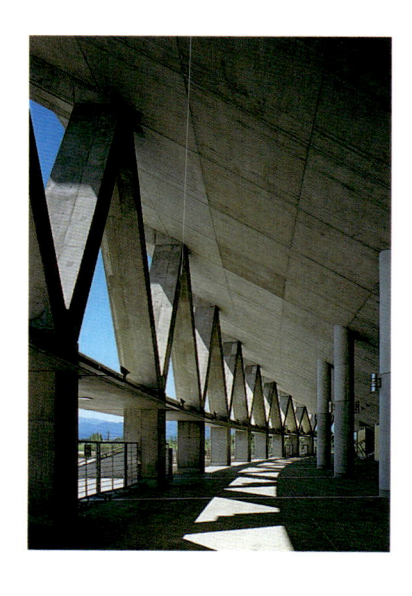

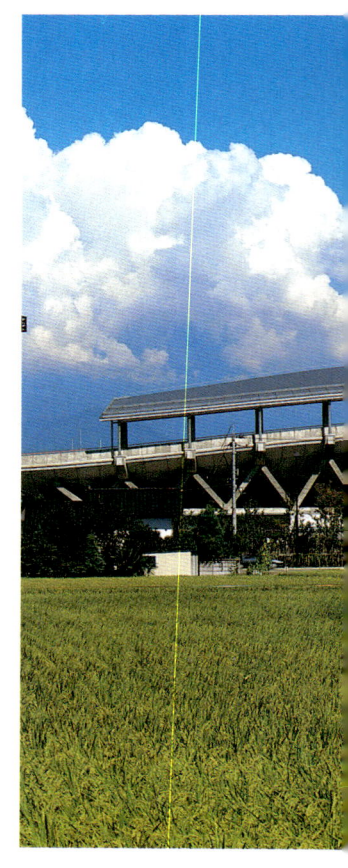

One of the access stairways to the stadium.

Lighting fixtures on Alpine Lane.

One of the perimeter corridors in the stadium.

The vegetation surrounds the building.

Rear view of the facade of the grandstand.

Una de las escalinatas de acceso al estadio.

Dispositivos de iluminación situados sobre la Alpine Lane.

Uno de los corredores perimetrales del estadio.

La vegetación circunda el edificio.

Vista posterior de la fachada de tribuna.

The idea is based on an innovative treatment of the concept of the folly, using themes related to the historical tradition but with a contemporary format, such as water wheels or mills. The second feature is natural, and refers to the smooth moulding of the terrain and the plants chosen to give the area an absolutely native feeling: *Zelkova serrata*, *Forsythia suspensa*, *Phlox subulata*, *Cercidiphyllum japonicum*, *Liquidambar formosana*, spruce (*Picea abies*) and Himalayan cedars (*Cedrus deodara*).

One of the service installations.

The idea of the folly is present in the design of the complementary services.

Front view of the magnificent grandstand.

In the foreground, one of the lighting towers.

Una de las instalaciones de servicios.

El concepto de folly está presente en el diseño de los servicios complementarios.

Vista frontal de la magnífica tribuna.

En primer plano, una de las torres de iluminación.

Toyama, pequeña ciudad situada a unos 600 km al noroeste de Tokio y capital de la prefectura que lleva su nombre, ha consolidado su prestigio internacional como uno de los lugares del archipiélago japonés en los que se presta mayor atención a los temas culturales, científicos y arquitectónicos. Una de las asignaturas pendientes de la ciudad, su infraestructura deportiva, está en vías de solución gracias a la ambiciosa intervención que Kouichi Sone & Environmental Design Associates han ideado para su periferia.

La propuesta del equipo creativo consistió en la planificación de un parque deportivo que absorbiera las necesidades competitivas de ámbito local, regional y, eventualmente, nacional. Pero, además, existía la voluntad de crear un espacio público de carácter ciudadano que, al mismo tiempo, conciliara una imagen de innovación tecnológica propia del s XXI con la espiritualidad ancestral de la tradición japonesa. Todo ello, a su vez, imbuido por un profundo sentimiento paisajístico, cuyo principal referente era el fondo panorámico de las cercanas montañas de Tateyama.

Kouichi Sone (1936), al frente de Environmental Design Associates, ha sido el encargado de la planificación general de este magno proyecto. Tras obtener su graduación y un máster por el Departamento de Arquitectura de la Universidad Nacional de Artes de Tokio, Sone entró a formar parte en 1963 del prestigioso Kenzo Tange Studio. Cinco años más tarde fundó la firma que ha catapultado su nombre a la primera plana del panorama arquitectónico y paisajístico internacional.

Su labor profesional se ha simultaneado con actividades docentes (conferenciante, profesor del Instituto Tecnológico Sibaura) e institucionales (director del Instituto Japonés de Arquitectos). No obstante, sus obras conforman la parte más destacada de su brillante trayectoria:

The daring format of one of the exterior installations.

Islands of low vegetation cover much of the precinct.

Detail of the concrete and steel structure.

View of the tracks and grandstand from inside.

These parallel cylinders show the originality of the exterior design.

Osado formato para una de las instalaciones exteriores.

Las islas de vegetación baja cubren gran parte del recinto.

Toma detallada de la estructura en hormigón y acero.

Vista desde el interior de las pistas y la tribuna.

Estos cilindros paralelos demuestran la originalidad de las propuestas del exterior.

las planificaciones de las Expo'70 de Osaka y Expo'85 de Tsukuba; el diseño de la sala de conciertos y museo de Tama New Town; las viviendas públicas de Ibaraki; y los gimnasios municipales de Nagaoka e Inagi. Los reconocimientos más importantes a lo largo de su carrera han sido el Premio Especial del Instituto Japonés de Arquitectura (1969), el de la Sociedad de Arquitectos e Ingenieros de Tokio (1991) y el galardón concedido a edificios públicos (1992).

Junto a los grandes proyectos de las Exposiciones Internacionales, el complejo deportivo de Toyama es una de sus intervenciones de mayor extensión: de las 46 Ha previstas, se han finalizado hasta la fecha las 23 que conforman la primera fase del plan general. Éstas acogen el estadio principal de atletismo, unas pistas complementarias, la zona de entrada (Entrance Square) y el eje viario (Alpine Lane) que conecta esta última con la Alpine Square, plaza que regulará la distribución hacia los tres grandes focos del proyecto: el citado estadio, un gran pabellón cubierto de estructura circular y una zona recreativa, con centro sanitario y campo de béisbol.

Para conseguir el objetivo principal de su propuesta, el maridaje entre innovación tecnológica y tradición cultural, Kouichi Sone no ha limitado su lenguaje a las estrechas barreras del localismo. Su labor de integración es mucho más enriquecedora e imaginativa y está basada en conceptos propios del paisajismo japonés trasladados a una intervención de gran magnitud: el *shakkei*, o integración de elementos panorámicos en la composición (en este caso, las montañas de Tateyama); el *karesansui*, método que concede al agua un papel casi místico (y que será más tangible en próximas fases del proyecto, con la incorporación de niebla artificial y surtidores de agua); y el *kainyo*, o estructuras naturales de protección contra el viento que conforman acogedoras islas de vegetación.

Desde el punto de vista distributivo, la articulación espacial en torno a un trazo axial, el Alpine Lane, introduce una cierta ordenación geométrica que posee reminiscencias del barroco y del sistema *patte d'oie*, generador de perspectivas visuales con pretensiones de infinitud. Esta vía principal, orientada en dirección este-oeste, parte de la magnífica plaza de entrada, caracterizada por su perímetro curvado y su sobria marquesina de acceso. Está previsto que el trazado se bifurque a lo largo de su recorrido para configurar una V que culmine en la Alpine Square, centro neurálgico de las distribuciones del plan general. Por lo que respecta a esta primera fase del proyecto, el estadio y las pistas de atletismo se han ubicado en la vertiente meridional, mientras que el pabellón cubierto ocupará el sector septentrional, y la zona recreativa, el occidental.

También se ha prestado especial atención a la integración de los cuerpos arquitectónicos en el contexto paisajístico. Por ello, la volumetría del estadio se ha contagiado de la sinuosidad formal del entorno. Esto se percibe especialmente en el diseño de las fachadas, donde el acero y el hormigón pretensado y postensionado abandonan su rigidez para dibujar ondulantes curvaturas. Ni tan siquiera la disposición rítmica de soportes en forma de V consigue neutralizar la sensación de serenidad y espaciosidad que destila el estadio.

Por último, dos elementos contribuyen a dignificar los espacios exteriores del recinto. El primero es de carácter artificial y corresponde al diseño de las construcciones destinadas a servicios como casas de té, venta de bebidas, lavabos, almacenes, etc. La idea está basada en un tra-

The design fuses nature and sporting exhibition.

Spaciousness is one of the project's characteristic features.

El diseño permite la fusión entre espectáculo deportivo y natural.

La espaciosidad es uno de los parámetros básicos del proyecto.

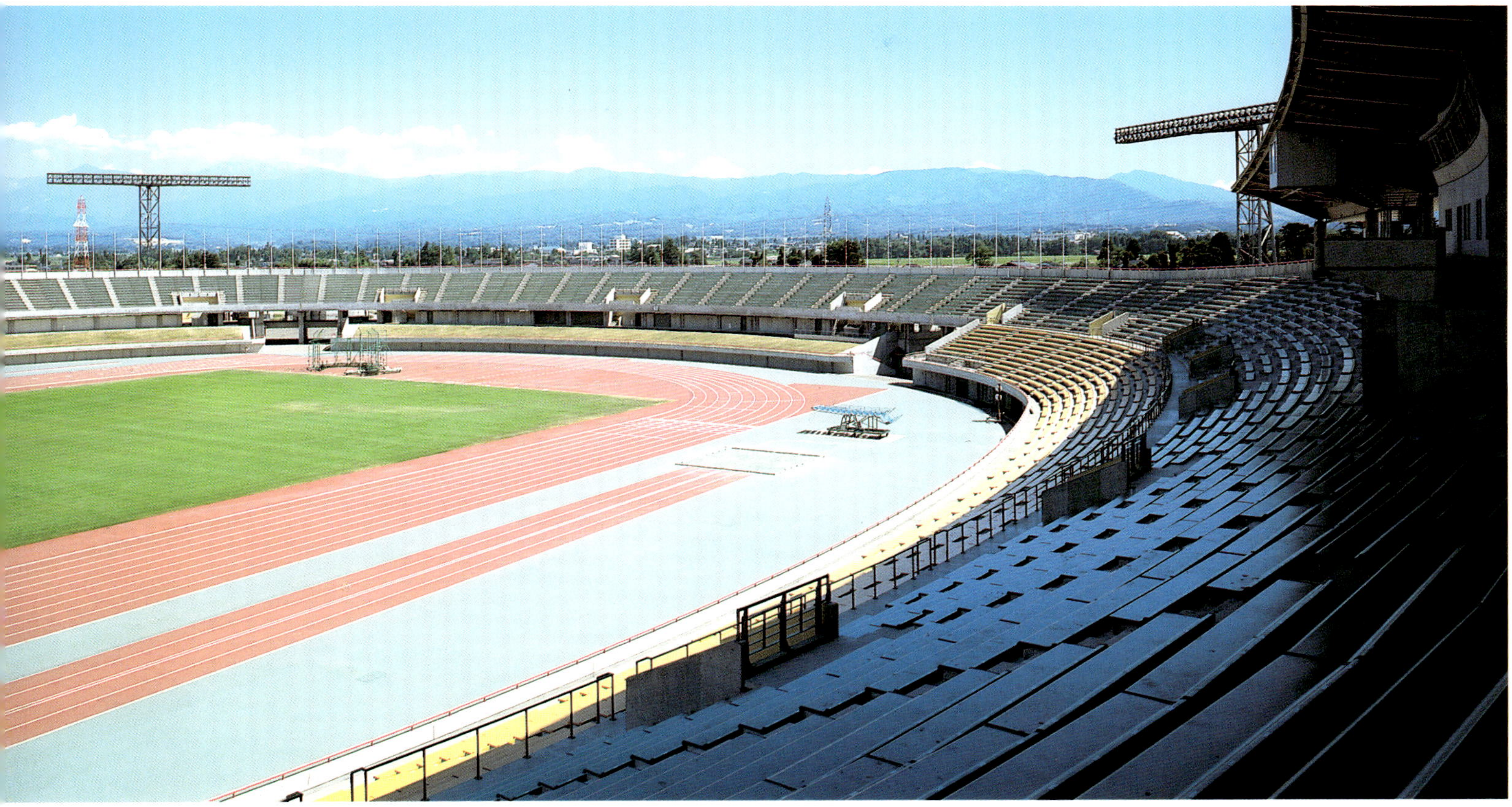

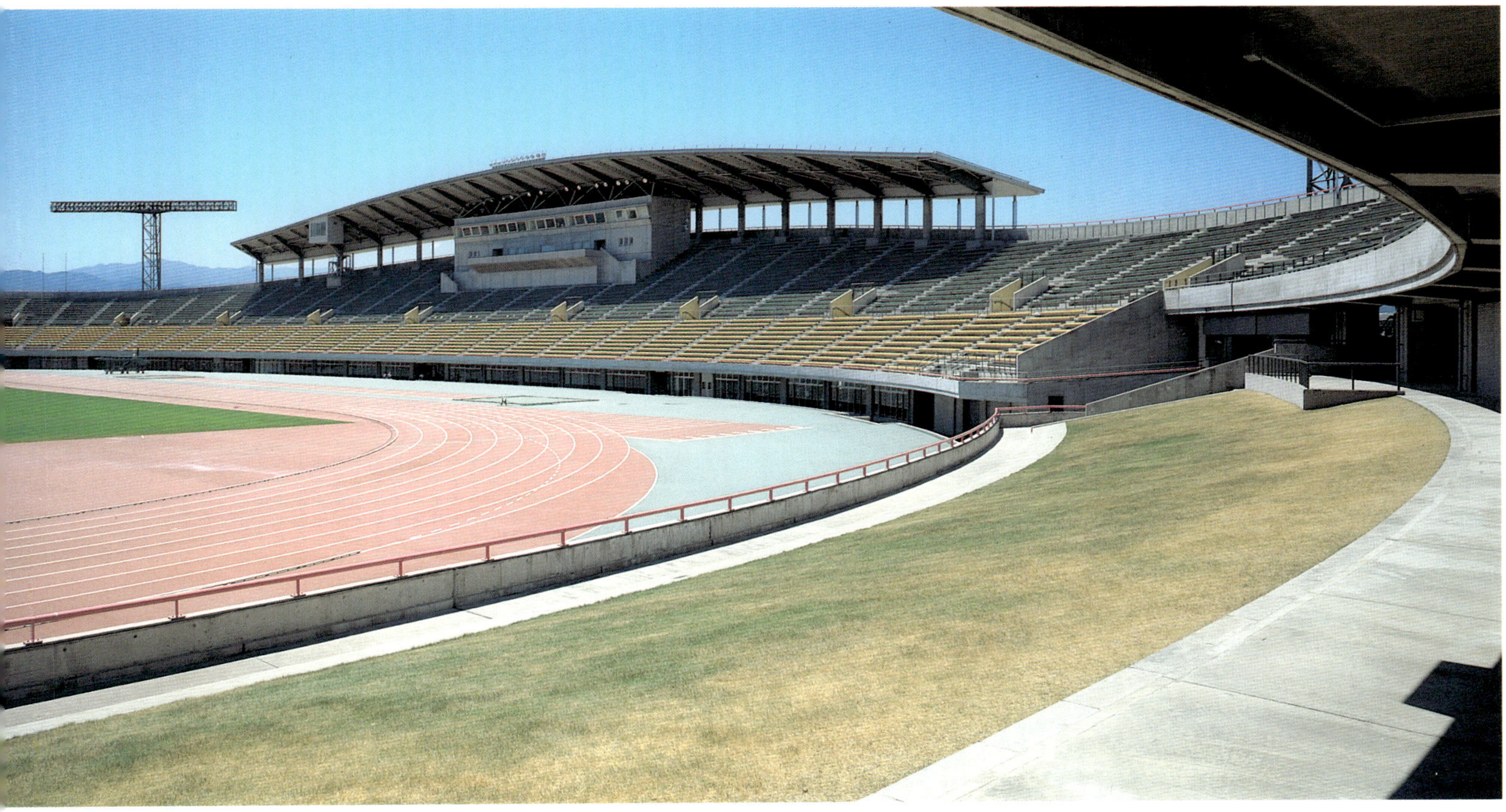

tamiento renovador del concepto de las *follies*, por lo que se ha recurrido a motivos relacionados con la tradición histórica pero con un formato contemporáneo, como pueden ser las ruedas de norias o molinos. El segundo elemento, de orden natural, es el referido a la suave modelación del terreno y a la calculada selección de especies vegetales que dan al recinto un carácter plenamente autóctono: Zelkova serrata, *Forsythia suspensa*, *Phlox subulata*, *Cercidiphyllum japonicum*, licuidambar (*Liquidambar formosana*), abetos (*Picea abies*) y cedros del Himalaya (*Cedrus deodara*).

Twilight view of the precinct's entrance canopy.

Planimetric representation of the access area.

Vista crepuscular de la marquesina de entrada al recinto.

Representación planimétrica de la zona de acceso.

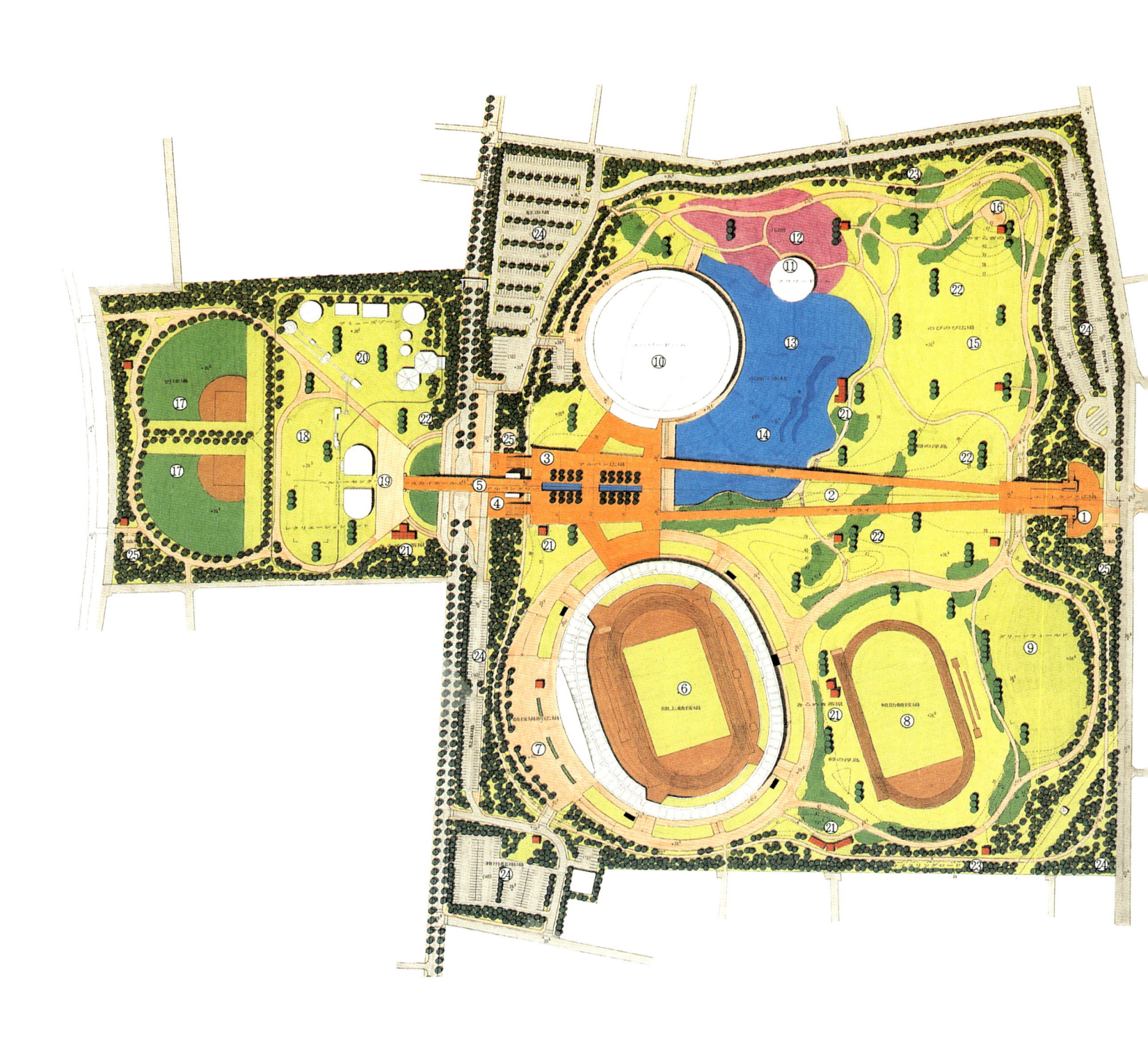

1	ENTRANCE PLAZA	6	MAIN STADIUM	11	FILED	16	HILL	21	KIOSK
2	ALPEN PROMENADE	7	STADIUM PLAZA	12	WATER WORKS	17	BASEBALL PARK	22	GREEN ISLAND
3	ALPEN PLAZA	8	SUB-TRACK	13	POND	18	RECREATION COURT	23	CYCLING ROAD
4	ALPEN TOWER	9	GREEN FIELD	14	FLOWER PARK	19	HEALTH CARE CENTER	24	PARKING LOT
5	SKY MALL	10	SUPER DOME	15	FLOWER DOME	20	AMUSEMENT FACILITY	25	BIKE POOL

Detailed ground plan of the general plan of the project.

Plan of the phase already completed.

Planta detallada del plan general del proyecto.

Plano de la fase ejecutada hasta el momento.

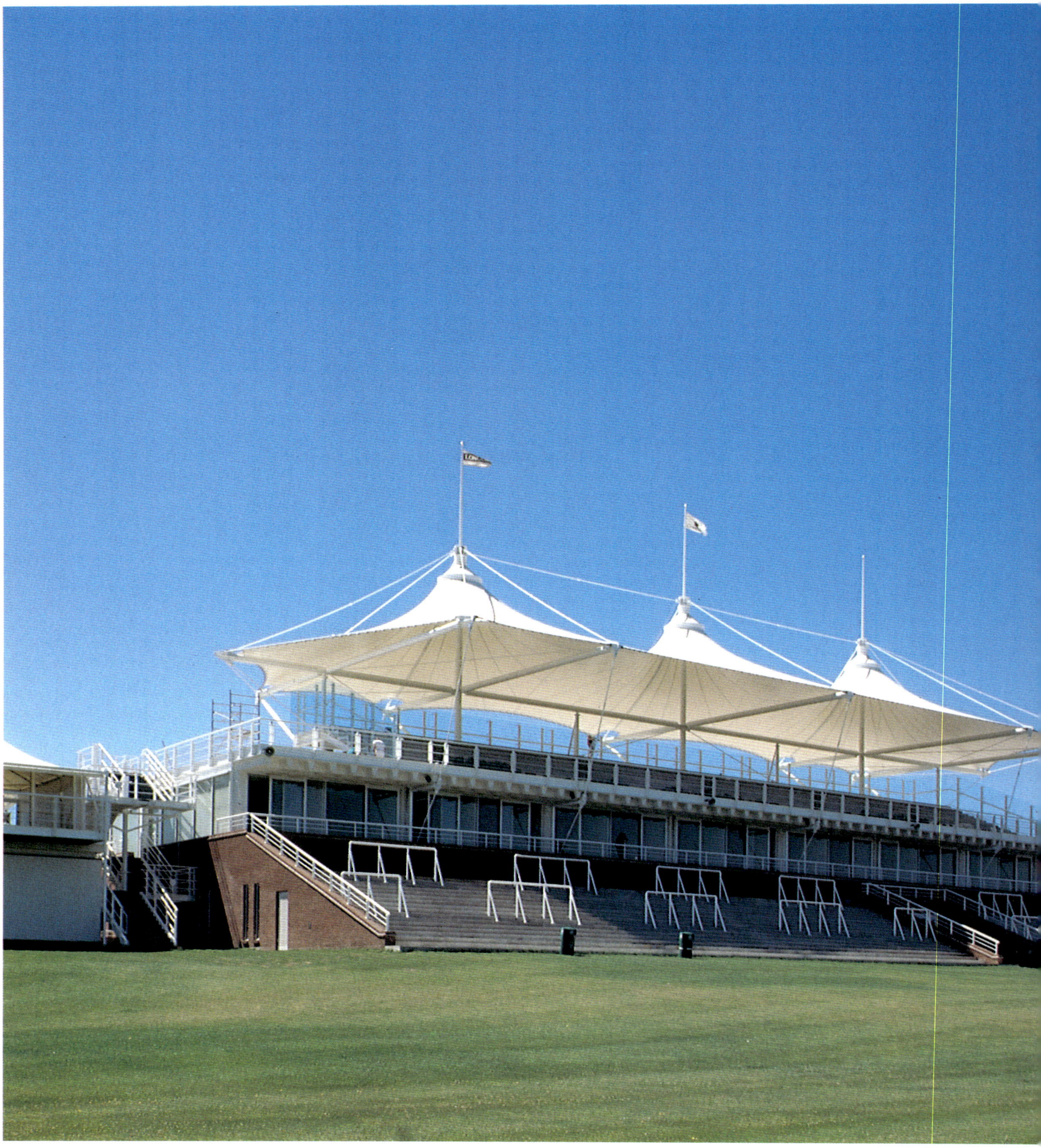

Sussex Grandstand-Goodwood Racecourse
Arup Associates

Completion date: 1990
Location: Goodwood, United Kingdom
Client/Promoter: Goodwood Racecourse Limited
Collaborators: Littlehampton Welding Limited (Specialist Steelwork Fabricator); Koit UK Limited (Fabric Structures)

    Glorious Goodwood, one of the most important races in the world of horse racing, is held every July at Goodwood Racecourse in the middle of a rural landscape of great natural beauty. It is an open-air festivity that goes far beyond the races and is attended by a wide range of British society. In 1905 Edward VII declared that "*Goodwood is really a garden party, with racing tacked on*". As a result of the annual event's growing popularity and new needs, Arup Associates drew up a master plan in 1987 to extend and refurbish the installations, and to construct a new grandstand for 3,000 spectators and a new restaurant with views of the course.
    Founded in 1963, Arup Associates is one of the divisions of the Ove Arup Partnership, which includes subsidiaries like Ove Arup & Partners, Arup Economics and Arup Acoustics. This interdisciplinary group offers a very wide range of services in the fields of architecture, construction and engineering. Arup Associates benefits from its powerful structure, although it is independent from this world-wide organisation. Arup Associates is aware of the current complexity of the building process from the preliminary design phase to construction, and is organised into a set of different multidisciplinary teams of architects, town planners, interior decorators, etc. It has a brilliant record, including several town-planning projects, as well as the design and construction of many differ-

View of the new tribune from the racecourse. The public can reach the stands directly from the edge of it.

Vista de la nueva tribuna desde la pista de carreras. Desde sus márgenes puede accederse directamente a las gradas de pie.

ent types of buildings: industry, commerce, offices, housing, university faculties, schools, theatres, museums, auditoria, etc. All their projects share a common denominator that sums up Arup Associates' design philosophy: to produce an architecture sensitive to its surroundings and human needs, harnessing technology to respond to the needs and aspirations of each client, not as a pretext but as an eloquent means towards an end.

The Sussex Grandstand, the new grandstand at Goodwood Racecourse, is the centre of Arup Associates' intervention. Running gently down from the prominent site of the construction's brickwork socle is a plane housing the lower stands, directly accessible from the front. Behind the stand, with glass enclosures quite unlike the opaque pedestal immediately below, are the boxes for Goodwood Racecourse's corporate collaborators and sponsors. Above, on the platform covering the boxes, is the delicate structure supporting the seats, and the canopy covering them. Unlike other sports, racing fans do not remain in their seats and are only there for the short period the race lasts. Circulation is permanent and the spectators know they must be prepared for the weather conditions. Like the main grandstand, built in 1830, the seats are in the upper part, far from the more lively areas and under a relatively modest fabric canopy. This provides protection not only from the sun and rain but, more importantly, from the wind. The main events at Goodwood are held in the summer, when the sun is shining from behind the grandstand and rain is less likely.

Even so, this remarkable canopy is the most striking image of the course. Its attractive silhouette and apparent fragility contrast with its permanent nature. In July it is the largest of the many marquees installed for the festivities. Underneath it, glass panels enclose the grandstand, providing additional protection from the weather without isolating the public from the festivities. The pleasant translucence and feeling of openness created by the white painted steelwork also help the public to enjoy the races and the splendid countryside. The building as such has sufficient space for the necessary facilities, such as betting offices, stands, cloakrooms, administrative offices, etc.

The Sussex Grandstand, Goodwood's new stand inaugurated in 1990, is an illustrative example of how a design in a suggestive setting can respect the landscape, the closest historical references, its assigned purpose and the social implications of the activity to be performed. Since its summer 1990 inauguration, the racecourse's new facility has without doubt contributed to maintaining and enhancing the reputation of this renowned racecourse's most representative race – Glorious Goodwood.

Overall view with the new and the main grandstand, built in 1830.

Crowded stand during a race; the solid volumes are lost from sight; only the public can be seen under the canopy.

Vista del conjunto con la nueva tribuna y la principal, construida en 1830.

Gradas repletas durante una carrera: los volúmenes macizos pierden apariencia: sólo se distingue al público bajo la carpa.

Situado en medio de un paraje rural de gran belleza, el hipódromo de Goodwood acoge todos los años, hacia el mes de julio, una de las celebraciones de mayor tradición asociadas al mundo de las carreras hípicas: Glorious Goodwood. Son jornadas cuyo carácter festivo –siempre al aire libre– trasciende mucho más allá de la competición y donde –no podría ser de otro modo– se presenta un amplio espectro de la sociedad inglesa. Ya en 1905 el rey Eduardo VII acertó a proclamar que *«Goodwood es realmente una gran fiesta al aire libre, donde, además, hay carreras»*. Ante la creciente popularidad y las nuevas necesidades de esta reunión anual, Arup Associates elaboró en 1987 un plan director para la ampliación y remodelación de las instalaciones, incluyendo la construcción de una nueva tribuna para 3.000 espectadores y de un nuevo restaurante con vistas al recorrido de competición.

Fundada en 1963, Arup Associates es una de las divisiones de la compañía Ove Arup Partnership, que aglutina otras empresas subsidiarias como Ove Arup & Partners, Arup Economics y Arup Acoustics. Este conjunto multidisciplinar ofrece un amplísimo abanico de servicios en los campos de la arquitectura, la construcción y la ingeniería. A pesar de su total independencia respecto de esta organización de implantación mundial, Arup Associates se beneficia de la poderosa estructura de la misma. Sensible a la complejidad actual del proceso edilicio, desde su fase preliminar de proyecto hasta su puesta final en obra, y organizada en un conjunto de diferentes equipos multiprofesionales de arquitectos, ingenieros, urbanistas, interioristas, etc, Arup Associates tiene tras de sí una brillante trayectoria, que abarca diversas actuaciones urbanísticas, así como la proyección y construcción de múltiples edificaciones de gran variedad tipológica: industria, comercio, oficinas, residencias, facultades universitarias, escuelas, teatros, museos, auditorios, estadios, etc. Todas sus intervenciones se caracterizan por un denominador común que resume la filosofía de diseño de Arup Associates: una arquitectura sensible a su entorno y a los requerimientos humanos, en la que la tecnología se pone al servicio de las necesidades y aspiraciones de cada cliente, no como pretexto, sino como medio –aprovechando su enorme potencial expresivo– hacia un fin.

La nueva tribuna situada en el hipódromo de Goodwood –Sussex Grandstand– es el núcleo central de la intervención de Arup Associates. Situada sobre una prominencia del terreno, la construcción tiene un zócalo macizo de obra de fábrica. Esta base se entrega a la misma pista de carreras en un plano escalonado de suave pendiente que acoge las localidades de pie, directa y frontalmente accesibles desde los márgenes del recorrido. Tras ellas, y con cerramientos vidriados en clara contraposición a la opacidad del estrato-pedestal inmediatamente inferior, se hallan los palcos de las empresas colaboradoras y patrocinadores del hipódromo de Goodwood. Finalmente, en el nivel superior, sobre la plataforma que remata estos palcos, se apoya la ligera estructura que soporta la grada de localidades de asiento y también el entoldado que las cubre. Al contrario de lo que sucede en otras disciplinas deportivas, los aficionados a la hípica no tienen una estancia estática en sus localidades y sólo permanecen en ellas por el corto espacio de tiempo que dura una carrera. La circulación es permanente y los espectadores saben equiparse adecuadamente según las condiciones climáticas reinantes. Es por ello que, al igual que sucede en la tribuna principal, construida en 1830, las localidades de asiento están en la parte superior, segregadas de las zonas de mayor bullicio y bajo una cubierta de lona

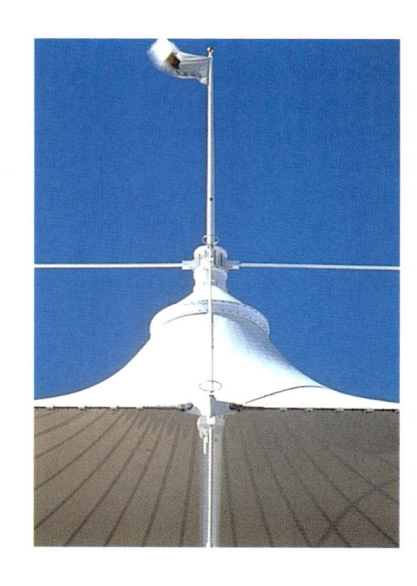

The canvas canopy is the new grandstand's most distinctive feature and stands out against the landscape.

One of the canopy's three structural modules with flagpole and pennant.

Spectacular view of the racetrack and landscape from a seat in the new grandstand.

Detail of canopy and its structure, outlined against the horizon.

La cubierta de lona, principal elemento característico de la nueva construcción, se recorta en el paisaje.

Uno de los tres módulos estructurales del entoldado engalanado superiormente con un banderín.

Vista espectacular de la pista de carreras y el paisaje desde uno de los locales de la nueva tribuna.

Detalle del toldo y su estructura, recortando el horizonte.

relativamente modesta. Ésta protege no sólo de la radiación solar y de la lluvia, sino primordialmente del viento. Y es que en Goodwood los principales eventos se dan en verano, cuando el sol incide desde la parte posterior de la grada y las precipitaciones son más improbables.

No obstante, la singularidad de esta cubierta hace de ella la imagen más impactante del conjunto. De amable silueta, su aparente fragilidad contrasta con su carácter permanente. En julio se convierte en la más grande de todas las carpas instaladas en los alrededores con motivo de la gran fiesta que se adueña del lugar. Bajo ella, unas pantallas de vidrio circundan la grada y ofrecen una protección suplementaria frente a las inclemencias del tiempo, sin aislar al público del tono festivo general. La agradable luminosidad y sensación de apertura que provoca el color blanco de las estructuras de acero incrementan el placer de disfrutar de las carreras y del espléndido paisaje. Por otra parte, en el edificio en sí hay suficiente provisión de espacio para los diversos equipamientos necesarios, tales como establecimientos de apuestas, quioscos, guarda-rropa, oficinas administrativas, etc.

Sussex Grandstand, la nueva tribuna de Goodwood inaugurada en 1990, es un ejemplo ilustrativo de como una intervención en un paisaje de gran poder sugestivo puede ser, simultáneamente, atenta con éste, con las referencias históricas más próximas, con la función asignada y, por último, con las connotaciones sociales de la actividad a desarrollar. La nueva dotación del hipódromo, desde su inauguración en la temporada estival de 1990, sin duda ha hecho y continuará haciendo perdurar la reputación del certamen más representativo de esta tradicional sede de competiciones hípicas: Glorious Goodwood.

Seating and canopy form a single structure.

Las gradas de asiento y la carpa se unen en una única estructura.

153

154

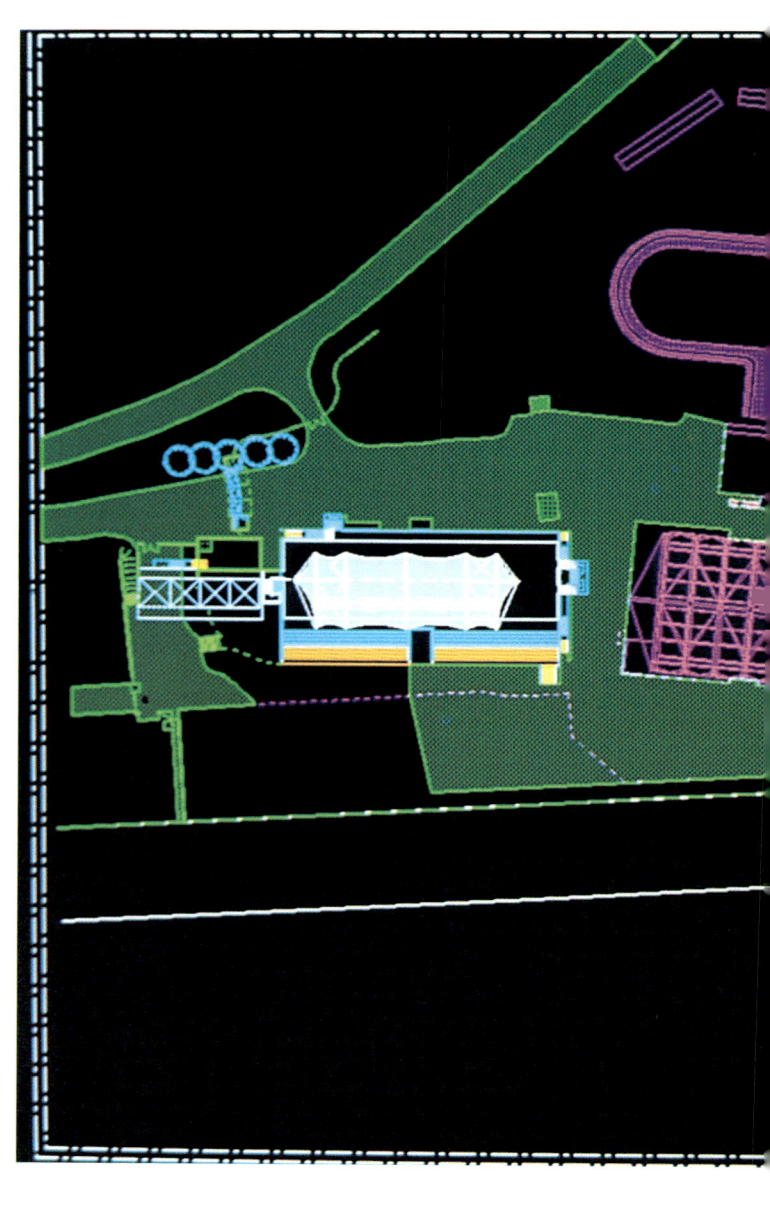

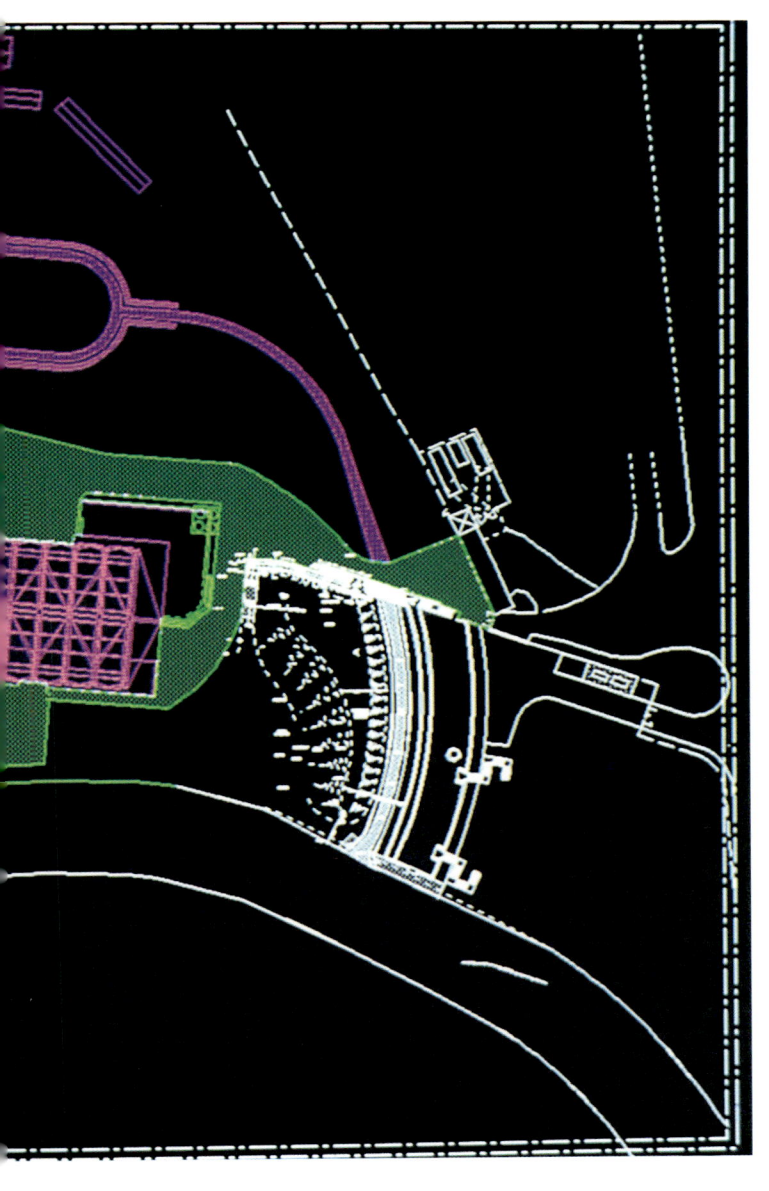

The contrast of the course's two grandstands is pleasantly clear from a distance.

Model of Arup Associates' design.

Computer drawing of the proposal.

La dualidad entre las dos tribunas del hipódromo se hace amablemente perceptible desde la lejanía.

Maqueta de la intervención de Arup Associates.

Dibujo por ordenador de la nueva propuesta.

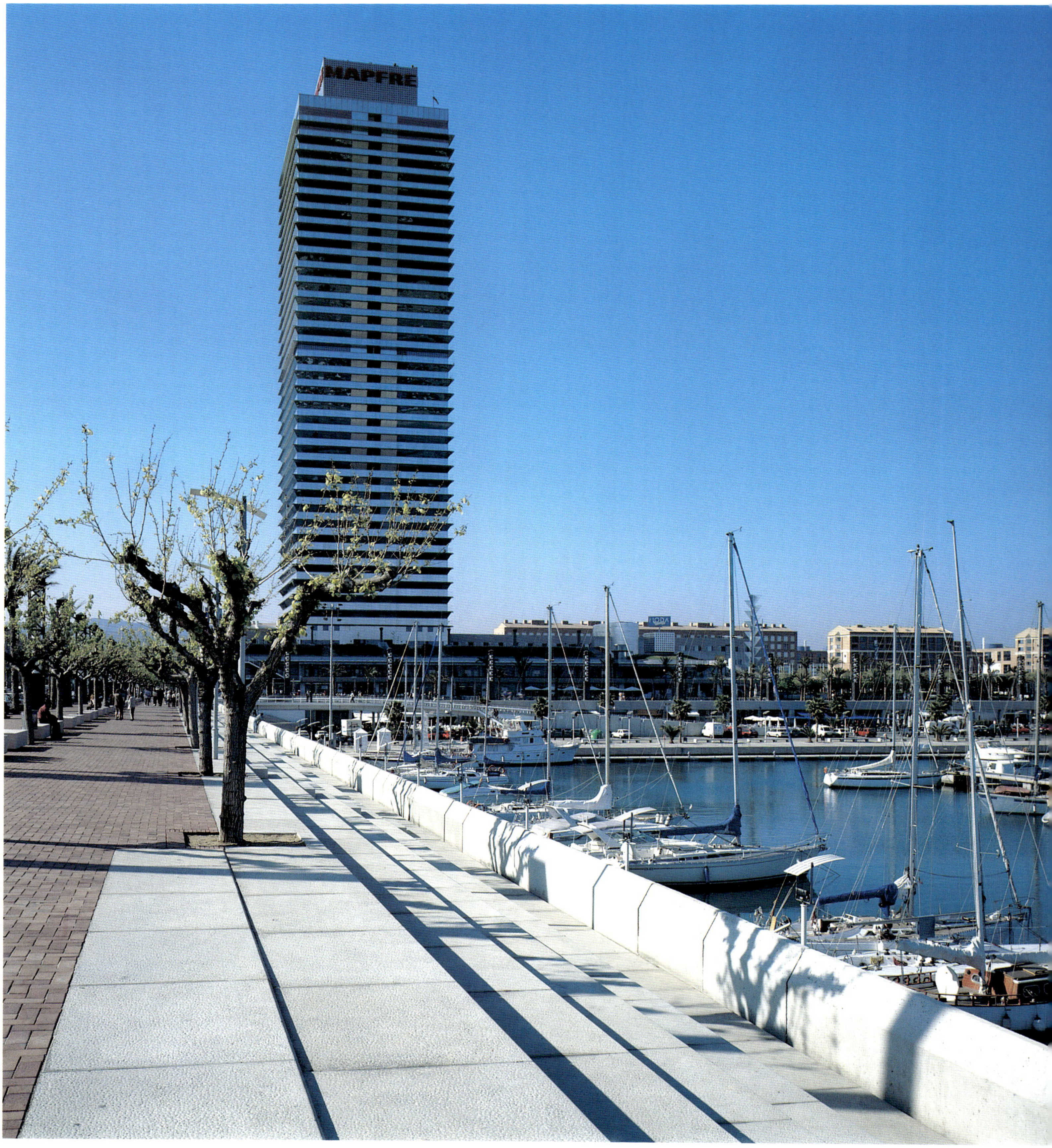
MAPFRE

Port Olímpic

MBM Arquitectes

Completion date: 1991
Location: Barcelona (Spain)
Client/Promoter: Vila Olímpica S.A.
Collaborators: F. Gual (coordinating architect); C. Nelson (architect); M. A. Andújar and A. Vidaor (engineers).

Barcelona's new image is inextricably linked to the celebration of the 1992 Summer Olympic Games. Nevertheless, in order to host this event, Barcelona had to undergo a spectacular transformation not only of its competition facilities but also of its entire infrastructure. One basic axis for this renewal has been the recovery of the city's seafront after ignoring the sea during the decades of industrial expansion.

The main element of this huge project to revitalise the coastline is, without a doubt, the Olympic Village, which is dominated by the Port Olímpic. Here, the demands of the Olympic programme (ie, hosting the light sailing competitions) had to blend with the port's subsequent use as a leisure port and centre of urban activities. These three criteria were the essential elements of the project. In charge were MBM Arquitectes, with their team of architects Martorell, Bohigas, Mackay and Puigdomènech and the engineer J. R. de Clascà.

A summary of MBM's fruitful and successful professional history would require a whole article. The strong personality of the four partners extends to many activities: professional, institutional, educational, research, publications, worldwide exhibitions, many prizes and awards etc. These architects have demonstrated how to apply architecture to other creative fields, such as town planning, interior design, industrial design and landscaping, and be considered among the best in all of them.

They have achieved some of their best successes in large urban development projects, due to both their understanding of the specific needs of each place and the efficiency of their formal and aesthetic solu-

View of the Port Olímpic with the Mapfre Tower in the background.

Toma del Port Olímpic con la Torre Mapfre al fondo.

tions. Some of their most outstanding work includes the residential scheme for the 1984 Berlin IBA; first prize in international competitions including Un progetto per Siena, Opération Sextius-Mirabeau in Aix-en-Provence and the Opération Bassin Bérard in Nîmes; the urban planning of the French La Ciotat coast; and the Lake Park in Lourdes. They have recently won recognition for their triumph in the competition "Cardiff Bay. Urban design and landscape architecture of Bute Avenue" for the Welsh city of Cardiff.

Despite their international activities, this creative company is intimately linked to Barcelona, and one of MBM's major achievements has been the transformation of the Barcelona seafront. The basic objectives of the project can be summed up in the following points: to provide adequate facilities for watersports and recreation once the Olympic competitions had finished; and, above all to convert the zone into a new centre of civic activity, a focal point for the revitalisation of the Nova Icària district. From a pragmatic point of view, the most important consideration was to define the relationship between public and private areas, which has been resolved by clearly understanding and distinguishing between nautical requirements and public ones.

The structural distribution of the project is based on the division of the sheet of water into two harbour areas, the inner one measuring 255 m by 193 m and the outer one 360 m by 75 m with a total of 670 moorings. A 52-m-wide service quay runs between the two, with a car park (180 spaces), a boatyard for repairs, and a reception, control and fuelling facility. The large peripheral space around these two harbour areas is the centrepoint of the project, from the point of view of public use. It is divided into two levels: the quaysides at a height of 1.70 m to 2.50 m and the raised walkways, at a height of 7 m above sea level.

The north-east and north-west quays are designed to form a large urban square, with views over the inner harbour. Its urban nature is reinforced by its sequential arrangement in terraces, and the choice of paving and furnishings. On the lower promenade, arrangement as a 520-m- long commercial arcade allows the siting of shops, bars and restaurants (and other private sailing establishments) to attract citizens to the area. Rows of palm trees, the symbol of the city's new Mediterranean image, strengthen the similarity with the Moll de la Fusta in the city's old port.

The idea of continuity is physically reinforced by the connection of the elevated promenades with the city's road grid, both horizontally (with the Passeig Marítim, Barceloneta and the new beaches) and perpendicularly (with the Passeig Carles I). These promenades serve as balconies with a view over the sea, particularly the north-east promenade with spectacular views over the port and the Nova Icària beach. This promenade contains four structural bays which will accommodate restaurants, a linear 300-m pergola providing shade for tables, and the attractive pyramidal constructions covering the boat warehouses of the municipal sailing facilities. The south-east promenade, six metres wide, follows a smooth curve opening onto a spectacular view of the coast and the city's skyline, with the Collserola range of hills in the background.

The structure used to define the architectural facade is meticulously thought out. The layout of the large solid structures to protect the port avoids the usual chaotic construction of breakwaters, and allows

The urban furnishings have been designed specially for this project.

Palm trees provide a typically Mediterranean image.

The promenades are raised about seven metres above sea level.

The new port has a large number of moorings for small sailing boats.

El mobiliario urbano se ha diseñado especialmente para este proyecto.

Las palmeras componen una imagen típicamente mediterránea.

Los paseos están elevados a una altura de unos siete metros sobre el nivel de las aguas.

El nuevo puerto tiene una gran disponibilidad de plazas para pequeñas embarcaciones deportivas.

bathers and anglers to use it as an area for walking and relaxation. This project has certainly achieved its aim of combining aesthetics and functional efficiency.

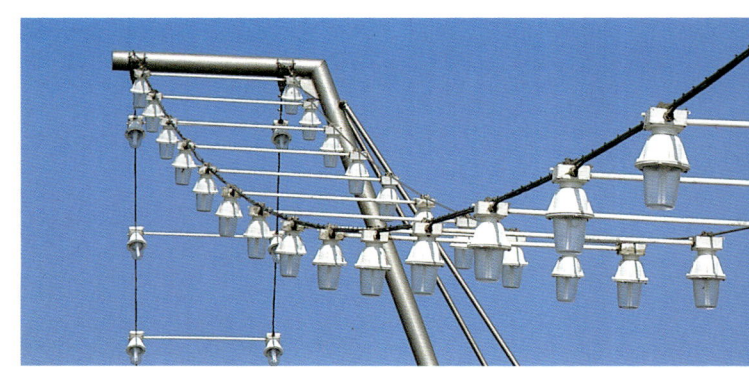

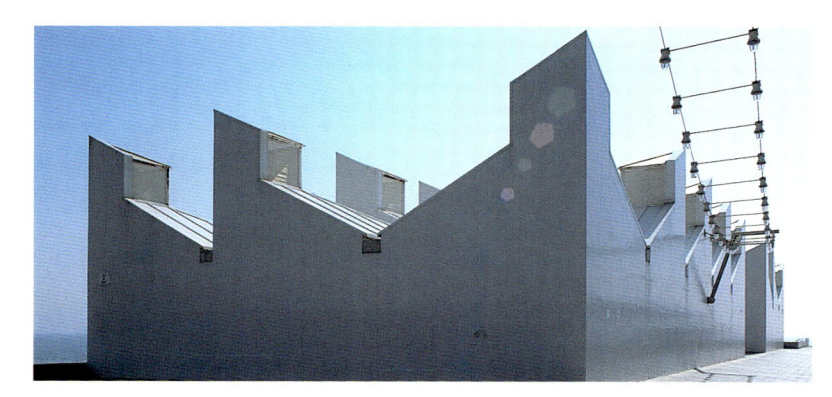

The various pieces making up the furnishings fit perfectly into their surroundings.

View of one of the buildings in the shopping area.

Lighting is deliberately different from conventional systems.

View of the promenade leading to the commercial zones.

View of some of the terraces with the fish sculpture by O. Gehry in the background.

Las diferentes piezas que componen el mobiliario se integran a la perfección en el entorno circundante.

Toma de una de las edificaciones de la zona comercial.

La iluminación se aparta voluntariamente de los sistemas convencionales.

Vista del paseo que da acceso a una de las zonas comerciales.

Toma parcial de algunas de las terrazas con el pez-escultura de O. Gehry en último término.

La nueva imagen de Barcelona está profundamente ligada a los acontecimientos deportivos que, en verano de 1992, la convirtieron en ciudad olímpica. No obstante, para poder acoger el evento, la capital catalana tuvo que experimentar una espectacular transformación que no sólo afectó a las instalaciones competitivas, sino a todo el conjunto de infraestructuras. Uno de los ejes fundamentales de esta renovación es el referido a la recuperación de la fachada marítima de la ciudad, que había vivido de espaldas al mar durante las décadas de la expansión industrial.

Exponente de este vasto proyecto de revitalización de la línea costera es la Vila Olímpica, presidida en primer plano por el puerto. En este último, las exigencias del programa olímpico (acoger las competiciones de vela ligera) han tenido que armonizarse con la posterior utilización del lugar como puerto deportivo y centro de actividades urbanas. En este triple compromiso se encuentra la esencia funcional de esta intervención, proyectada por el equipo MBM Arquitectes, formado por los arquitectos Martorell, Bohigas, Mackay y Puigdomènech, y por el ingeniero J. R. de Clascà.

Resumir una trayectoria tan fructífera y exitosa como la de MBM exigiría un capítulo aparte. La fuerte personalidad de los cuatro integrantes de la firma abarca numerosos ámbitos: profesional, institucional, docencia, investigación, publicaciones, exposiciones por todo el mundo, numerosos premios y galardones, etc. En el primer aspecto, los autores han demostrado cómo desde la plataforma de la arquitectura se puede acceder a otros campos creativos, como el urbanismo, el interiorismo, el diseño industrial o el paisajismo y, en todos ellos, estar considerados entre los mejores.

En su faceta de grandes planificaciones urbanísticas, los autores han conseguido algunos de sus mayores éxitos, tanto por la comprensión de las necesidades específicas de cada lugar como por la eficacia de sus resoluciones formales y estéticas. Entre sus obras cabe destacar: el proyecto residencial para la IBA berlinesa de 1984; los primeros premios en los concursos internacionales *Un progetto per Siena*, *Opération Sextius-Mirabeau* en Aix-en-Provence o la *Opération Bassin Bérard* en Nîmes; la planificación urbana de la costa francesa de La Ciotat; o el Parque del lago de Lourdes. Uno de sus últimos reconocimientos corresponde al triunfo en el concurso *Cardiff Bay*; así como el *Urban Design and Landscape Architecture of Bute Avenue* para la ciudad galesa de Cardiff.

A pesar de su proyección internacional, la carrera de la empresa creativa está íntimamente ligada a la capital catalana, y tiene uno de sus frutos más significativos en la transformación de su frente costero. Los objetivos básicos de la intervención se pueden resumir en los siguientes puntos: definir, tras el período de competiciones olímpicas, una base deportiva propicia para el recreo marítimo; y, sobre todo, convertir la zona en un nuevo centro para la actividad ciudadana, como núcleo de esparcimiento que focalice la revitalización del barrio de la Nova Icària. Desde un punto de vista pragmático, el conflicto más importante se produjo en la definición de las relaciones entre lo público y lo privado, que se ha resuelto mediante la lúcida comprensión y diferenciación entre las necesidades náuticas y las de uso colectivo.

La distribución estructural del programa se ha basado en la división de la superficie acuática en dos dársenas: una interior, de 255 m x 193 m; y una exterior, de 360 m x 75 m y con una capacidad para 670 amarres. Entre ambas, un muelle de servicio de 52 m de amplitud acoge aparca-

The colours of the adjacent constructions complement the colours of the ground and the pergola.

Los colores de las construcciones adyacentes complementan las tonalidades del suelo y la pérgola.

mientos (180 plazas), una zona de reparación de buques y servicios de recepción, control y suministro de combustible. El espacio perimetral que circunda ambas dársenas constituye el eje fundamental de la actuación, desde el punto de vista de la disponibilidad pública. Está dividido en dos niveles, el de los muelles (entre las cotas 1,70 m y 2,50 m) y el de los paseos elevados, a una altura de siete metros sobre el nivel del mar.

Los muelles nordeste y noroeste están concebidos a manera de gran plaza, con vistas sobre la dársena interior. Su carácter urbano queda reforzado por la secuenciación en terrazas y por la elección del pavimento y el mobiliario. Además, la resolución de la parte inferior de los paseos, como una gran fachada de lonjas de 520 m de longitud, permite la ubicación de tiendas, bares y restaurantes (y otros servicios náuticos privados) que sirven de reclamo a la afluencia ciudadana. La disposición rítmica de palmeras, árbol simbólico de la nueva imagen mediterránea, contribuye a reforzar la homogeneidad formal con el Moll de la Fusta del Port Vell.

La idea de unidad se refuerza, desde un punto de vista físico, con la relación de continuidad viaria entre los paseos elevados y el entramado viario de la ciudad, tanto en un sentido horizontal (con el Passeig Marítim, la Barceloneta y las nuevas playas) como perpendicular (con el paseo de Carles I). Estos paseos se convierten en auténticos balcones-miradores sobre el mar, destacando especialmente el del sector nordeste, con espectaculares vistas hacia el puerto y hacia la playa de la Nova Icària y provisto de los siguientes equipamientos: cuatro edículos para acoger distintos restaurantes, una pérgola lineal de 300 m que proporciona sombra a las mesas y las atractivas construcciones piramidales que cubren los almacenes de embarcaciones de la Escuela Municipal de Vela. Por su parte, el paseo sudeste, con una anchura de seis metros, dibuja una suave curva para abrirse hacia los paisajes costero y urbano, con la majestuosa sierra de Collçerola al fondo.

El sistema estructural empleado en la definición de la fachada arquitectónica ha sido minuciosamente cuidado. La organización de sistemas duros y macizos de protección del puerto contribuye a evitar el caos habitual en el diseño de escolleras, y permite que pueda ser utilizado como lugar de estancia y paseo ocasional para bañistas y pescadores. El conjunto, en definitiva, cumple los objetivos previstos con una eficacia funcional y estética innegable.

The commercial area is on the lowest level.

The paved promenade and the sea.

La zona comercial queda en el nivel más bajo.

El paseo adoquinado y el mar.

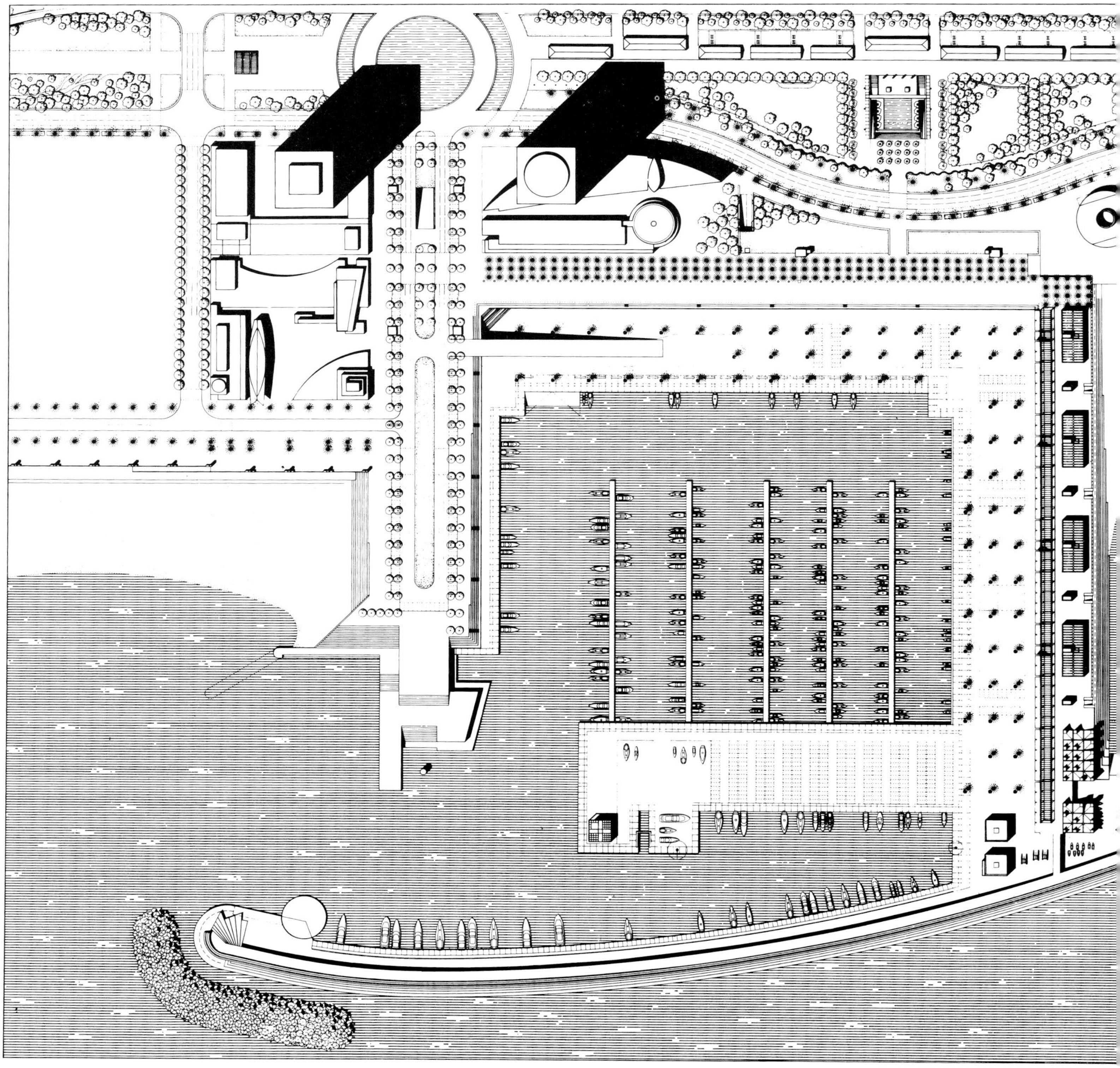

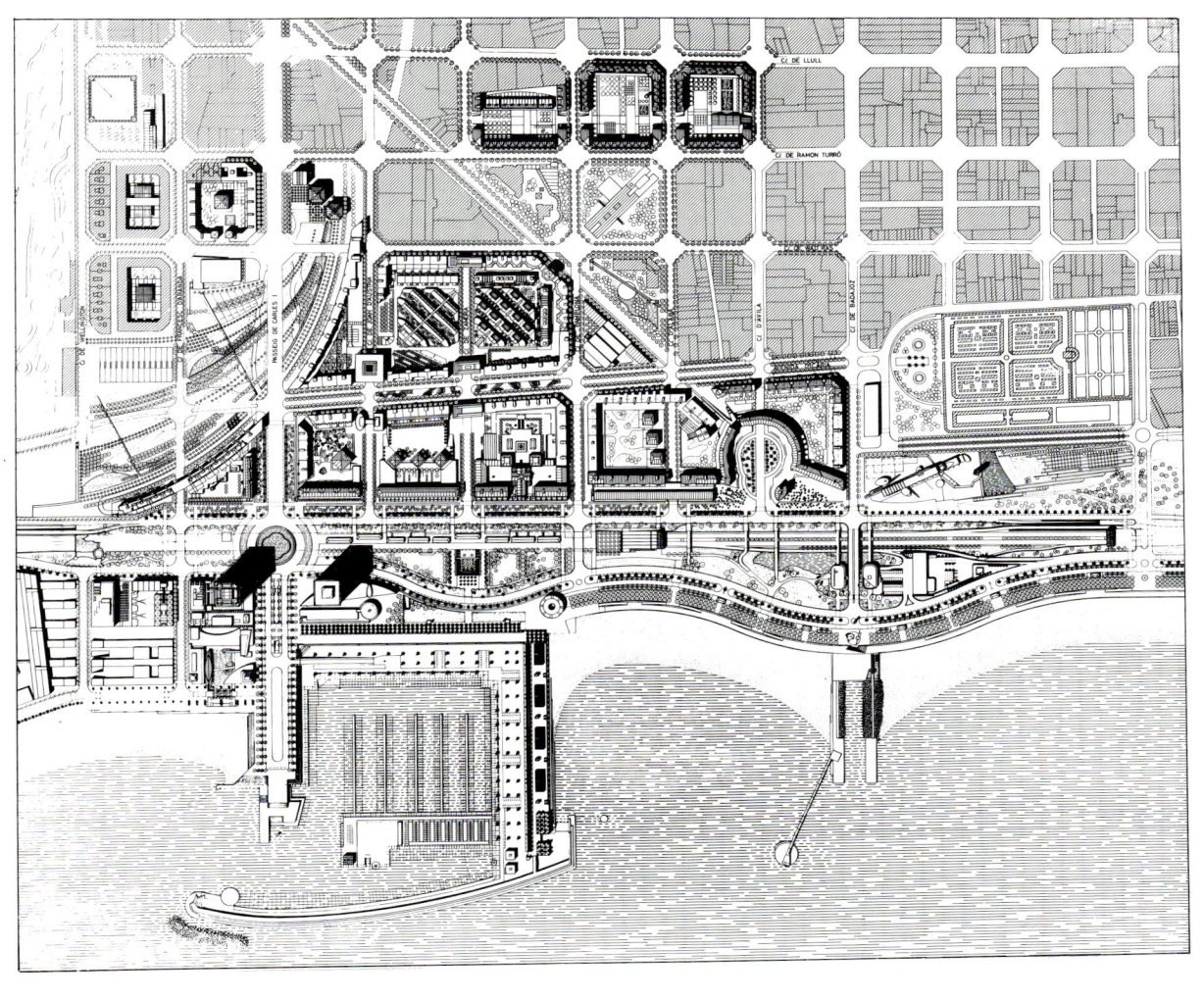

General plan of the urban sector of Nova Icària and the Olympic Port.

Plan showing the relationship between the port and adjacent areas.

Plano general del sector urbano de la Nova Icària y el puerto olímpico.

Planta que detalla la relación entre el puerto y las áreas adyacentes.

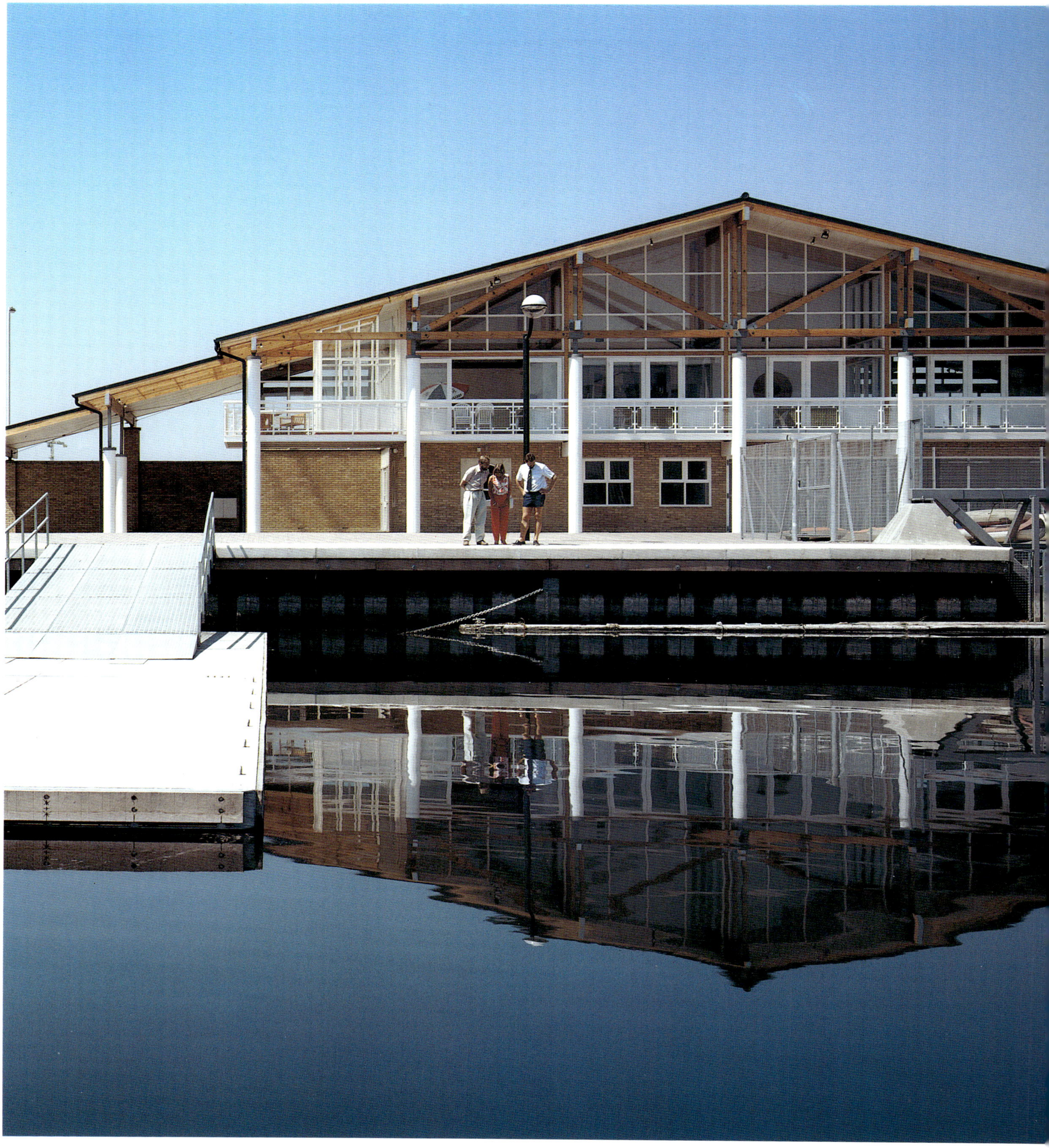

Docklands Sailing Centre
Kit Allsopp Architects

Completion date: 1989
Location: Isle of Dogs, London, United Kingdom
Client/Promoter: London Docklands Development Corporation, Sports Council
Collaborators: Armand Safier & Partners (engineers); John Laing Construction (construction)

In the autumn of 1987 the London Docklands Development Corporation called a competition for the design of a new sailing centre in London's Isle of Dogs, to serve the residents and workers of this area of the city. The site is at the western end of Millwall Dock and on a landfill site straddling the former access from the River Thames to the dock. It had been a typical port with many shipyards, workshops, warehouses, wharves, etc. Introducing a new sporting facility into a context so full of references to the past and present was not without risk. The commission went to Kit Allsopp Architects.

This architectural studio, formed by Kit Allsopp, Richard Russell, Peter Hughes and Brendan Phelan, had a brilliant start to its career in 1971 winning first prize in a competition for a mixed commercial and residential development in Wohnbau, Bonn, Germany. Since then they have regularly won prizes and awards in a wide range of architectural competitions. Their most important projects include: Jubilee Court Housing, Wirksworth, Derbyshire (1978), Strathmore Grove Housing, Wath-upon-Dearne, Yorkshire (1981), Vauxhall Cross Competition, London (1982), Oakfield Housing, Headingley, Leeds, Yorkshire (1983), National Garden Festival, Stoke on Trent, Staffordshire (1986), Watersports Centre, Isle of Dogs, London (1987) and the Crown & County Courts, Northampton (1992). One of their most recent awards was in 1993 for the Docklands Sailing Centre: the bronze prize of the International Association for Sports and Leisure Facilities.

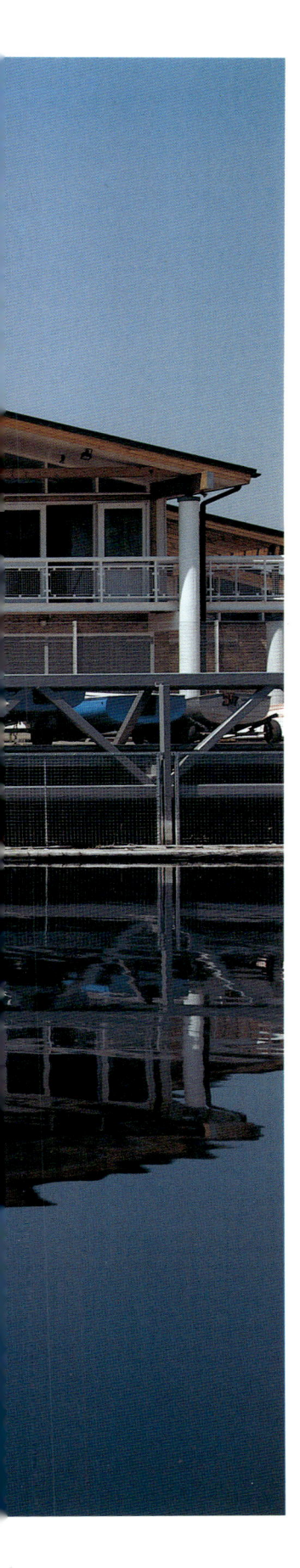

East facade of the centre.

Fachada este del centro.

The Docklands Sailing Centre is based around a two-storey pavilion with a large pitched roof. Pedestrian and vehicle access is from West Ferry Road, which forms the centre's western boundary. The building is closed to the west and its main facade faces east, where a large open-air surface allows all sorts of boating activities, as well as allowing the boats to be moved freely. On the northern side of the dock there are two enormous cranes, silent witnesses to the area's past. The functional organisation of the activities is resolved by using the ground floor to house the utilitarian and wet functions (changing rooms, teaching rooms, engine rooms, workshop, manager's office), while the first floor is used for amenity facilities (lounge, bar, kitchen, offices...). From this floor there is an excellent view of either the River Thames or the port area. The construction is consistent with the industrial nature of its surroundings. A concrete frame on piled foundations supports the laminated wood frame of the large, but light, roof of dark fibre cement. The ground floor perimeter is of brickwork, enclosing the building and separating it from West Ferry Road, like the old dockside walls. As well as being resistant to heavy use by people and equipment, this wall forms a solid base for the timber, glass and panel construction enclosing the upper floor. On the upper floor a covered balcony gives an excellent view of dockside and water activities. The roof extends beyond the perimeter of the building sheltering the entrance area, the boat stores and the external workshop area. In this sector the roof is translucent, providing the lower areas with a diffused light filtered through the timber beams and trusses. The dockside and adjacent surface are block-paved in a stony material, making them suitable for many different activities, such as parking and boat preparation and rigging. In this exterior space there is a fenced area for secure dinghy storage. Steel ramps lead from the wharf to floating pontoons that allow the boats to be launched. The colour range of the buildings is limited to the pale buff of the brickwork, the white painted features and the natural colour of the wood.

The Docklands Sailing Centre is an example of how introducing new installations can revitalise former industrial areas, fitting in and bringing back memories of their past glory. The project's critical acclaim, its massive use since opening, and the satisfaction of its members are all proof of this operation's success.

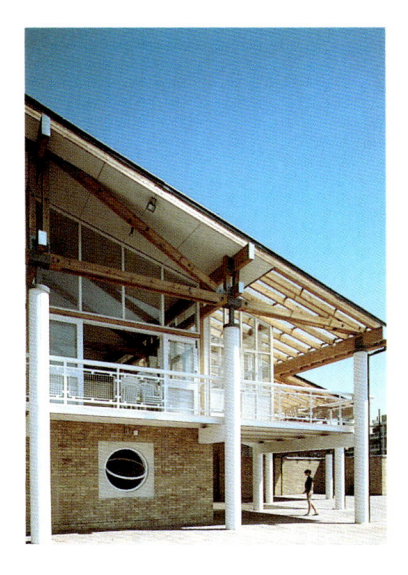

View of the building from the dockside.

View of the entrance area.

The cranes are monuments-cum- sculptures and references to the area's past.

A brick wall encloses the precinct.

Vista del edificio desde la explanada.

Vista del espacio de entrada.

Las grúas como esculturas-monumento de referencia al pasado del emplazamiento.

Un muro ciego delimita el solar.

En otoño de 1987 la London Docklands Development Corporation promovió un concurso de proyectos para la construcción de un centro de vela en la zona londinense de Isle of Dogs, destinado a servir a residentes y trabajadores de este sector de la ciudad. El emplazamiento previsto, en el extremo oeste de la dársena de Millwall Dock y sobre un terreno de relleno que ocupa el antiguo acceso desde el río Támesis hasta el muelle, tenía un marcado carácter portuario, con proliferación de astilleros, talleres, hangares, muelles de carga y descarga, etc. En un contexto tan cargado de alusiones al pasado –y presente– del lugar, la implantación de un nuevo equipamiento deportivo no dejaba de entrañar cierto riesgo. El proyecto fue finalmente encargado a Kit Allsopp Architects.

Compuesto por Kit Allsopp, Richard Russell, Peter Hughes y Brendan Phelan, este estudio de arquitectura inició fulgurantemente su carrera en 1971 con el primer premio en un concurso para el desarrollo de una tipología mixta de residencia y comercio para la Wohnbau, en Bonn, Alemania. Desde entonces se han sucedido con notable regularidad premios y éxitos en concursos de arquitectura de toda índole. Entre sus proyectos más significativos cabe destacar los siguientes: Jubilee Court Housing, Wirksworth, Derbyshire (1978), Strathmore Grove Housing, Wath-upon-Dearne, Yorkshire (1981), Vauxhall Cross Competition, Londres (1982), Oakfield Housing, Headingley, Leeds, Yorkshire (1983), National Garden Festival, Stoke on Trent, Staffordshire (1986), Watersports Centre, Isle of Dogs, Londres (1987), Crown & County Courts, Northampton, (1992). Uno de los galardones más recientes les fue concedido en 1993 por su proyecto del Docklands Sailing Centre: el premio de bronce concedido por la International Association for Sports and Leisure Facilities.

El Docklands Sailing Centre se articula en torno a un pabellón de dos pisos con una gran cubierta inclinada a dos aguas. El acceso peatonal y de vehículos se produce desde la West Ferry Road, que limita el complejo hacia el oeste. Más cerrado hacia este costado, el edificio tiene su fachada principal hacia el este, donde amplias explanadas al aire libre permiten toda suerte de labores relacionadas con las embarcaciones, además de una cómoda movilidad de las mismas. En el extremo norte del solar un espacio público da cabida a dos monumentales grúas de carga y descarga, mudos testimonios del pasado del dique. La organización funcional de actividades se resuelve ubicando en la planta baja las zonas húmedas y de trabajo (vestuarios, aulas, salas de máquinas, taller, almacenes, dirección) y en la planta primera los ámbitos de estancia o usos secundarios (sala de estar, bar, cocina, oficinas...). Desde este último piso puede disfrutarse de espléndidas vistas al río Támesis o a la zona portuaria, dependiendo de la orientación. La construcción es fiel al carácter industrial de los alrededores. Una estructura de hormigón sobre pilotes sostiene el esqueleto de madera laminada de la extensa, pero ligera, cubierta de fibrocemento oscuro. En planta baja un cerramiento perimetral de fábrica de ladrillo encorseta el edificio y separa el complejo de la West Ferry Road, al modo de las viejas vallas pétreas del lugar. Además de ofrecer la mejor durabilidad frente a todo tipo de agresiones, derivadas de las tareas más rudas a desarrollar en el centro, este muro es, asimismo, robusto zócalo de la construcción en madera, vidrio y paneles prefabricados de la planta superior. En ella un balcón corrido permite una visión privilegiada de las actividades que puedan

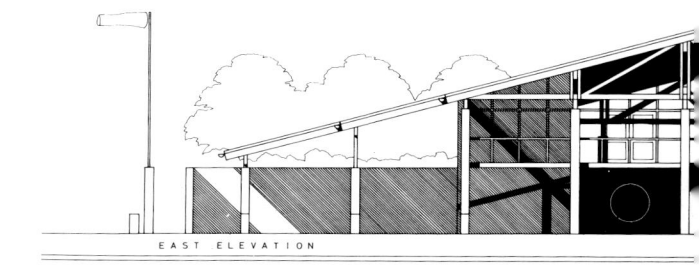

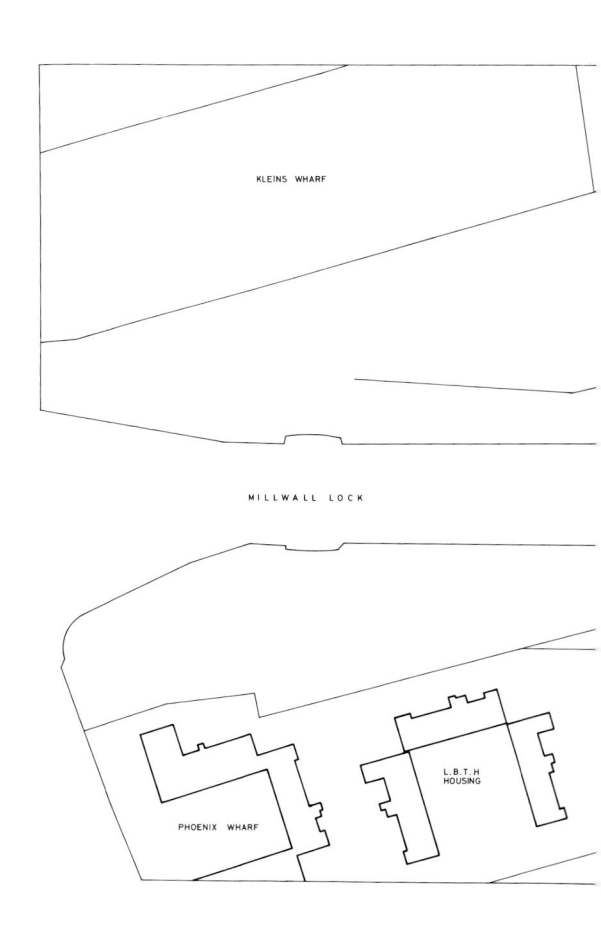

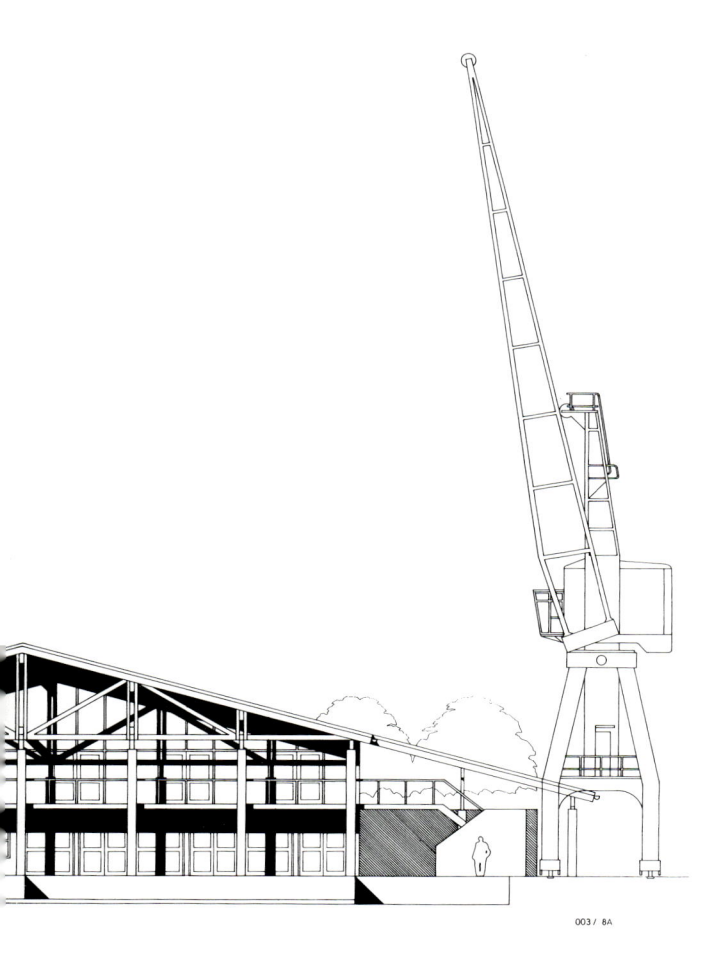

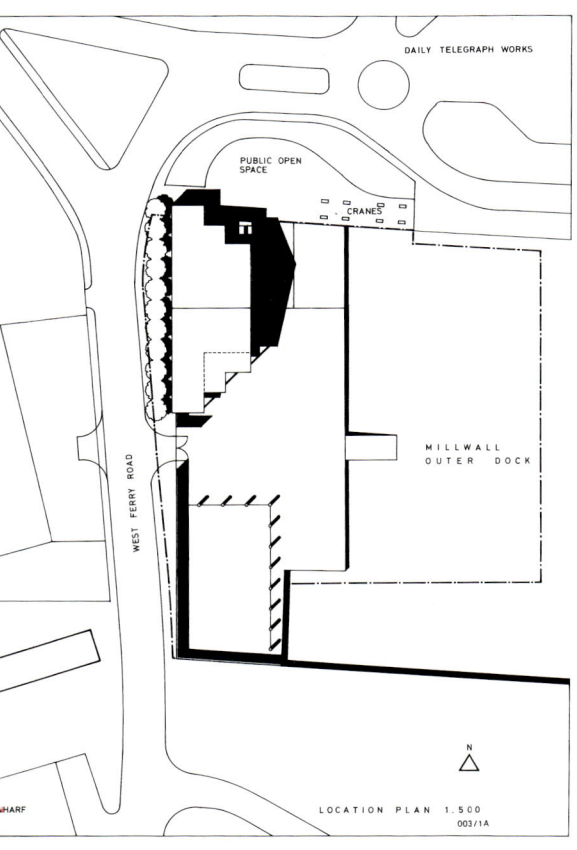

East elevation of the main pavilion.

Location plan.

Alzado este del pabellón principal.

Plano de situación.

desarrollarse en tierra y agua. La cubierta vuela más allá del perímetro construido recogiendo bajo ella el espacio de entrada, el almacén de embarcaciones y un taller de mantenimiento exterior. La cobertura translúcida de este sector proporciona a los espacios inferiores una luz difusa, tamizada por los diferentes elementos estructurales de madera. El pavimento del muelle y la superficie adyacente es de material pétreo, hecho que los hace aptos para un uso polivalente, como es el de aparcamiento de vehículos y el trasiego y aparejado de las barcas. En este exterior un recinto vallado sirve de seguro almacén para determinadas embarcaciones. Desde el muelle, unas rampas de acero conducen a las plataformas flotantes que permiten botar los barcos. La gama cromática de la edificación se limita al ocre pálido de la fábrica de ladrillo, el blanco inmaculado de los elementos pintados y el color natural de la madera.

El Docklands Sailing Centre es un ejemplo ilustrativo de como la implantación de equipamientos de nuevo uso puede revitalizar zonas de antiguo carácter industrial, integrándose en las mismas e incluso recordando su pasado esplendor. El reconocimiento de la crítica a la intervención, la asidua utilización del centro desde su puesta en marcha y la satisfacción de sus asociados corroboran el éxito de este tipo de operaciones.

Southern elevation.

Eastern elevation of the whole centre.

Alzado sur.

Alzado este del complejo.

SOUTH ELEVATION 1:100

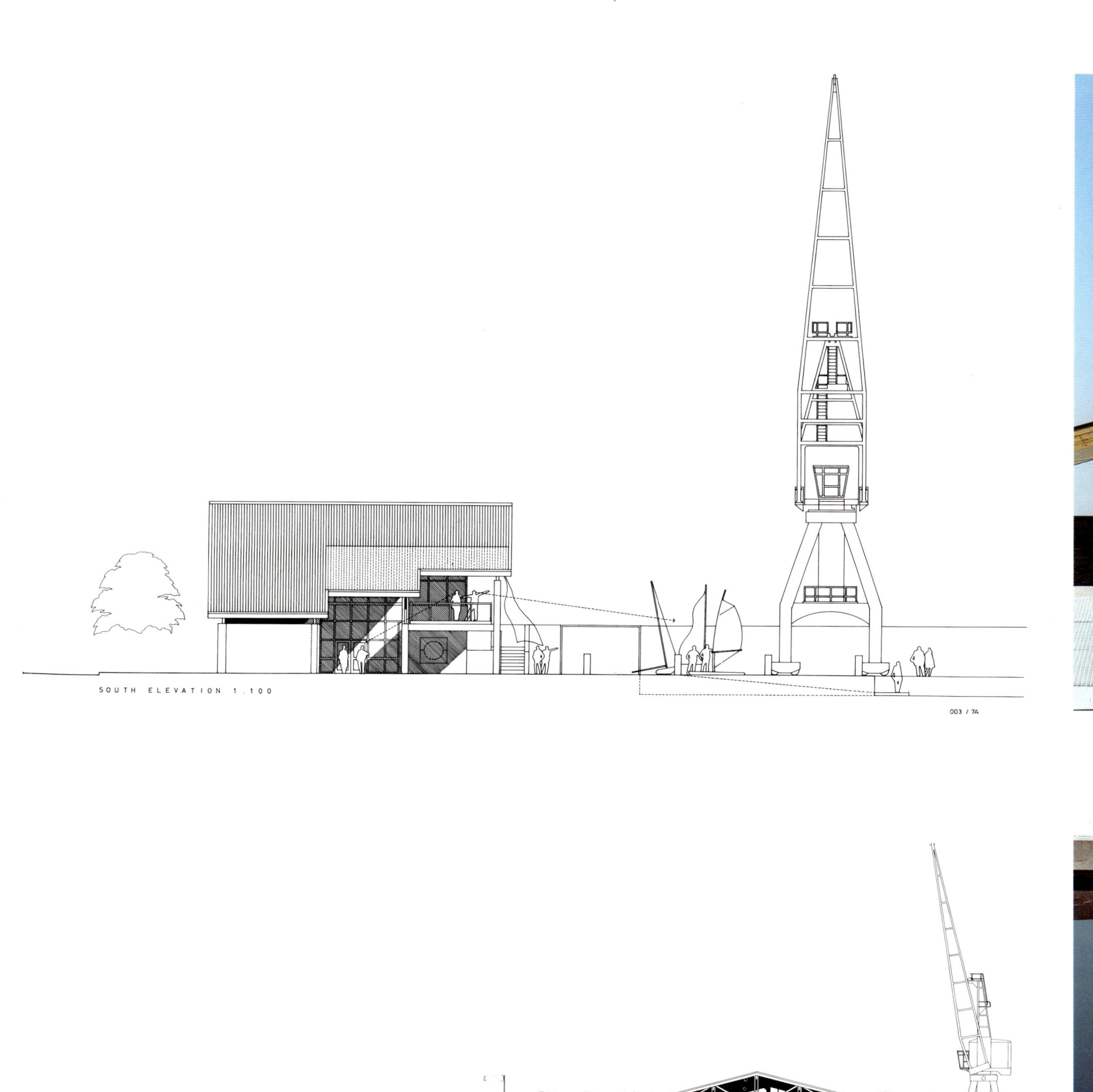

003 / 7A

003 / 8A

175

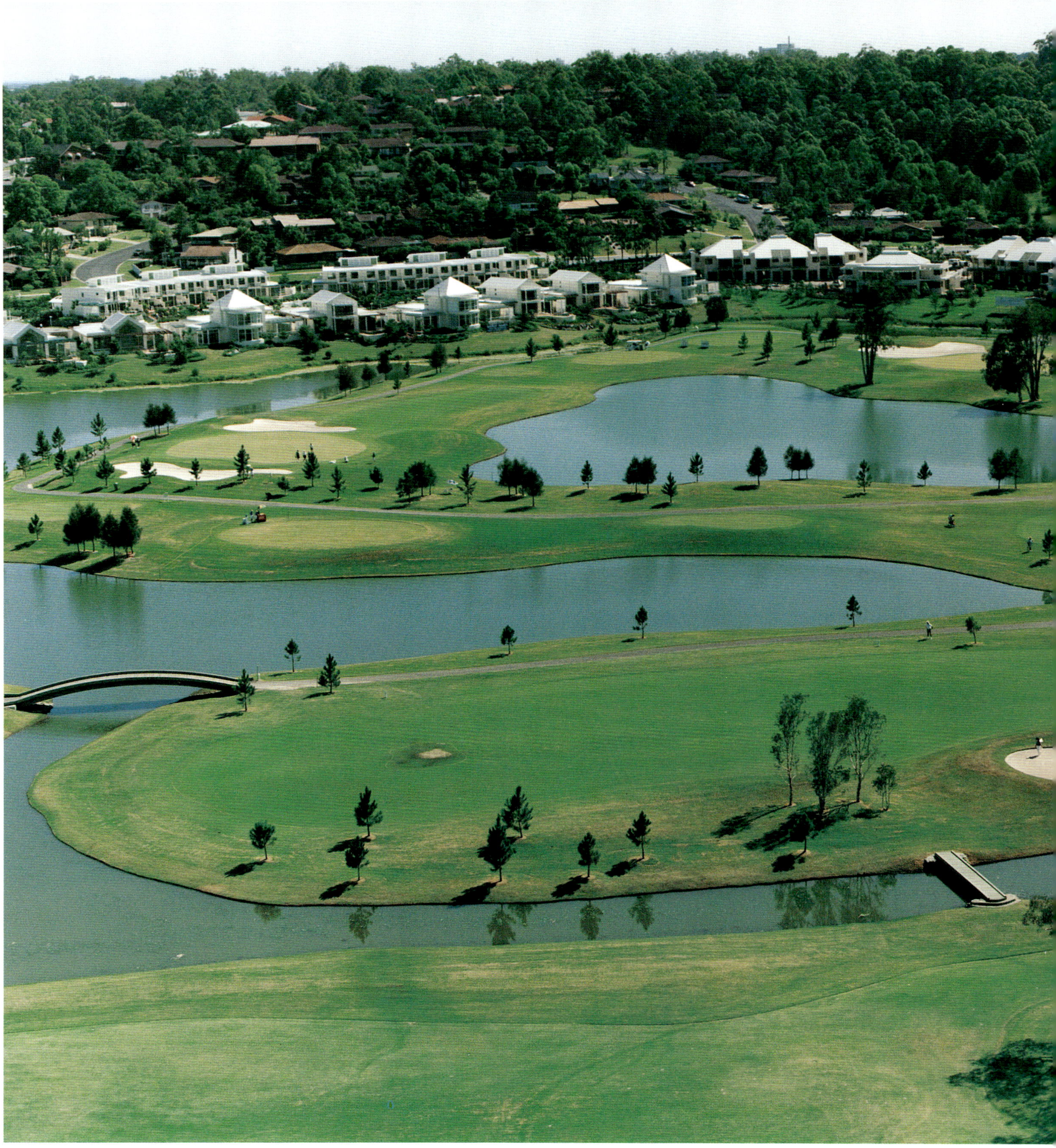

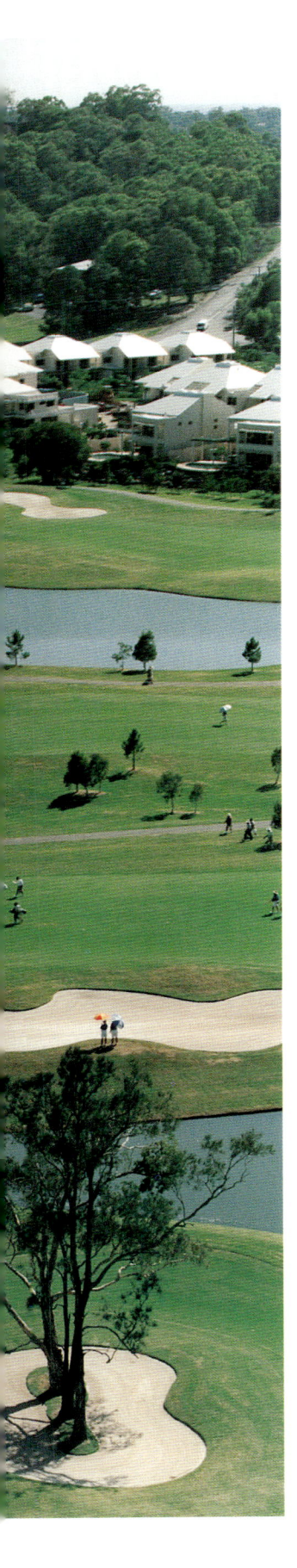

Royal Pines Resort
The Landmark Group

Completion date: 1990 onwards
Location: Gold Coast, Queensland (Australia)
Client/Promoter: M. I. D. Australia Pty. Ltd.
Collaborators: Cummings and Burns (architects)

More often than is desirable, schemes for seaside summer resorts concentrate on creating idyllic appearances that have little to do with the spirit of the landscape in which they are located. Don Monger, at the head of the Landmark Group, has avoided this error and has sought to maintain this local spirit of place in the design of these residential facilities in Gold Coast, Australia. The decision was taken to avoid picturesque clichés, seeking instead to use native species and components derived from the local hardscape.

This scheme, located next to the river Nerang, consists of the creation of a residential community with twenty independent village-like precincts containing a series of dwellings. Connection between the units is achieved by arranging them around the perimeter of a magnificent 18-hole golf course, the physical and conceptual link bringing the entire group together. The course also includes a hotel and sports port. Only three of the villages have been built so far.

To carry out this project the Landmark Group (Don Monger, Shane Daley, Graeme Harvison and Andrew Turnbull) opted for an approach based on the aesthetic and cultural context. The company was founded in 1966 and has completed 1,600 projects of this type, mainly in Australia and southwest Asia. Their landscaping skills include almost every aspect of each operation; site investigation and analysis, environmental planning, concept design, design development, plant procurement and maintenance, administration and coordination of construction, cost analysis, etc.

General view of the golf course with the developed area in the middle distance.

Vista general del campo de golf con la zona urbanizada en segundo término.

Their work has clearly tended towards the residential and recreational, although they have also performed some institutional and town-planning work. Among their best-known schemes are: the Sanctuary Cove Beach Pool and Jupiters Casino, both in the Australian Gold Coast; the Eastern Star Country Club and Resort, in Thailand; the Batam Seafront, in Indonesia; the Bandung Mixed Development on Java; Serengan Island in Bali, Indonesia; and the Twin Waters resort, in Australia.

Returning to the Royal Pines Resort scheme, the concept design is based on two ideas; identification with the landscaping and cultural essence of the site, and the theoretical model proposed by Kevin Lynch in 1960 for the arrangement of residential areas. This scheme is based on distribution into districts, on creating structure through nodes and the hierarchical arrangement of the road layout to create recognisable spaces.

To do this, the different groups of dwellings are separated by open spaces with many trees, which act as green buffers between the villages. In turn, each of these residential districts is arranged around a swimming pool. This similarity is only conceptual, as each district is distinctly different, shown by the design of the swimming pool and the customised selection of plant themes and motifs.

The wish to make each district recognisably different influences the choice of construction materials, as well as the landscape features as such. To illustrate the construction aspect, the eastern sector has a magnificent entrance node, with waterfalls, watercourses and an attractive change in paving materials. In terms of landscaping, the traffic routes in the villages are lined by ornamental trees that differ in growth form, colour and texture in each village.

The scheme's perimeter enclosure consists of a wall two meters high, occasionally broken by open steel fence panels that allow some areas of the interior to be seen. The strategic arrangement of groups of trees and low plants, together with earth mounding, help to define the streetscape of the residential area. To prevent internal traffic congestion, there is a perimeter ring road, bordered by three rows of Australian monkey-puzzles (*Araucaria cunninghamii*), which can grow more than 40 metres tall, thus introducing a vertical note that makes them landmarks for the surrounding area. The secondary and access roads are bordered by smaller trees, but always show the desire to individualise each group of residences.

As mentioned before, the golf course forms the heart of the group, and it can be seen from all the precincts. Its presence has also affected the distribution of the residential units; the smaller buildings are closer to the course, and the higher ones are further away. The rounded outlines of the land and water, some carefully sited plants and the use of small bridges are its main features. Apart from the golf course, the marina is this residential resort's other main attraction. The simple but elegant architecture of the marina is accentuated by the choice of exotic and Australian species, such as palms, and by the graduated bands of colour formed by flowering shrubs and groundcover.

The idea that the scheme should respect its context presides the entire project and has led the architects to reject the traditional imagery of these spaces (recreations of Hawaii are a typical cliché) in favour of a more native form of landscaping. The two main elements underlying this search for integration are the selection of native species, especially Australian conifers, and the use of "bluestone", a local basalt, in the main constructions. The scheme shows that it has a landscaping and cultural identity of its own.

Con mayor frecuencia de la deseada, las intervenciones en centros marítimos de veraneo centran sus objetivos en la recreación de imágenes idílicas que poco tienen que ver con la esencia paisajística del lugar en que se inscriben. Don Monger, al frente del grupo Landmark, ha evitado incurrir en este error y ha apostado por mantener el espíritu autóctono en el diseño de estos equipamientos residenciales de la australiana región de Gold Coast. Se trata de una decisión que, huyendo de localismos pintorescos, opta por la utilización de especies nativas y de componentes propios de la tectónica vernácula.

Básicamente, la intervención junto al río Nerang consiste en la creación de una comunidad residencial, con una veintena de recintos independientes que, a manera de barrios o distritos, acogen una serie de viviendas. La conexión formal entre todas estas unidades se consigue gracias a su disposición perimetral en torno a un magnífico campo de golf que, con sus 18 hoyos, se encarga de relacionar física y conceptualmente todo el conjunto. Éste, a su vez, se enriquece con la ubicación de un hotel y un puerto deportivo. Hasta el momento, únicamente se han construido los tres primeros núcleos de viviendas.

Para llevar a cabo este proyecto, los responsables de The Group Landmark (Don Monger, Shane Daley, Graeme Harvison y Andrew Turnbull) han optado por un enfoque basado en el contextualismo, tanto estético como cultural. La firma, fundada en 1966, ha realizado unas 1.600 actuaciones de este tipo, principalmente en Australia y el sudeste asiático. Su talento paisajístico abarca prácticamente todos los ámbitos relacionados con esta actividad: investigación y análisis del lugar, planificación ambiental, diseño conceptual y desarrollo, plantación y mantenimiento, construcción y coordinación, estudio de costes, etc.

No obstante, su labor se ha decantado claramente hacia el sector recreativo y residencial, aunque con notables incursiones en el campo urbanístico e institucional. Entre sus obras más celebradas destacan: el Sanctuary Cove Beach Pool y el Jupiters Casino, ambos en la Gold Coast australiana; el Eastern Star Country Club and Resort, en Tailandia; la fachada marítima de Batam, en Indonesia; el Bandung Mixed

Specimens of local species were used in the garden areas.

All the built areas are surrounded by abundant vegetation.

Throughout the project, landscaping was based on the desire to fit the scheme into its setting.

The large flat areas include mounds covered by grass.

Para el ajardinamiento se han seleccionado ejemplares de la flora local.

Todas las zonas construidas se han rodeado de abundante vegetación.

El paisajismo de toda la intervención se ha basado en la voluntad de integración en el contexto.

Entre las grandes superficies planas afloran pequeños montículos tapizados de césped.

Development en la isla de Java; la Serangan Island en Bali, Indonesia; y el Twin Waters Resort, en Australia.

Retomando el proyecto del Royal Pines Resort, la filosofía conceptual se centra en dos parámetros fundamentales: la idea de identificación con el espíritu paisajístico y cultural del lugar; y el modelo teórico propuesto por Kevin Lynch en 1960 para la configuración de zonas residenciales. Este esquema está basado en la distribución por distritos, en la estructuración por núcleos y en la jerarquización del trazado circulatorio como método para crear espacios reconocibles.

En este sentido, los distintos grupos de viviendas están separados por espacios abiertos, densamente arbolados, que actúan como zonas de remanso y transición entre los núcleos constructivos. A su vez, cada uno de estos barrios residenciales está organizado formalmente en torno a una espléndida piscina. Sin embargo, la relación es sólo conceptual: cada distrito afirma su propia individualidad, tanto en el diseño formal de la instalación acuática como en la elección particularizada de los temas y especies vegetales.

La voluntad de identificar y hacer reconocibles todos los espacios afecta tanto a los componentes constructivos como a los propiamente paisajísticos. Como ejemplo del primer grupo, se puede hacer referencia a la magnífica entrada del sector oriental, con cascadas, arroyos y un atractivo juego de materiales de pavimentación. En el segundo aspecto, es preciso mencionar que todos los ejes viarios están bordeados por selectos árboles ornamentales, distintos en forma, color y textura para cada barrio residencial.

Por lo que respecta al cerramiento perimetral del conjunto, se ha utilizado un muro de ladrillo de dos metros de altura, con intervalos puntuales de paneles enrejados de acero que permiten la visión de las zonas más naturalistas del interior. La estratégica disposición de macizos arbóreos y plantas bajas y el suave perfilado del terreno contribuyen a definir el paisaje de la zona residencial. Para descongestionar el tráfico interior, un anillo viario recorre el perímetro, flanqueado por una triple hilera de coníferas australianas (Araucaria cunninghamii) que, con sus más de 40 m de altura, introducen un acento vertical que hace visible el lugar desde numerosos puntos. Por su parte, los tramos secundarios y los accesos están bordeados por árboles de menor envergadura, pero haciendo alarde siempre de la voluntad de individualidad para cada grupo de viviendas.

Como se ha apuntado con anterioridad, el campo de golf es el espacio nuclear de todo el conjunto y focaliza todas las perspectivas interiores. Su presencia ha influido también en la distribución de las unidades residenciales: los cuerpos de menor volumen están en una relación de mayor proximidad con la instalación deportiva, mientras que las de mayor altura se encuentran más alejadas. El suave contorno de zonas de tierra y de agua, la vegetación puntual para no obstaculizar las perspectivas y la utilización de pequeños puentes son sus características principales. Junto al campo de golf, el puerto deportivo constituye otro foco de atracción de esta zona residencial. La elegante arquitectura de las instalaciones náuticas queda enfatizada por la elección de exóticas especies nativas (palmeras) y por la distribución gradual en franjas de color, arbustos florales y zonas de césped.

Por último, no hay que olvidar la noción de contextualismo que preside el proyecto y que ha inducido a los autores a rechazar la imaginería tradicional de estos espacios (con las recreaciones hawaianas como tema recurrente) para apostar por un paisajismo autóctono. Los dos ejes sobre los que se asienta esta voluntad de integración en el contexto son: la selección de especies nativas, con especial mención para las coníferas australianas; y la utilización de la *Bluestone*, una variedad local de basalto con la que se han materializado los principales componentes constructivos. Con todo ello, la intervención afirma su propia individualidad, tanto desde un punto de vista cultural como paisajístico.

The tree areas complemented by gentle lawns and flowering shrubs.

Landscaping and architecture interact to create a relaxed, balanced atmosphere.

General view of the development with the lake in the foreground.

Secondary accesses are lined with large trees.

General plan of Royal Pines Resort.

Las zonas arboladas se complementan con suaves superficies de césped y arbustos florales.

Arquitectura y paisajismo interactúan para lograr un ambiente equilibrado y relajante.

Vista general de la urbanización con la laguna en primer término.

Los accesos secundarios están bordeados de árboles de poca envergadura.

Planta general del Royal Pines Resort.

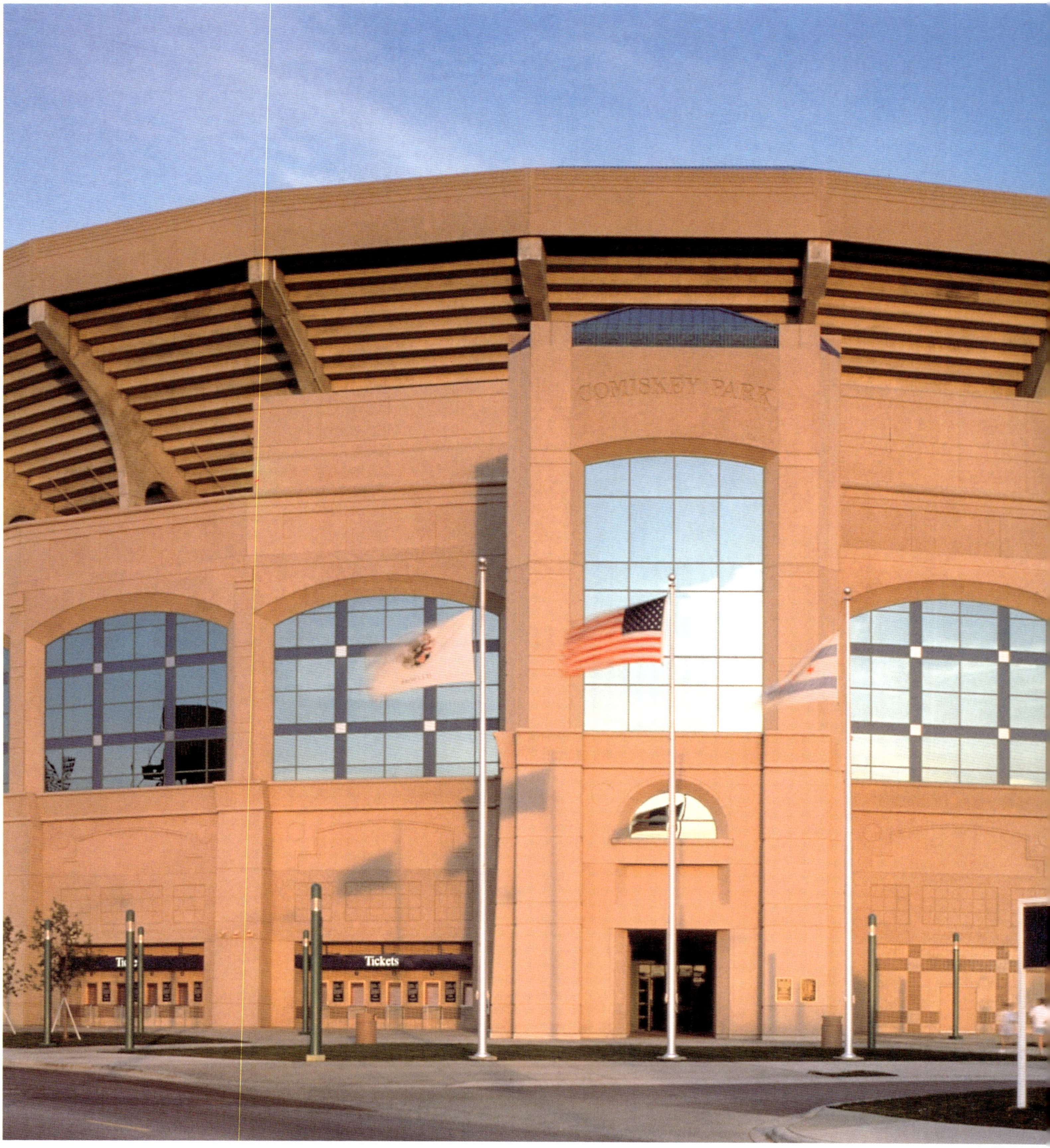
COMISKEY PARK
Tickets

New Comiskey Park
Hellmuth, Obata & Kassabaum (HOK)

Completion date: 1991
Location: Chicago, Illinois. (USA)
Client/Promoter: Illinois Sports Facilities Authority

In the United States, few things bring together as many members of the public as major sports events. The paraphernalia, at all levels, associated with American football, basketball, ice hockey and baseball, makes these sports genuine social phenomena. Any match is a good reason for a meeting of workmates, for friends to gather and for a day out for the family. No efforts are spared to ensure the success of important business meetings, extravagant parties or delicious picnics.

The Chicago White Sox baseball stadium, Comiskey Park, opened in 1910 but was considered too small and to be becoming obsolete. In a country with an excellent tradition of constructing large-scale sports facilities, the construction of a new example of these modern cathedrals was, more than a need, a challenge bound to raise enormous expectations. Since 1972 no new baseball-only installation had been inaugurated in America, and no new sports facilities have opened in Chicago since the Chicago Stadium in the 1920s.

This major project went to the company Hellmuth, Obata & Kassabaum (HOK). The company's excellent track record with over 35 years of experience providing a wide range of services related to architecture, engineering and planning is based on a workforce of more than 900 highly qualified professionals – including architects, town planners, engineers, interior designers, landscapers – and has completed a wide range of projects throughout the world. The company's headquarters are in St Louis and there are branches in London, Tokyo, Berlin, Dallas,

The main facade follows the aesthetics of the classic American ballpark.

La fachada principal sigue la estética de los clásicos estadios de béisbol americanos.

Los Angeles, New York, San Francisco, Tampa, Washington DC, Hong Kong and Kansas City.

The HOK Sports Facility Group, based in Kansas City, is specialised in all types of installations for sporting activities. HOK Sports has more than 140 employees and is recognised throughout the world as a front-rank company in sports architecture, backed by more than 200 completed schemes, many for prestige sports events, such as the 1980 Winter Olympics at Lake Placid, the US Tennis Open at Flushing Meadow, and several have formed part of bids to hold the Olympics (Manchester 2000, Puerto Rico 2004). This team's previous successful intervention in the Chicago Stadium proved their high level of competence to the authorities promoting the New Comiskey Park scheme.

The new stadium is opposite the former stadium, creating a very strong contrast, and affinity, between the two buildings. There is an interesting effect caused by the noticeable change of scale produced. A stone-like facade of coloured concrete with arched mirror-glass windows reflects and reinterprets the charming image of the old Comiskey stadium. Superimposed, and in sharp contrast, stand the modern structures that house the escalators and access ramps leading to the five levels, two of which are exclusively dedicated to comfortable and well-equipped private boxes. The main body of gradins, with shiny blue seating, converge on the baselines in a "boomerang shape", and a wall including a replica of the spectacular old electronic scoreboard encloses the outfield.

In this traditionally influenced setting the 43,000 possible spectators can enjoy all the latest advances in sports installations, facilities and equipment. Disabled fans, apart from excellent access, can enjoy a full range of services including reserved seating and parking, lifts and rest areas. Concessions are distributed throughout the five levels and maintain the excellent reputation of the cuisine in the former Comiskey stadium. A large parking lot, improved access from the adjacent expressway and up to 40 ticket windows all help to ensure excellent access from the exterior. Four boxes that can be rented game by game make it possible to hold private parties. A large social club, administration offices, training and medical facilities, a private club for team members, novelty stores, a crèche, the White Sox Hall of Fame, and a pre-game picnic area complete Comiskey Park's wide range of options.

Chicago's new baseball stadium has a full range of modern facilities, and a highly practical design, distinguishing it from less modern stadia. It is precisely its capacity to define a new relation between the spectacle (which transcends sport) and the spectator that underlies the value of modern sporting installations. In its historical setting, this assertion is rarely as clear as it is in Chicago's New Comiskey Park.

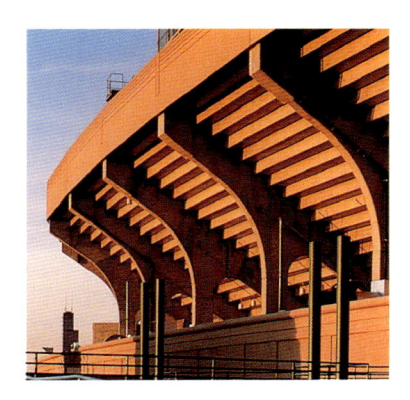

Coloured glass reflects the surroundings.

The stadium's colour and the traditional appearance of its exterior are historical references.

Affinity and contrast between New and Old Comiskey Park.

El vidrio coloreado refleja el entorno.

El color y la visión tradicional del exterior de un estadio tienen carga histórica por sí mismos.

Afinidad y contraste entre el viejo y nuevo Comiskey Park.

Pocos actos tienen en EE UU la capacidad de convocatoria de determinadas celebraciones deportivas. La parafernalia, a todos los niveles, asociada al fútbol americano, baloncesto, hockey sobre hielo o béisbol hace de estos deportes un auténtico fenómeno social. Un partido cualquiera se convierte en pretexto ideal para convocar una reunión de empresa, encontrarse con los amigos o, simplemente, disfrutar de una jornada familiar. Todo esmero resulta insuficiente cuando de preparar la más comprometida de las citas de negocios, la más desenfrenada de las fiestas o el más apetitoso de los picnics se trata.

Inaugurado en 1910, el estadio de béisbol de los White Sox de Chicago, Comiskey Park, se había quedado pequeño y obsoleto. En un país con una encomiable tradición en la construcción de magnos recintos deportivos, la construcción de una más de estas nuevas catedrales era, más que una necesidad, un reto en torno al cual se despertaría indefectiblemente una enorme expectación. Y es que desde 1972 no se había inaugurado en el territorio de EE UU instalación alguna dedicada al béisbol, y en el ámbito de la ciudad de Chicago habría que remontarse hasta la década de los años veinte para rememorar el estreno del Chicago Stadium.

La responsabilidad de tan significativo proyecto recayó finalmente sobre la compañía Hellmuth, Obata & Kassabaum. De indiscutible prestigio y con más de 35 años de experiencia en todo tipo de servicios relacionados con la arquitectura, la ingeniería y la planificación, esta empresa posee una plantilla de más de 900 profesionales altamente cualificados —arquitectos, urbanistas, ingenieros, interioristas, paisajistas, etc— y ha realizado actuaciones de toda índole en prácticamente toda la geografía mundial. Si bien la sede central se encuentra en Saint Louis, existen diferentes oficinas en Londres, Tokio, Berlín, Dallas, Los Ángeles, Nueva York, San Francisco, Tampa, Washington DC, Hong Kong y Kansas City.

En esta última ciudad se asienta la HOK Sports Facilities Group, división centrada en todo tipo de instalaciones relacionadas con el deporte. Con más de 140 empleados, HOK Sports está reconocida mundialmente como firma de primer orden en arquitectura deportiva y está avalada por más de 200 obras, muchas de las cuales han sido escenario de prestigiosos eventos como las Olimpiadas de invierno 1980 en Lake Placid, el US Open de tenis en Flushing Meadow, etc o han formado parte de diversas candidaturas olímpicas —Manchester 2000, Puerto Rico 2004—. El éxito a todos los niveles de su anterior intervención en el Chicago Stadium confirmó indudablemente a este equipo ante la administración promotora del New Comiskey Park como altamente competente en este tipo de proyectos.

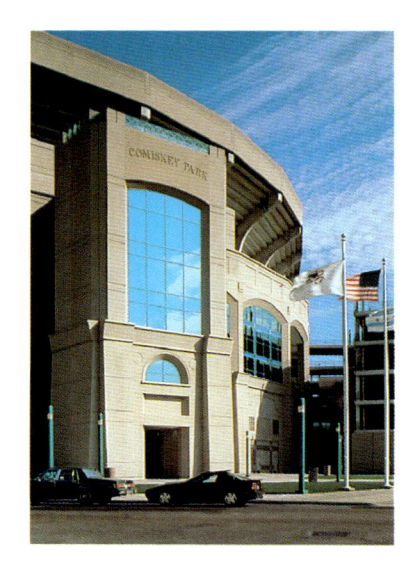

El nuevo estadio se ubica frente a su histórico predecesor, estableciéndose una muy directa relación de contraste, pero también de afinidad, entre ambos edificios. Se establece un interesante juego en el perceptible cambio de escala que se produce. Una pétrea fachada de hormigón coloreado con arqueadas ventanas de vidrio reflectante devuelve y reinterpreta la imagen entrañable del viejo Comiskey. Superpuestos, y en clara contraposición a ella, se adosan modernos volúmenes que alojan las escaleras mecánicas y rampas de acceso a cada una de las cinco plantas existentes, dos de las cuales se destinan íntegramente a lujosos y equipadísimos palcos. El cuerpo principal de gradas, con asientos en reluciente azul, converge en el terreno de juego en forma de *boomerang*, y una réplica del antiguo y espectacular marcador electrónico cierra la cancha hacia el exterior.

Los 43.000 posibles espectadores disfrutan en este marco de claras reminiscencias tradicionales, de los últimos adelantos en materia de instalaciones, funcionalidad y equipamientos. Los aficionados minusválidos encuentran, accesibilidad al margen, todo tipo de facilidades, incluyendo localidades y aparcamiento reservados, ascensores y zonas de descanso. Los quioscos de venta se distribuyen por los cinco pisos del estadio y mantienen el reconocido prestigio de la venta ambulante en el viejo Comiskey. Un aparcamiento generosamente dimensionado, accesos mejorados desde la autopista adyacente y hasta 40 ventanillas de despacho de localidades garantizan una perfecta accesibilidad desde el exterior. Cuatro palcos de alquiler de jornada en jornada ofrecen la posibilidad de organizar fiestas privadas. Un amplio club social, dependencias administrativas, instalaciones de entrenamiento y médicas, club privado para el equipo, establecimientos de venta de *souvenirs* de los White Sox, una guardería, el White Sox Hall of Fame y un área de picnic repartido completan el amplísimo repertorio de posibilidades que ofrece el New Comiskey Park.

El nuevo campo de béisbol de Chicago dispone de una completa gama de modernos equipamientos que, unidos a su funcionalidad general, lo distinguen de estadios menos actuales. Es precisamente en la capacidad de definir una nueva relación entre el espectáculo –que trasciende más allá del deporte– y el espectador, donde radica el valor de los más modernos complejos deportivos. Esta constatación, situada en un contexto que no niega la historia, pocas veces queda tan patente como en el New Comiskey Park de Chicago.

Main entrance to New Comiskey Park.

The modern interior with comfortable gradins and luxurious private boxes.

The extraordinary panoramic view from the private boxes.

The view of the playing field from the axis of symmetry of the boomerang-shaped main body of gradins.

Entrada principal del New Comiskey Park.

Moderno interior con cómodas gradas y lujosos palcos.

Extraordinaria panorámica desde un palco privado.

Visión del terreno de juego desde el eje de simetría del cuerpo principal de gradas, con forma de boomerang.

188

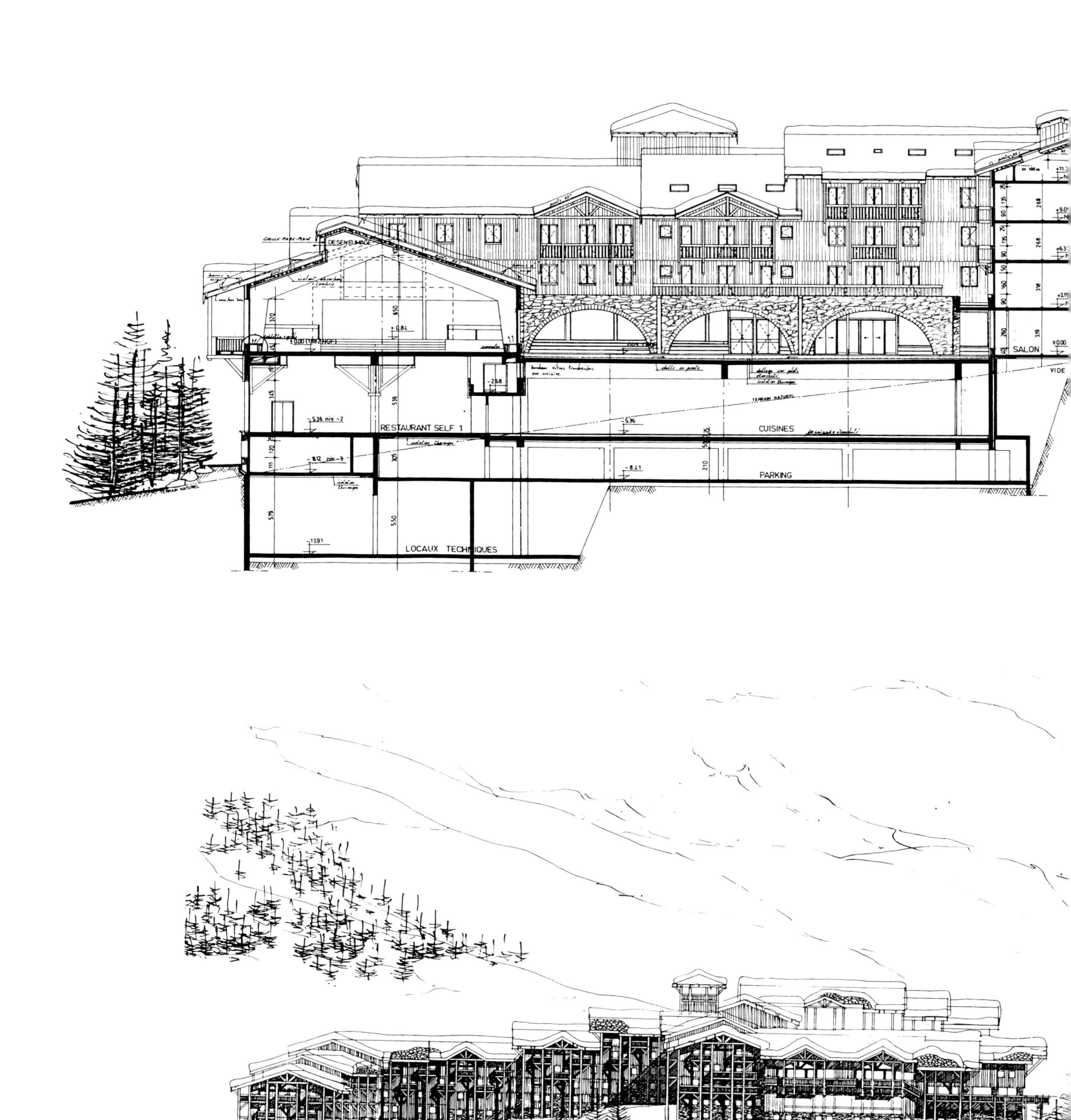

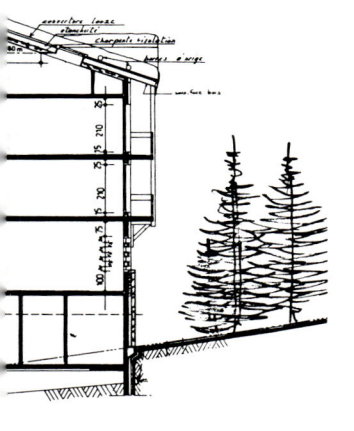

Val d'Isère Ski Station
Atelier UA5

Completion date: 1989
Location: Val d'Isère, Savoy, France
Client/Promoter: Club Méditerranée

Given the impossibility of dissociating any human activity from human conduct and ideology, the simple contemplation of a completed landscaping project reveals clearly the concerns motivating contemporary society. The alarm generated by the deterioration of the environment is one of the bases for contemporary landscaping; total respect for nature. This takes the form of the wish of the designers to integrate human constructions into their surroundings and to encourage people to be closer to their surrounding landscape, so that this, far from being a mere backdrop, becomes an interactive feature.

This project, carried out by the architectural studio Atelier UA5, involved the conception and construction of a ski station in the Val d'Isère and is a clear example of tendencies in contemporary landscape design. The choice of this French collective by the promoter, Club Méditerranée, is backed by their brilliant professional career, based on many projects and including important prizes such as the Great Silver Medal for Architecture and a major prize in the European Cembureau competition.

The members of this company – J. Apprill, P. Gebhart, J.P. Meyer, C. Amann, F. Bronner, and J. P. Chiantello – have specialised in the creation of hotels and tourist residences in high mountain areas, where nature still appears to conserve its vigour. From their offices in the French cities of Strasbourg, Albertville and Paris, they combine their work designing buildings to house visitors to ski stations such as Tignes, La Clusaz, Val Fréjus, Val Thorens with the adaptation of these buildings to their rustic surroundings.

Longitudinal section showing the underground areas.

The reduced height of the buildings reinforces the impressive alpine scenery.

Corte longitudinal en el que pueden apreciarse las zonas subterráneas.

La moderada altura de la compleja edificación potencia la hegemonía del contundente paisaje alpino.

The project in the Val d'Isère ski station also seeks to create symbiosis between construction and landscape. It was directed by two senior members of Atelier UA5 (Claude Amann, born in 1932 in Paris and a graduate of the Paris School of Fine Arts, and Jean-Pierre Chiantello, born in 1948 and a graduate of the National Higher School of Art and Industry in Strasbourg) and is sited in one of the most beautiful areas of the Savoy, a mountainous region of France bordering Italy and Switzerland. The ski station is located 35 km from Bourg-Saint-Maurice, near the old town of Joseray.

The site has a steep slope – about 15% – and a sinuous surface full of larch trees, members of the pine family with an aromatic wood, characterised by thin, straight trunks, open branching, pale green leaves and their height. Their unusual appearance serves as a reference for the architects who, to generate a solution of continuity between naturalness and artificiality, provide the facade of the building with vertically arranged pillars recalling stylised larch trunks.

The wood used in the posts (which may be considered as an example of the aesthetics and functionality that defines the work of Atelier UA5) was also used to build the hotel's exterior. The choice of this noble material was also influenced by the desire to harmonise with the surroundings. This same desire is shown by the choice of local stone to cover some of the building's walls and the slate used to cover the roofs, in the shape and height of the units making up the hotel complex (copying houses in the picturesque small village of Joseray). None of the buildings housing the 14,000 m² total surface is more than 4 storeys in height, and this helps to create many different views of the scenery and a welcoming atmosphere, totally unalike that of the cities.

All the technical services were integrated into the sloping terrain out of respect for the landscape and the desire to limit the built space. For the same reason all the holiday activities for the hotel's guests are organised around a central point measuring 30 m by 30 m, recalling the arched plazas of ancient villages.

This brief analysis of Atelier UA5's design for the Val d'Isère ski station shows that the integration of landscape and architecture is always possible as long as vandalism and economic interests do not eclipse the link there has always been between humanity and nature.

The stone arches surrounding the leisure space reproduce those around picturesque village squares.

The choice of materials – wood and stone – responds to the desire to establish a link between landscape and architecture.

The stylised vertical posts forming the hotel's facade evoke the thin, straight trunks of the abundant larches.

The hotel complex's low buildings and the imposing mountains generate wonderful views.

The hotel's architecture adapts to the terrain's abrupt relief.

Los arcos de piedra que acotan el espacio donde se desarrollan las actividades de ocio son una réplica de los que abrazan las plazas de pintorescos pueblos.

La elección de los materiales –madera y piedra preferentemente– responde al deseo de establecer un vínculo entre paisaje y arquitectura.

Los estilizados postes que, dispuestos verticalmente, conforman la fachada del hotel evocan los delgados y derechos troncos de los abundantes alerces.

La moderada altura de los distintos volúmenes del complejo hotelero y el aspecto imponente de las montañas generan múltiples perspectivas.

La arquitectura del hotel se adapta a la acusada inclinación del terreno.

Dada la imposibilidad de disociar cualquier actividad realizada por el hombre de su conducta e ideología, la simple contemplación de una actuación paisajística revela claramente cuáles son las inquietudes que mueven a la sociedad contemporánea. En efecto, la alarma generada por el creciente deterioro del medio terrestre configura una de las bases sobre las que se asientan actualmente las intervenciones en el paisaje: un respeto absoluto por la naturaleza. Éste se materializa en la voluntad de diseñadores por integrar las construcciones humanas en el entorno y por potenciar la aproximación de las personas al paisaje que las rodea, de modo que éste, lejos de ser mero telón de fondo, se convierta en un elemento interactivo.

La actuación llevada a cabo por el gabinete arquitectónico Atelier UA5 en la concepción y realización de la estación de esquí de Val d'Isère constituye un claro ejemplo de las orientaciones que vertebran el diseño paisajístico contemporáneo. La elección de este colectivo francés por parte de la compañía promotora, Club Méditerranée, viene avalada por su brillante trayectoria profesional, basada en numerosas intervenciones y jalonada por importantes premios, entre los que destacan la Gran Medalla de Plata de Arquitectura y un importante galardón en el concurso europeo Cembureau.

Los componentes de esta firma –J. Apprill, P. Gebhart, J. P. Meyer, C. Amann, F. Bronner y J. P. Chiantello– se han especializado en la creación de hoteles y residencias de turismo en parajes de alta montaña, donde la naturaleza aún parece conservar su vigor. Así, desde sus oficinas en las ciudades de Estrasburgo, Albertville y París, conjugan la labor de diseño de edificios para albergar a los visitantes de estaciones de esquí como la de Tignes, La Clusaz, Val Fréjus, Val Thorens con la de adecuación de dichas construcciones al agreste entorno.

La intervención en la estación de esquí de Val d'Isère también persigue la simbiosis entre construcción y paisaje. Fue dirigida por dos veteranos integrantes de Atelier UA5 (Claude Amann, nacido en el año 1932 y licenciado en la Escuela de Bellas Artes de París, y por Jean-Pierre Chiantello, diecisiete años más joven y procedente de la Escuela Nacional Superior de Arte e Industria de Estrasburgo) y se inserta en uno de los más bellos escenarios de la Saboya, región montañosa de Francia lindante con Suiza e Italia. En concreto, esta estación de esquí se halla a 35 km de Bourg-Saint-Maurice, en las proximidades de la antigua aldea de Joseray.

Orográficamente, el terreno se define por una acusada pendiente –de un 15 %– y su sinuosa superficie está poblada de alerces, árboles de madera aromática pertenecientes a la familia de las abitáceas, caracterizados por su tronco derecho y delgado, sus ramas abiertas y blandas hojas y, sobre todo, por su considerable altura. Su singular aspecto sirve de referencia a los arquitectos quienes, para generar una solución de continuidad entre naturaleza y artificialidad, dotan a la fachada del volumétrico edificio de postes dispuestos verticalmente que evocan, sin lugar a dudas, los estilizados troncos de esta especie arbórea.

La madera de la que están constituidos dichos postes (los cuales pueden considerarse, además, muestra de la perfecta conjunción de estética y funcionalidad que define la labor del Atelier UA5) también es la materia con la que se ha construido el exterior del hotel. La elección de este noble material está dictada, asimismo, por el deseo de no romper la armonía del entorno. Idéntico deseo se halla en la elección de la

The subtle design of the buildings contributes to the strength of the landscape.

The architectural design of the Club Méditerranée hotel complex encourages a healthy relation between people and nature.

The local origin of the main construction materials helps to integrate landscape and buildings.

La sutilidad define el diseño de la edificación y contribuye a la hegemonía del paisaje.

El diseño arquitectónico de este complejo hotelero del Club Méditerranée propicia la sana relación entre el hombre y la naturaleza.

La procedencia autóctona de los principales materiales de construcción ayuda a la integración entre paisaje y edificio.

piedra de procedencia autóctona que tapiza algunos de los muros de la construcción y de la pizarra que cubre los tejados, en la morfología de las unidades que conforman el complejo hotelero (imita la de las casas de la pintoresca aldea de Joseray) y en la altura de las mismas. En cuanto a ésta, debe señalarse que ninguno de los volúmenes en los que se reparten los 14.000 m² de superficie total supera los cuatro pisos de altura, con lo que se generan múltiples y variadas perspectivas y se contribuye a la creación de una atmósfera acogedora, bien distinta de la que se respira en las ciudades.

El respeto al paisaje y la voluntad de limitar el espacio construido explican por qué el declive del terreno ha sido utilizado para integrar todos los servicios técnicos y también la razón por la que todas las actividades de asueto en las que participan los huéspedes del hotel se organizan alrededor de un punto central de 30 x 30 m, que evoca las tradicionales plazas de soportales.

Este somero análisis de la actuación del Atelier UA5 en la estación de esquí de Val d'Isère pone de manifiesto, en definitiva, que la integración de paisaje y arquitectura es posible siempre que el vandalismo y los intereses económicos no eclipsen el vínculo que el hombre siempre ha mantenido con la naturaleza.

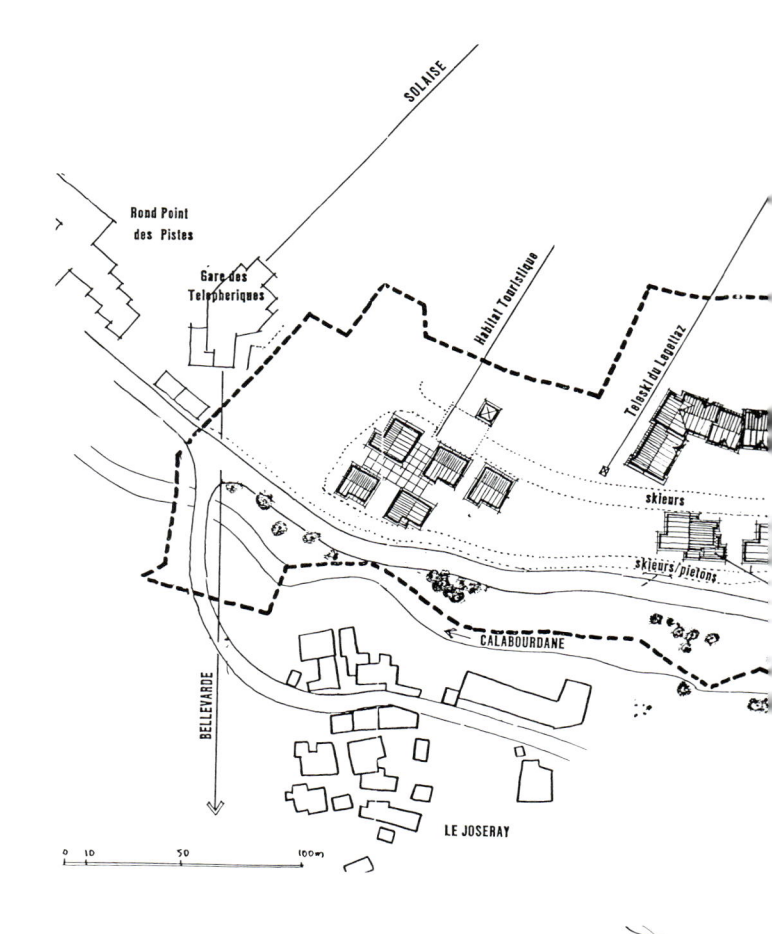

The warmth of the wood used in the hotel's many facades contrasts with the icy carpet covering the entire valley.

General and location plan of the Club Méditerranée in the Val d'Isère ski station.

The characteristic verticality and the remarkable branches of the larches that fill the valley blend with the hotel's facade and roof.

La calidez de la madera que conforma las múltiples fachadas del hotel contrasta con la gélida alfombra que cubre la totalidad del valle.

Plano general y de situación del Club Méditerranée de la estación de esquí de Val d'Isère.

La característica verticalidad y las singulares ramas de los alerces que pueblan la zona armoniza con las fachadas y los tejados del hotel.

196

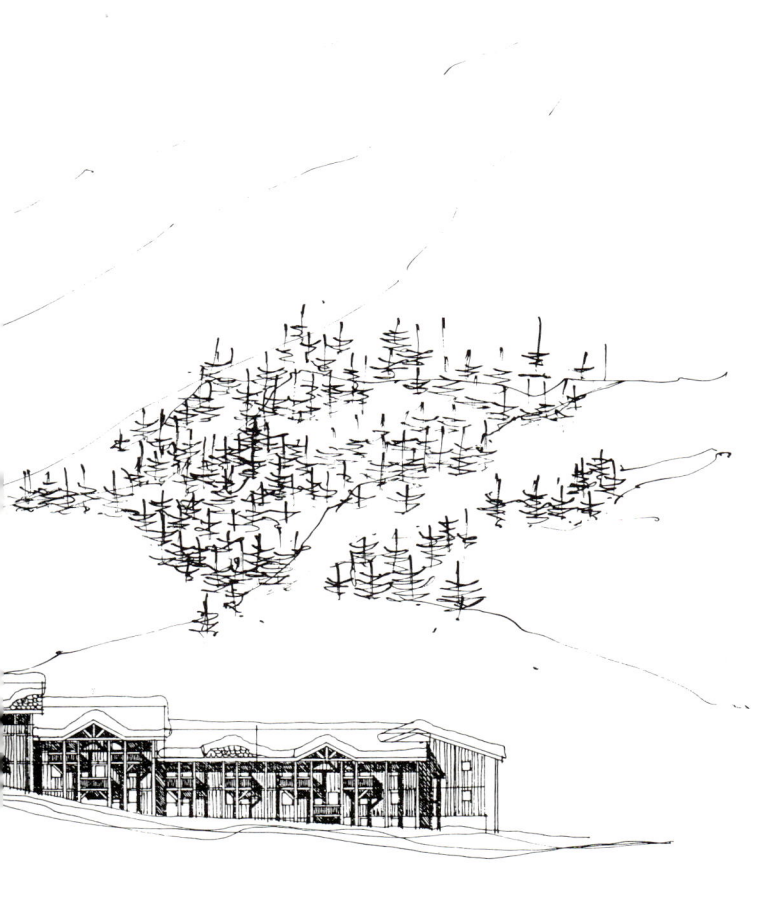

The different roofing levels subtly evoke the mountain slope.

The distribution of the hotel complex into different volumes allows them to adapt to the terrain.

The desire to integrate construction and landscape determines the hotel complex's architectural features and construction materials.

La disposición del tejado en diferentes niveles parece una sutil evocación del declive de las montañas.

La distribución del complejo hotelero en distintos volúmenes posibilita la adaptación de éstos a la acusada inclinación del terreno.

La voluntad de integrar construcción y paisaje determina los rasgos arquitectónicos del complejo hotelero, así como los materiales empleados en su edificación.

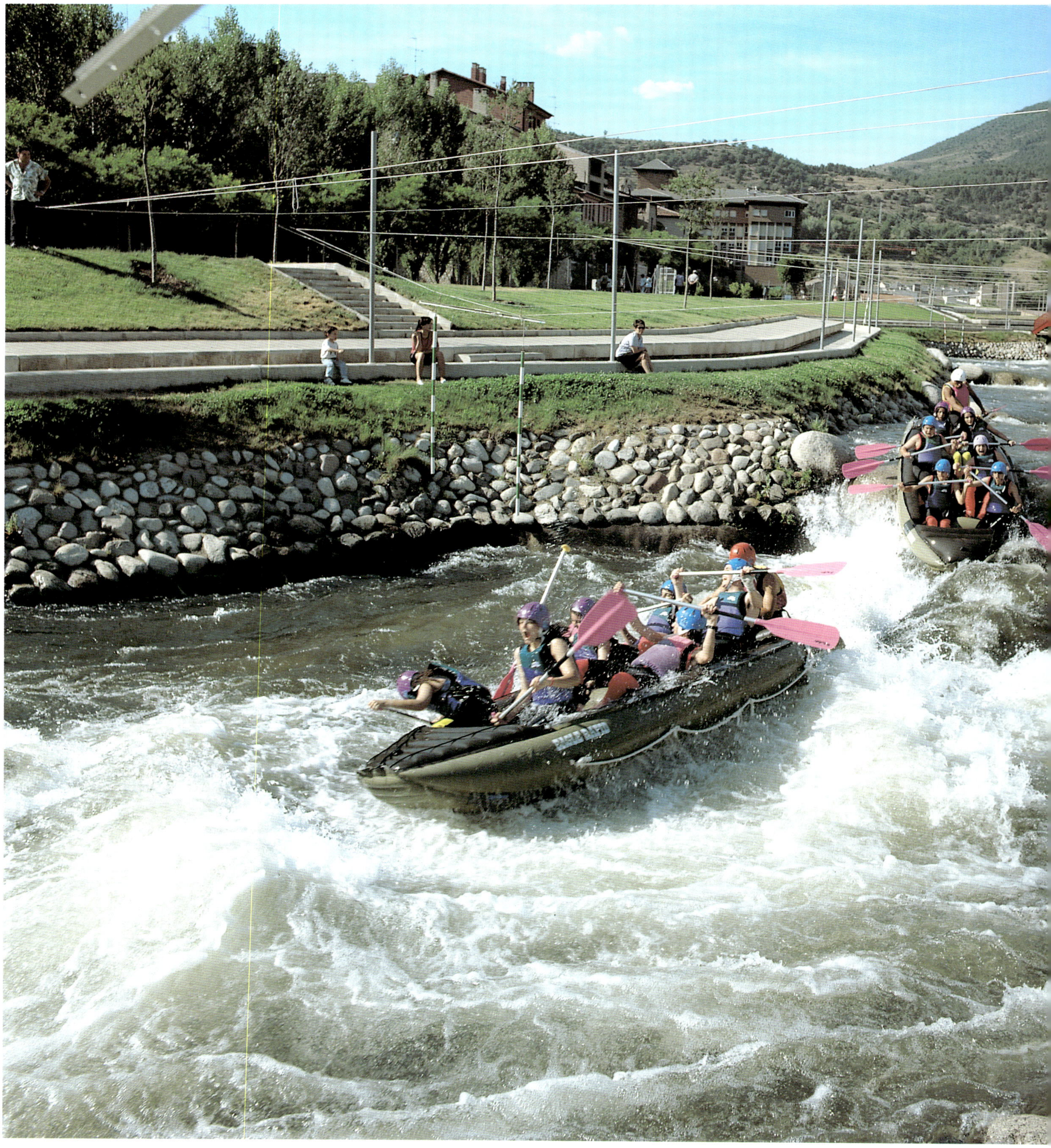

Parc del Segre
Ramon Ganyet i Solé

Completion date: 1989-91
Location: La Seu d'Urgell, Catalonia, Spain
Client/promoter: Barcelona Olympic Organising Committee (COOB '92), La Seu d'Urgell Town Council
Collaborators: Euroestudios, Flygt, Sanz, Farrero (engineering); Bächer, Nadal-Grau, Llop-Jornet-Pastor (architecture).

In 1986, when Barcelona was designated host of the 1992 Olympic Games, La Seu d'Urgell in the Spanish Pyrenees was designated subsite for the wildwater canoeing slalom trials. This led to schemes to create the Parc del Segre, with an artificial canal for the Olympic competitions as well as a river park near the historic town centre. This presented a double challenge for La Seu, a small tourist town with 10,000 inhabitants: on the one hand, dealing with the organisation of the trials in terms of access, infrastructures and facilities; and on the other hand, establishing the town as a central nucleus for the Catalan Pyrenees, restoring the historic centre and opening it up to the River Segre by creating a leisure and recreation park specialised in adventure water sports. The chosen site covers seven hectares on the north bank of the river near to the old part of the town. Just as the Olympic Games sparked an intense process of urban renewal and facility improvement in Barcelona, La Seu d'Urgell also took the opportunity presented by the slalom trials to undertake a series of initiatives to consolidate existing, and create new, infrastructure. The most emblematic project was the Parc del Segre, which involved totally renovating land susceptible to flooding by building an Olympic installation for industry, recreation and sport.

The project architect was the engineer Ramon Ganyet i Solé who, following a professional career centred around sports facilities (ski sta-

The Parc del Segre has been specifically designed for canoeing.

El Parc del Segre ha sido especialmente concebido para la práctica del piragüismo.

tions, wildwater stadiums...), was awarded the 1993 Prize for the Integration of Sport and the Environment by the International Olympic Committee for the design of the Parc del Segre. In collaboration with a team of outstanding professionals Ganyet has developed a project combining effectiveness and technical functionality with notable formal sobriety and pure landscape composition.

The 1980 urban plan proposed canalizing the River Segre, restoring the historic centre and creating a major urban park on land reclaimed from the canal. In 1982, extraordinary flooding throughout the Segre valley forced the local government to intervene and put these projects into practice. Wildwater canoeing in La Seu dates from the mid sixties. On a competition level, numerous Spanish Championship trials have been held there, as well as the European and World slalom trials in 1986 and 1988. When Barcelona was designated host of the 1992 Olympic Games, the idea of reintroducing wildwater slalom into the official sporting programme was considered. These projects were speeded up thanks to the efforts of COOB' 92, the International Canoeing Federation and the Spanish Federation. The inclusion of the slalom in the sports programme for the first time was approved by the Executive Committee of the International Olympic Committee in Stockholm in April 1988 (in Augsburg-Munich 1972 it was present but only as an exhibition sport), with the Parc del Segre's artificial canal being designated the site for the competitions.

The park was designed around the creation of a slalom canal, constructed off the River Segre. The canal is 340 m long with a drop of 6.5 m and has a concrete bed with banks and obstacles in natural rock. The drop is created naturally by gently sloping canals off the river. There is also a parallel canal for beginners which is 130 m long and with a drop of 1.5 m, and a system of mechanical lifts and complementary canals. The river's variable flow is regulated by a small 1,200 kw hydroelectric power station enabling the canals to be used for sports throughout the year. The park is completed by a still-water canoeing canal that is 650 m long and 20 m wide, an L-shaped service building and a 5-m-wide rollerskiing circuit.

The design of the artificial canals includes a system of complementary canals and mechanical lifts, allowing canoeists to return to the starting point without having to get out of their canoes. The scheme allows for future intensive use separating people according to their level of skill and ability. The flow of the Segre is often insufficient to supply the sports canals to the level required for the wildwater canoeing. A pumping system has therefore been installed to complement the natural flow and can also be used to produce electricity.

The project was also designed to give each area in the park its own character, determined by their relief and vegetation. In the first phase the embankments were built and a new relief was created to divide the park into independent units.

Then the irrigation system and water channels were built, followed by the planting of 15 species of trees and 6 species of shrubs (*Quercus borealis, Acer platanoides, Liquidambar styraciflua, Populus nigra italica, Fraxinus excelsior, Tilia argentea, Salix babylonica, Cupressus arizonica, Populus x euroamericana*).

In the last phase, topsoil was laid and turfed, and bedding plants were used to provide colour throughout the year. This project in La Seu d'Urgell stands out for its brilliance and its restrained formal structure, avoiding references to classic models while also being clearly and fluent-

One of the phases in the project consisted of channelling the water flow.

Equal attention has been paid to both landscaping and architecture in the Parc del Segre.

Una de las fases de la intervención consistió en la canalización del caudal de agua.

En el Parc del Segre se ha dado la misma relevancia a los elementos paisajísticos y arquitectónicos.

ly integrated into the landscape of the river environment. This is done by the skilful treatment of the water courses and appropriate modelling of the relief and the natural and architectural elements.

Formal sobriety is one of the park's main characteristics.

The project stands out for the starkness of its landscaping.

The topography was slightly varied to achieve different skill levels in the courses.

There are 15 species of trees and 6 species of shrubs in the park.

Canoeing has been practised for many years in La Seu.

La sobriedad formal es una de las principales características del parque.

El proyecto se caracteriza por la depurada composición paisajística.

La topografía fue variada levemente para lograr diferentes tipos de dificultad en los recorridos.

El parque cuenta con 15 especies arbóreas y seis arbustivas.

El piragüismo es una antigua tradición en La Seu.

En el año 1986 tuvo lugar, paralelamente a la nominación de Barcelona como sede de los Juegos Olímpicos de 1992, la designación de La Seu d'Urgell –pequeña ciudad del Pirineo español– como subsede para la celebración de las pruebas de *slalom* en aguas bravas. A partir de aquel momento se iniciaron los proyectos para la creación del canal artificial del Parc del Segre como espacio de competición olímpica y al mismo tiempo como parque fluvial al pie del núcleo histórico de la ciudad. Se planteó, entonces, para La Seu, un núcleo pequeño de vocación turística y con una población de 10.000 habitantes, un doble reto: por un lado, hacer frente a la organización de las pruebas a nivel de accesos, infraestructuras y equipamientos; y por otro, afianzarse como polo central del Pirineo catalán, consolidando su casco histórico y abriéndose al río Segre mediante la creación de un parque lúdico y recreativo especializado en deportes náuticos de aventura. El emplazamiento escogido fue un sector de siete hectáreas adyacente al núcleo antiguo de la ciudad, situado en la orilla fluvial norte. Así como en la ciudad de Barcelona los Juegos Olímpicos fueron el detonante para una intensa operación de renovación y reequipamiento urbano, también La Seu d'Urgell aprovechó la celebración de las pruebas de *slalom* para activar una serie de iniciativas encaminadas a la potenciación y creación de nuevas infraestructuras. La intervención más emblemática sería el Parc del Segre, que renueva totalmente el terreno inundable con una instalación olímpica con vocación industrial, recreativa y deportiva.

El autor del proyecto es el ingeniero Ramon Ganyet i Solé, que después de una trayectoria profesional centrada en los trabajos de instalaciones deportivas (estaciones de esquí, de aguas bravas...), ha obtenido con esta obra el premio 1993 del Comité Olímpico Internacional por la integración de Deporte y Medio Ambiente. En colaboración con un equipo de destacados profesionales, Ganyet ha desarrollado aquí un proyecto que combina la eficacia y la funcionalidad tecnológica con una notable sobriedad formal y una depurada composición paisajística.

El planeamiento urbano de 1980 proponía la canalización del río Segre, la restauración del casco histórico y la creación de un importante parque urbano sobre terrenos ganados sobre el canal. En 1982 una crecida extraordinaria afectó todo el fondo del valle del Segre y ello motivó una intervención rápida de la administración de cara a la materialización de aquellos proyectos. La actividad del piragüismo en aguas bravas en La Seu se remonta a mediados de los años sesenta. A nivel de competición, además de numerosas pruebas de los Campeonatos de España, se celebraron pruebas de *slalom* a nivel europeo y mundial en 1986 y 1988. Desde la concesión de los Juegos Olímpicos a Barcelona para 1992 se pensó en introducir de nuevo la disciplina del *slalom* de aguas bravas en el programa oficial deportivo. Los proyectos se aceleraron a partir de aquel momento gracias a los esfuerzos del COOB '92, la Federación Internacional de Piragüismo y la Federación española. En el mes de abril de 1988, en Estocolmo, el Comité Ejecutivo del COI aprobaba la inclusión del *slalom* por primera vez dentro del programa deportivo (en Augsburg-Munich 1972 había sido deporte de exhibición) con la designación del canal artificial del Parc del Segre como lugar de las competiciones.

El esquema conceptual del parque contempla la creación de un canal de *slalom*, construido en derivación del río Segre, con una longitud de

Great care has been taken on the architectural design of the park.

La arquitectura es otra de las más cuidadas facetas del diseño del parque.

340 m y un desnivel de 6,5 m. El canal consta de una solera de hormigón con taludes y jalonado de obstáculos de rocas naturales. El desnivel se crea de forma natural a base de unos canales derivados del río con una pendiente muy débil. Asimismo, hay un canal paralelo de iniciación de 130 m de longitud y 1,5 m de desnivel, y un sistema de remontes mecánicos y canales complementarios. El caudal variable del río se regula mediante una minicentral hidroeléctrica de 1.200 Kw. de potencia que permite el funcionamiento de los canales deportivos en cualquier época del año. El parque se completa con un canal de aguas tranquilas para la práctica del piragüismo de 650 m de longitud y 20 m de anchura, un edificio de servicios en forma de L y un circuito de esquí de ruedas de cinco metros de anchura.

El diseño de los canales artificiales incluye un sistema de canales complementarios y remontadores mecánicos que permiten a los piragüistas retornar al punto de partida sin tener que bajar de la embarcación. La concepción dinámica del conjunto permite una utilización intensiva en el futuro, separando a los practicantes según su nivel de habilidad y capacidad. El caudal del Segre es a menudo insuficiente para alimentar los canales deportivos con la cantidad de agua requerida para la práctica de las aguas bravas. Para ello se diseñó una instalación de bombeo que complementara los caudales naturales y se aprovechara además para la producción de energía eléctrica.

La intervención sobre el terreno fue muy estudiada de cara a dotar a cada uno de los espacios del parque de un carácter propio determinado por una topografía y una vegetación concretas. En una primera fase se rellenaron los terraplenes y se moduló una nueva topografía con objeto de compartimentar el parque en unidades independientes.

Posteriormente, se construyó el sistema de riego y las conducciones de agua para, finalmente, pasar a la plantación de 15 especies arbóreas y seis arbustivas (*Quercus borealis*, *Acer platanoides*, *Liquidambar styraciflua*, *Populus nigra italica*, *Fraxinus excelsior*, *Tilia argentea*, *Salix babylonica*, *Cupressus arizonica*, *Populus x euroamericana*).

En una última fase se hizo el aporte de tierras vegetales para el césped (11.000 m^2) y siembras, así como las plantaciones de especies florales estacionales para proporcionar color durante todo el año. La actuación de La Seu d'Urgell destaca por su brillantez y su gran contención formal que evita cualquier referencia a los modelos clásicos y en cambio se integra de forma clara y fluida en su entorno paisajístico fluvial mediante un hábil tratamiento de los cursos de agua y una acertada configuración de la topografía y los elementos naturales y arquitectónicos.

Channelling the water allows the flow to be used more rationally.

Sections of wildwater alternate with stretches of still water in the Parc del Segre.

Las canalizaciones sirven para un más racional aprovechamiento de la fuerza del agua.

En el Parc del Segre los tramos de aguas bravas se alternan con otros tranquilos.

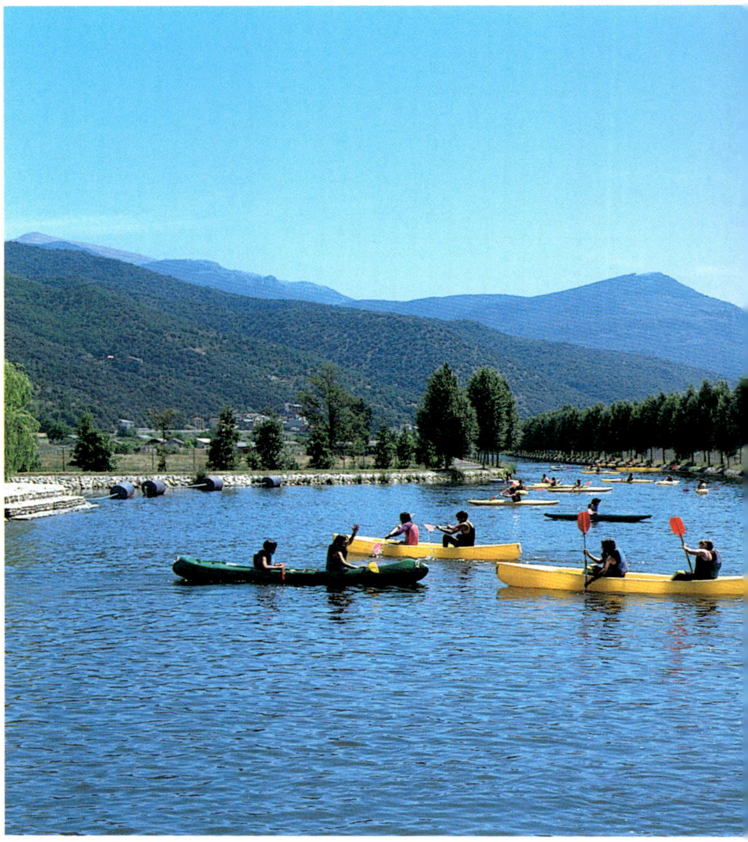

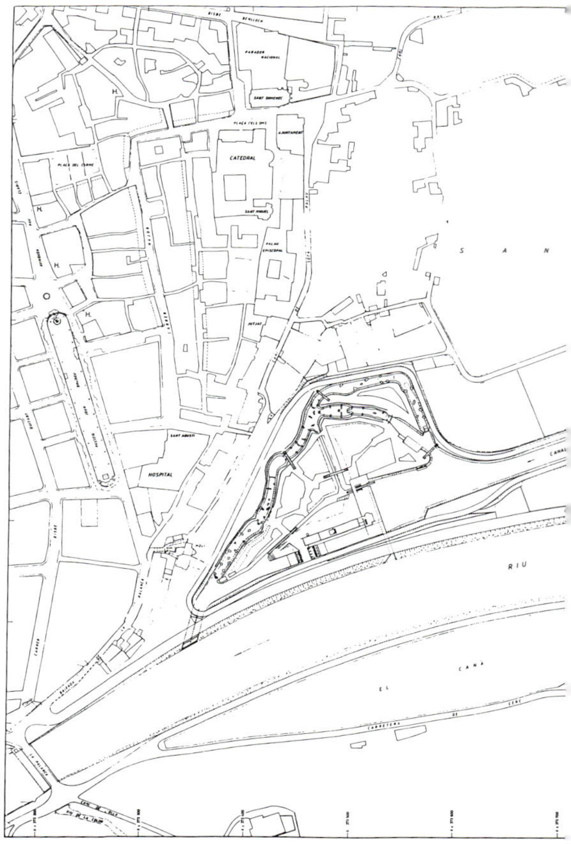

The park is located at the base of the Pyrenees.

General plan.

El parque se encuentra situado al pie de la cordillera pirenaica.

Plano general.

209

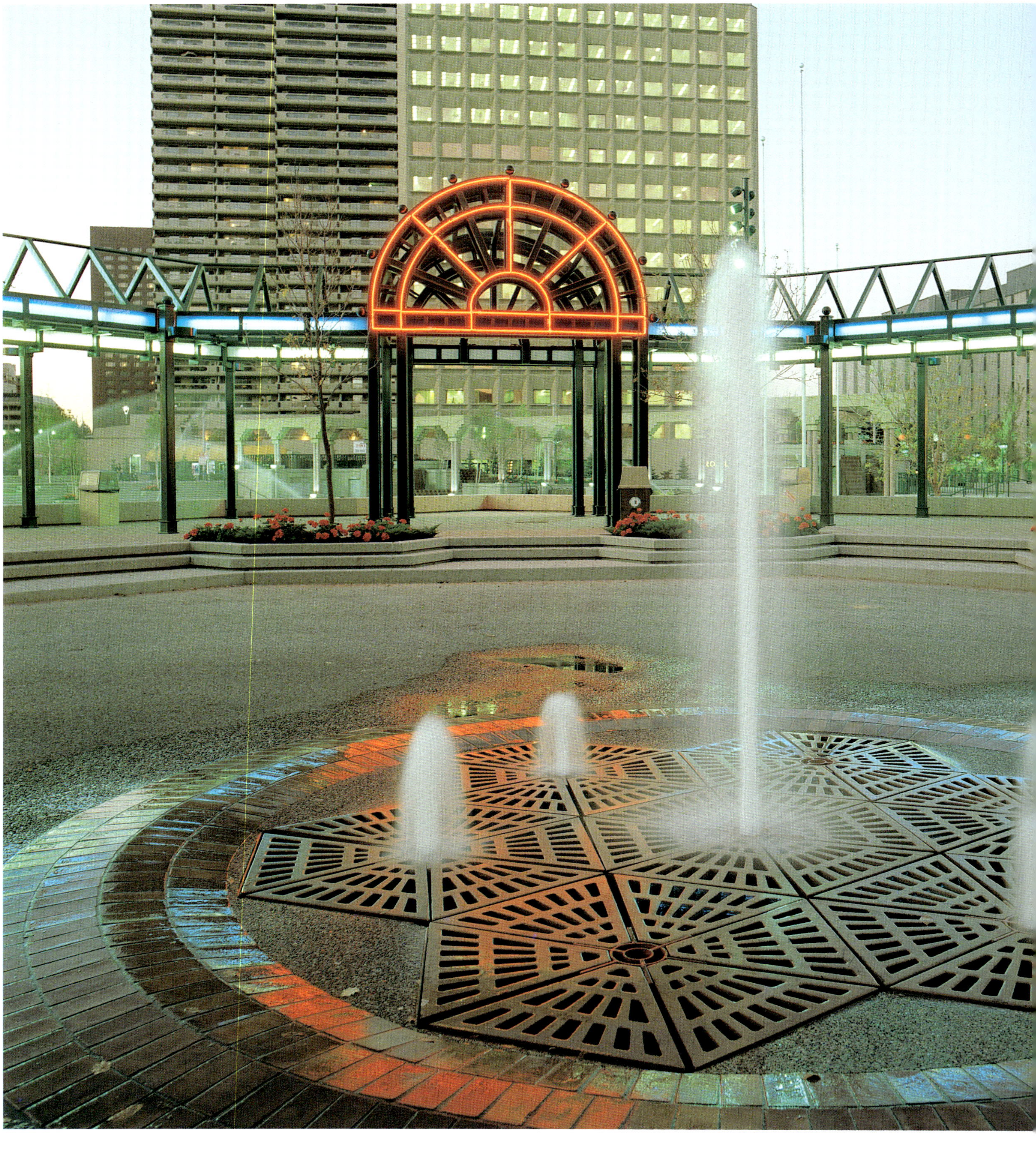

Olympic Plaza
M. Paul Friedberg & Partners

Completion date: 1987
Location: Calgary, Canada
Client/Promoter: City of Calgary, Olympic Organizing Committee

To celebrate the 1988 Winter Olympic Games, the City of Calgary and the Olympic Organizing Committee proposed the creation of a large, open, public space to serve as a setting for the presentation of the medals, and which could later be converted into a new centre for leisure and other civic activities.

It occupies a block in the city centre, in an excellent location, next to the city's Municipal Building and the Calgary Center for Performing Arts and opposite the old City Hall, thus offering an opportunity to revitalise the area to attract the citizens, even when there are no scheduled acts. Thus, from the start, the design sought to be an urban park, an enjoyable stage for use in the day and evening, and for holding large-scale events. The studio commissioned to perform this project was Paul M. Friedberg & Partners, a team with an excellent track record in this type of project.

Paul M. Friedberg's successful professional career is shown by the more than 60 artistic and honorary prizes he has received from various organisations, some as prestigious as the ASLA (American Society of Landscape Architects), the NYCA (New York Council of the Arts), the MASNY (the Municipal Art Society of New York), etc. His most outstanding distinction is probably the medal he received from the AIA (American Institute of Architects) in 1980 in recognition of his influence on architecture and for providing a new dimension to the life of different social groups in the urban environment.

The most important aspect of Friedberg's work is probably the redefinition of the relationship between the citizen and urban spaces.

Water feature opposite the access from the pedestrian avenue, with the arcade in the middle ground.

Juegos de agua frente al acceso desde la avenida peatonal, con la pérgola en segundo plano.

His earlier works, such as the Riis Houses in 1965, which are an excellent model for new urban recreational spaces, already showed a distancing from the landscaping styles of the time. He did not accept the rigid geometry of Italian or French Renaissance gardens, or the picturesque Oriental approach. Instead, he argues that the essence of the site is for the visitor to play an active role, overcoming the visitor's traditional role of mere spectator, and introducing landscaping and architectural form into parks for everyday use. This caters for both children and adults and does not impose any specific conduct.

The design of the furnishings, play facilities, the presence of water splashing the observer, garden surfaces and gradins, and differences in level, are the most frequent elements in his designs. Pershing Park in Washington, the Nielsen Headquarters in Chicago, the State Street Bank Quincy Courtyard in Massachusetts, the Honeywell Headquarters in Minneapolis, and the McArthur Place urban complex in Santa Ana, California, are some of the projects that are keys to understanding Paul M. Friedberg's philosophy.

The idea of a park as a new, vital, space to play a role almost as important as the market in bygone days, is clearly visible in the design for the Olympic Plaza in Calgary. Combined with specific solutions to a series of highly conditioning urban factors flowing from the unusual nature of the surrounding buildings, the scheme is a recreational centre open to the city, consolidated in spite of its fragmentation, which allows different acts to be held simultaneously.

The composition is articulated around the strikingly geometric lake, which lies at a diagonal to the layout of the city's roads. This large area is used as an ice-skating rink in the winter. On one of the sides there is a classical arcade, that serves as a monumental backdrop for a stage edged by dissimilar waterfalls, which hide the service machinery and secondary areas, such as the restrooms, filtration machinery, the ice-making equipment, etc. Gently sloping terraces create an amphitheatre that reflects the stage on the other side of the pool. Strong lateral fountains emphasise the movement of the water, providing the necessary pomp for the Olympic medal presentation ceremony. This does not prevent a more informal, everyday and passive use of the garden areas.

The gradins are circular in one strategic point, creating a new smaller-scale amphitheatre, reminiscent of a Greek theatre and suitable for small-scale events. Should the occasion demand an increase in the plaza's capacity, draining the water allows the central area to be used for public acts or even seasonal fairs.

Activities that require a more sheltered environment can occur in an ideal setting under a glass and steel arcade, reminiscent of the former "crystal palaces". This is a transition between the adjacent main pedestrian avenue and a counterpoint to the stage.

The vegetation uses birch, junipers and other plants of local origin, necessary because of the sharp changes in temperature when the normal, extremely cold winters are interrupted by the chinook, a wind that sharply warms the city.

The 1988 Winter Olympics are now just a memory. The initial pretext for the project is now incidental, but the Olympic Plaza is still a major city centre for downtown Calgary. The remarkable location did not prevent the design of a space with character, that brought all the external features together. This was all performed in M. Paul

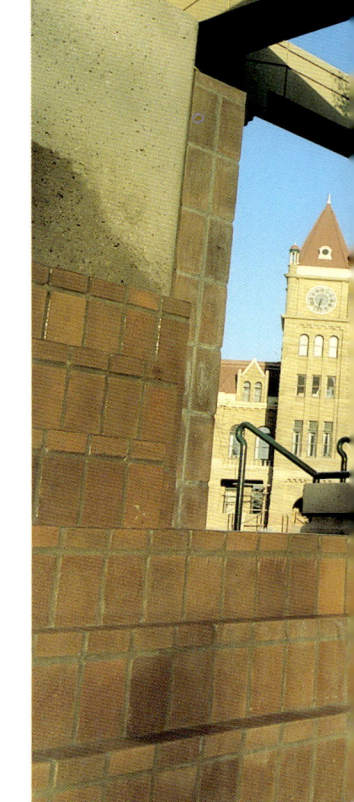

Friedberg's personal style, including, as usual, a sprinkling of historical references.

Con motivo de la celebración de los Juegos Olímpicos de Invierno de 1988, el Ayuntamiento de Calgary y el comité organizador impulsaron la creación de un gran espacio abierto de carácter público que proporcionara un marco adecuado para la ceremonia de entrega de medallas y que posteriormente fuera susceptible de convertirse en nuevo centro de ocio y actividades diversas para los ciudadanos.

Ocupando una céntrica manzana; la inmejorable situación, adyacente al principal edificio municipal de la ciudad y al Calgary Center for Performing Arts (escuela de artes escénicas) y frente al viejo ayuntamiento, ofrecía un potencial de revitalización que convenía aprovechar para atraer al ciudadano, incluso sin programación de actos. Es por ello que la actuación nace con vocación de parque urbano, de escenario amable para el disfrute diurno y vespertino, capaz también de albergar actos multitudinarios. La intervención se encargó al estudio de arquitectura del paisaje y diseño urbano de M. Paul Friedberg & Partners, equipo de reconocida solvencia en proyectos de esta naturaleza.

El éxito que avala la trayectoria profesional de M. Paul Friedberg queda patente con los más de 60 premios artísticos y honoríficos con los que ha sido laureado por parte de diversas organizaciones, algunas de ellas tan prestigiosas como la ASLA (American Society of Landscape Architects), el NYCA (New York Council on the Arts), la MASNY (Municipal Art Society of New York), etc. La distinción más descollante es probablemente la medalla concedida en 1980 por el AIA (American Institute of Architects), en reconocimiento a su influencia sobre la profesión arquitectónica y por su aportación de una nueva dimensión en la vida de los diferentes grupos sociales en el entorno urbano.

Y es ciertamente en la redefinición de la relación entre un espacio urbano y el ciudadano donde radica la trascendencia de la obra de Friedberg. En sus obras más tempranas —Riis Houses (1965) se convertiría en paradigma de los nuevos espacios lúdicos urbanos— ya se aprecia un distanciamiento de las tradiciones paisajísticas más relevantes hasta ese momento. En contra de la rigidez geométrica de los jardines del Renacimiento en Italia o Francia, en contra del pintoresquismo oriental; Friedberg defiende el protagonismo del visitante como esencia misma del lugar, superando su tradicional papel de mero espectador pasivo, e introduce la forma paisajística y arquitectónica en el parque de uso cotidiano. Éste admite a niños y adultos por igual y no impone pautas de conducta específicas.

El diseño del mobiliario urbano, de los aparatos de juego, la presencia del agua salpicando al observador, gradas y superficies ajardinadas o

A small artistic event in the amphitheatre of the Olympic Plaza.

The amphitheatre is clearly classically inspired.

The reflections on the water add charm to the artificial lighting.

The play of light and shade on the columns.

Pequeña función artística en el anfiteatro del Olimpic Plaza.

El anfiteatro está claramente inspirado en las formas clásicas.

Los reflejos sobre el agua enriquecen la iluminación artificial.

Juegos de luz y sombra en la columnata.

desniveles se convierten en los más habituales instrumentos de proyectación. Pershing Park, en Washington, Nielsen Headquarters, en Chicago, State Street Bank Quincy Courtyard, en Massachusetts, Honeywell Headquarters, en Minneapolis, y también el complejo urbanístico de Mc Arthur Place, en Santa Ana, California, son otros proyectos que nos dan las claves necesarias para entender la filosofía de M. Paul Friedberg.

La concepción de un parque como nuevo espacio vital, casi con el protagonismo de los antiguos mercados, se manifiesta plenamente en el Olympic Plaza de Calgary.

La composición se articula en torno a la rotunda geometría de un estanque situado en diagonal respecto a la trama urbana. Esta gran lámina reflectante se transforma durante la época invernal en pista de hielo. En uno de sus laterales una columnata de clásica estructura tripartita es el monumental telón de fondo de un escenario flanqueado por desiguales cascadas de agua, que ocultan a su vez diferentes equipamientos y ámbitos secundarios: lavabos públicos, maquinaria de filtración, equipos de producción de hielo, etc. Un suave aterrazado de césped crea un gran anfiteatro que se relaciona con el escenario a través del estanque. Potentes surtidores laterales enfatizan el movimiento del agua y confieren a las diferentes celebraciones la pompa propia de una ceremonia olímpica. Todo ello no entra en contradicción con una utilización más informal, pasiva y cotidiana de las superficies ajardinadas.

Estas mismas gradas pueden adoptar forma circular en determinado punto estratégico, resultando de este modo un nuevo anfiteatro de escala más reducida, reminiscencia de un teatro griego y apropiado para actos más modestos. Si la ocasión lo requiere y desea ampliarse el aforo total de la plaza, la simple evacuación del agua permite la utilización de la superficie central para actos multitudinarios o incluso ferias temporales.

La vegetación autóctona, con abedules, enebros y otras especies de la flora local, es prácticamente obligada ante la singular rigurosidad climática del lugar, caracterizada por los bruscos aumentos de temperatura que provoca el viento que periódicamente sacude la ciudad, el Chinook, en contraste con inviernos intensamente fríos.

Los Juegos Olímpicos de Invierno de 1988 pertenecen al pasado. El pretexto inicial de la intervención ha quedado en anécdota y el Olympic Plaza se mantiene como importante centro vital del *downtown* de Calgary. La particularidad del emplazamiento no ha sido óbice para la realización de un espacio con carácter propio, aglutinador de las vicisitudes exteriores. Todo ello, con el lenguaje propio de M. Paul Friedberg, salpicado de ocasionales referencias historicistas.

Night view of the pool, with the columns in the background.

General plan of the Olympic Plaza.

Vista nocturna del estanque con la columnata al fondo.

Planta general del Olympic Plaza.

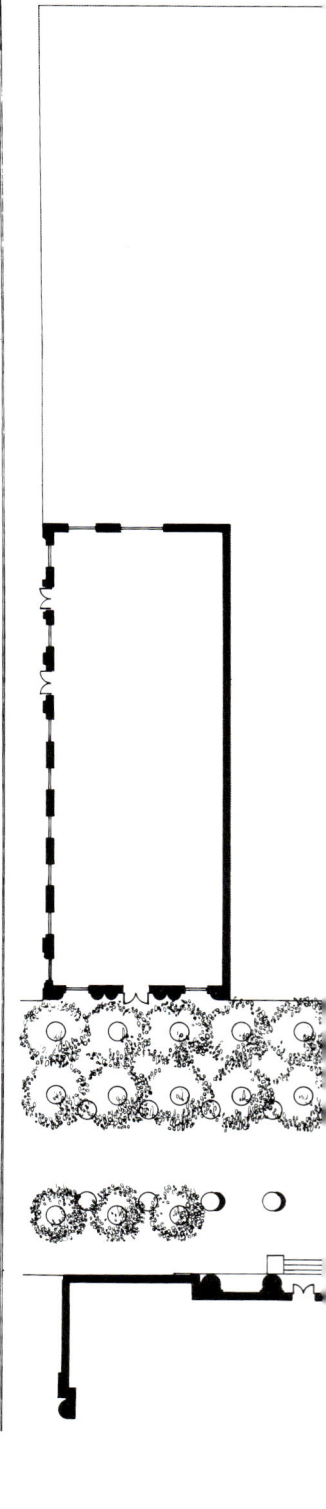

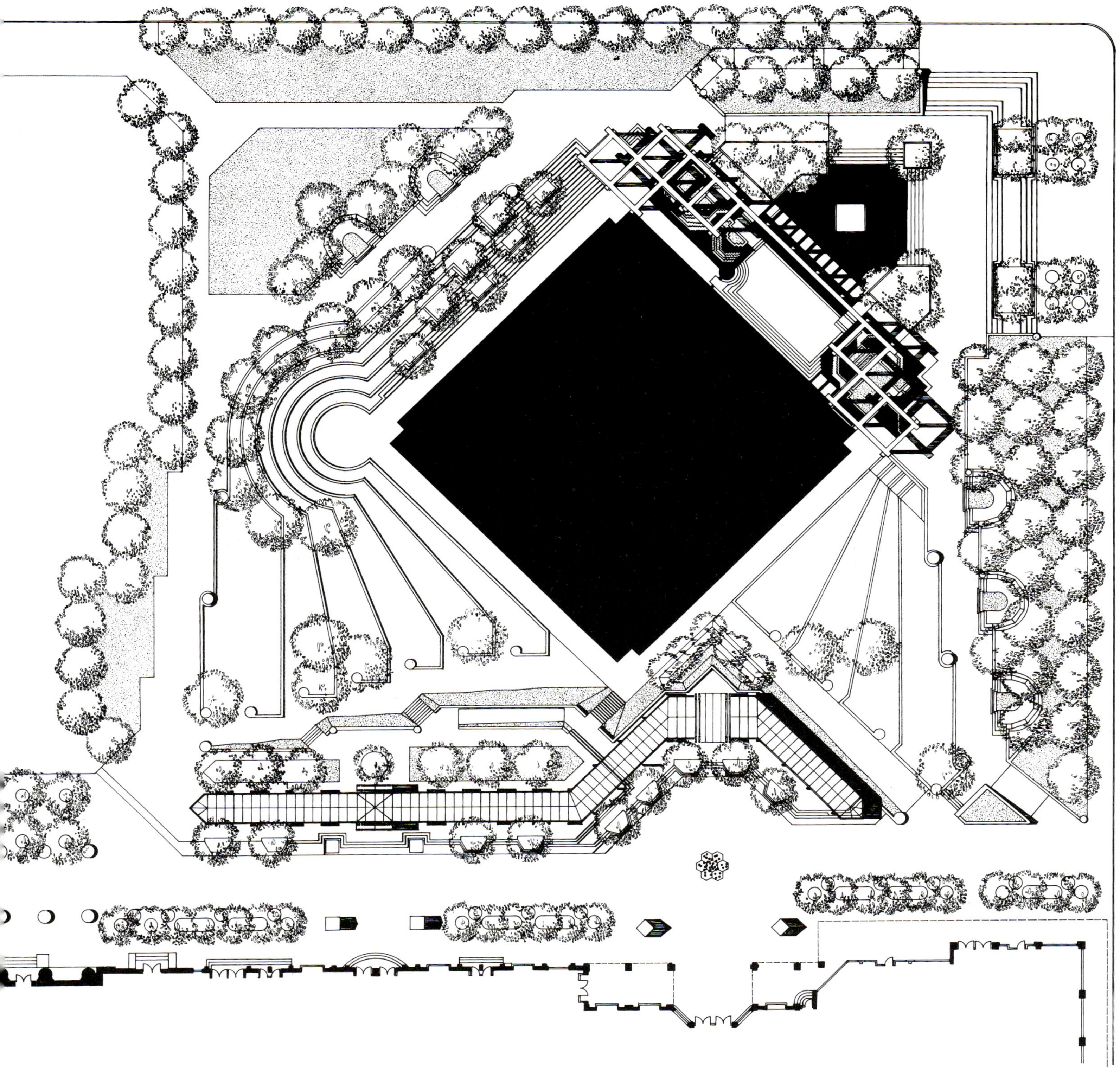

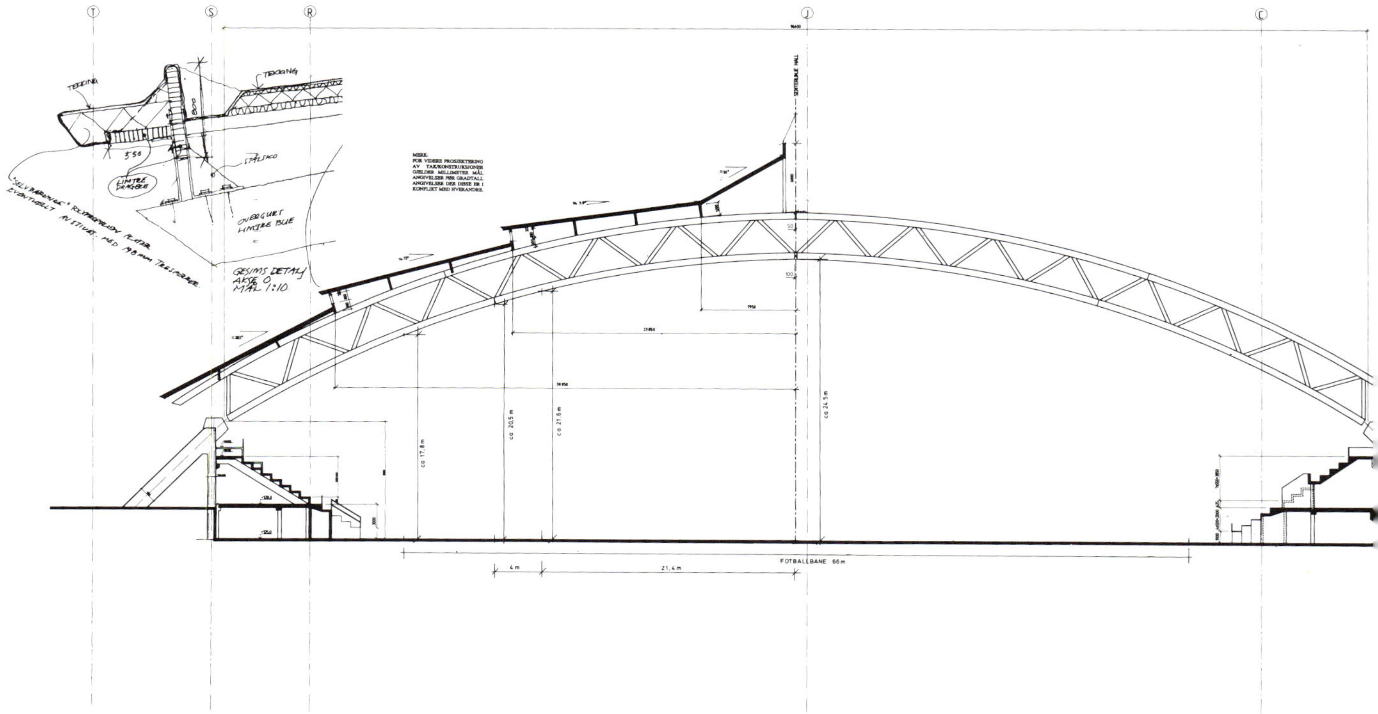

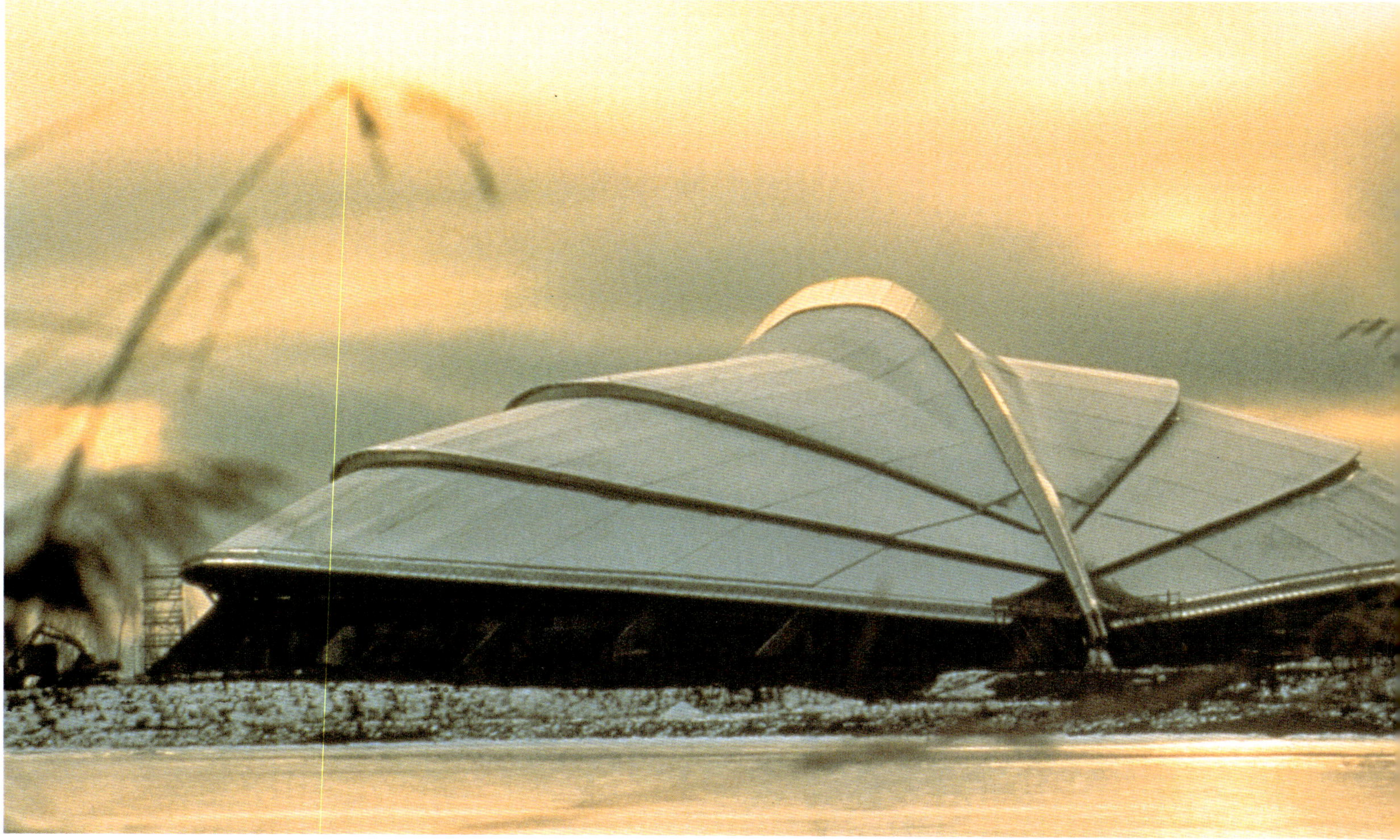

Hamar Olympiahall - Vikingeskipet

Niels Torp A/S Arkitekter MNAL, Biong & Biong Arkitektfirma A/S

Completion Date: 1992
Location: 2300 Hamar (Norway)
Client/Promoter: Hamar Olympiske Anlegg (HOA)
Collaborators: Niels A. Torp (NT), Terje Rorby (B & B), Kjell Beite (NT), Paul Henrik Biong (B & B), Jan Inge Lindeberg (NT), Knut Ramstad (NT), Morten Meyer (NT), Merete Nydal (B & B)

Of the many problems presented by sports architecture, two are particularly difficult due to their clear relationship with landscape design: location and the sheer size of the installations. These are closely linked, as size determines location. Large sports facilities often have to be sited on the outskirts of major cities, causing direct conflict with the surrounding landscape.

The brilliant solution to this problem by the companies Niels Torp and Biong & Biong is one of their greatest achievements in this joint project. The construction of a monumental Olympic stadium (with an area of 22,000 m^2, volume 400,000 m^3 and 11 levels) on the edge of the Norwegian city of Hamar presented serious problems from the landscaping point of view. The authors have resolved the possible risks of environmental impact through a daring aerodynamic design that fits perfectly into its cultural and natural context.

Niels A. Torp's studio has one of the most solid track records in Scandinavian architecture. It emerged from the former company Torp+Torp Arkitekter MNAL, and has a team of over 60 employees with offices in Oslo, London and Gothenburg. Their work covers practically

Cross-section of the stadium, with some structural details.

A magnificent view of the Olympic stadium at sunset.

Sección del estadio, con algunos detalles estructurales.

Magnífica vista crepuscular del estadio olímpico.

all areas in this creative field, and is always based on two fundamental parameters: respect for human scale and the rejection of static formalisation.

Since 1976, the company has been responsible for some of the best-known projects in Scandinavian architecture: the headquarters of Savingsbank NOR in Oslo; the restructuring of the Militærhospitalet, also in the Norwegian capital (Europa Nostra award 1984); the residential development of Giskehagen; the 2,000-m² Bærum Verk shopping centre; the headquarters of Den Norske Bank Aker Brygge; and the restoration of a building in Dronningensgt Street. They are currently working on projects in five European countries, including Great Britain and Germany.

They take advantage of advanced computer systems, as can be clearly seen in their design for this ice-sports stadium. This project's main problems (apart from the budget) were related to its location. The magnificent natural surroundings of the Akersvika plain on the outskirts of Hamar, partially spoilt by the indiscriminate construction of mediocre buildings, provided a privileged site that required the utmost respect.

The specific site was chosen for its communications infrastructure, particularly the new main road joining Vangsveien and Stangeveien. To minimise the negative impact on the surroundings, silver birches were planted in a geometric design.

The aim of this strategy, which required the collaboration of the Hedmark municipal authorities was to "connect" the aerodynamic form of the building, the main road and the surrounding environment. Although the site's landscape design has not yet reached full maturity, one can appreciate its ecological value.

Also regarding location, the authors have chosen to integrate the bulky building within its natural context. To do this, the stadium was built on a gravel platform that moulds itself to the undulations of the relief and also confronts the urban landscape through the parking area, where there is a sequential plantation of trees. Here, the gentle slope has been emphasised by a row of flagpoles and a sculpture by Carl Nesjar.

From the architectural point of view, the project concentrated on achieving the most appropriate volume to meet the aesthetic needs of the site as well as the functional needs of the programme. A cultural reference places the building at the heart of Norwegian tradition; the stadium's shape and form is symbolically based on the Oselver, boats with low hulls that have been built here for over 1,000 years. Added to this historical detail is the fact that the project uses the latest computer technology; the appropriate shape for the Olympic pavilion was found by using numerous models and ship-design computer programmes (Birger Kullmann) and three-dimensional CAD systems. The construction company Moelven contributed to the final success of the project with their precision manufacture of the large structural parts.

The project's best achievements in terms of construction can be found in the building's impressive roof. The colossal laminated wooden arches, with ten different spans and a maximum height of 97 m, form the structural base of the stadium. Steel joints were used where they meet the concrete framework. Throughout the project special importance was also placed on natural light and clarity of form. Glass strips were placed in the intersection of the arched pieces to allow natural light to enter. Vertical sheets of glass or polycarbonate were used in an attempt to enhance and emphasise the rhythm and dynamics of the major structural elements.

Colour tones and textures were also used to give the project its definitive personality. The roof was painted in shades of blue-grey to emphasise its relation with the horizon, while the concrete framework was left in its original state, without special treatment. A lively, festive green was used to symbolise sport and natural activities, and was also used extensively inside. The Olympic colours were used to emphasise signs. In terms of both form and function, this project demonstrates its respect for, and its desire to integrate with, its natural context.

Entre los mayores conflictos que genera la arquitectura deportiva, destacan dos por su acusada relación con la actividad paisajística: el tema del emplazamiento y el de las colosales dimensiones de las instalaciones. Ambos están estrechamente vinculados, porque el segundo factor determina al primero. Con frecuencia, los grandes pabellones deben ubicarse en las afueras de los núcleos urbanos, entrando directamente en conflicto con el paisaje de la zona.

La brillante resolución de esta problemática constituye uno de los grandes logros del proyecto que han realizado en conjunto las firmas Niels Torp y Biong & Biong. La construcción de un monumental estadio olímpico (con una superficie de 22.000 m², 400.000 m³ de volumen y 11 niveles de altura) en la periferia de la ciudad noruega de Hamar planteaba serios conflictos desde el punto de vista paisajístico. Los autores han solventado los posibles riesgos de impacto ambiental mediante un diseño audaz y aerodinámico que, sin embargo, se integra a la perfección en el contexto cultural y natural que lo circunda.

No en vano, la compañía de Niels A. Torp posee una de las más sólidas trayectorias de todo el panorama arquitectónico escandinavo. Surgida de la histórica firma Torp+Torp Arkitekter MNAL, la empresa posee un equipo de más de 60 empleados y sedes en Oslo, Londres y Göteborg. Su labor abarca prácticamente todos los ámbitos de esta parcela creativa, siempre atendiendo a dos parámetros fundamentales: el respeto por la escala humana y el rechazo a la formalización estática.

Desde 1976, la empresa ha llevado a cabo algunos de los más reconocidos proyectos de la arquitectura escandinava: la sede de Savingsbank NOR en Oslo; la reestructuración del Militærhospitalet, también en la capital noruega (premio Europa Nostra 1984); la urbanización Giskehagen; los 2.000 m² del centro comercial Bærum Verk; la sede de Den Norske Bank Aker Brygge; y la restauración de un edifi-

The fluidity and dynamism of the structural lines are among the project's best achievements.

Detail of the mountings.

Structural detail.

Interior view of the large ice rink.

Structural clarity is also in evidence inside the stadium.

La fluidez y el dinamismo de las líneas estructurales son algunos de los mejores logros del proyecto.

Detalle del anclaje sobre el terreno.

Detalle estructural.

Toma interior de la gran pista de hielo.

La claridad estructural se percibe también en el interior del estadio.

cio en la calle Dronningensgt. En la actualidad, están realizando proyectos en cinco países europeos, entre ellos Gran Bretaña y Alemania.

Su metodología laboral utiliza las ventajas de los sistemas informáticos más avanzados, algo que se percibe claramente en el diseño de este estadio para la práctica de deportes sobre hielo. Los problemas más importantes del proyecto (además de los presupuestarios) se referían a la temática del emplazamiento. El magnífico entorno natural de la llanura de Akersvika, seriamente dañado por la construcción indiscriminada de mediocres edificios en la periferia de Hamar, constituía un lugar privilegiado que, sin embargo, debía ser profundamente respetado.

La ubicación se decidió en virtud de las infraestructuras de comunicación, aprovechando la situación de la nueva carretera que une Vangsveien y Stangeveien. Para minimizar el impacto negativo en el entorno, se optó por una plantación de abedules plateados, basada en un diseño de racionalidad geométrica. El objetivo de esta estrategia, para la cual se requirió la colaboración de las autoridades municipales de Hedmark, consistía en conectar entre sí la aerodinámica morfología del edificio, la carretera y el entorno circundante. Aunque la planificación paisajística del lugar no ha llegado aún a su plena madurez, ya se puede percibir su plena validez ecológica.

Incidiendo en el tema del emplazamiento, los autores han apostado por la integración del volumen constructivo en el contexto natural. Con esa finalidad, el estadio se ha emplazado sobre una plataforma de grava que se amolda, por una parte, a las ondulaciones del terreno y, por la otra, se enfrenta al paisaje urbano a través de la zona de aparcamientos, secuenciada mediante la plantación de árboles. En este sector, la suave pendiente se ha visto enfatizada por la hilera de mástiles de banderas y por una escultura de Carl Nesjar.

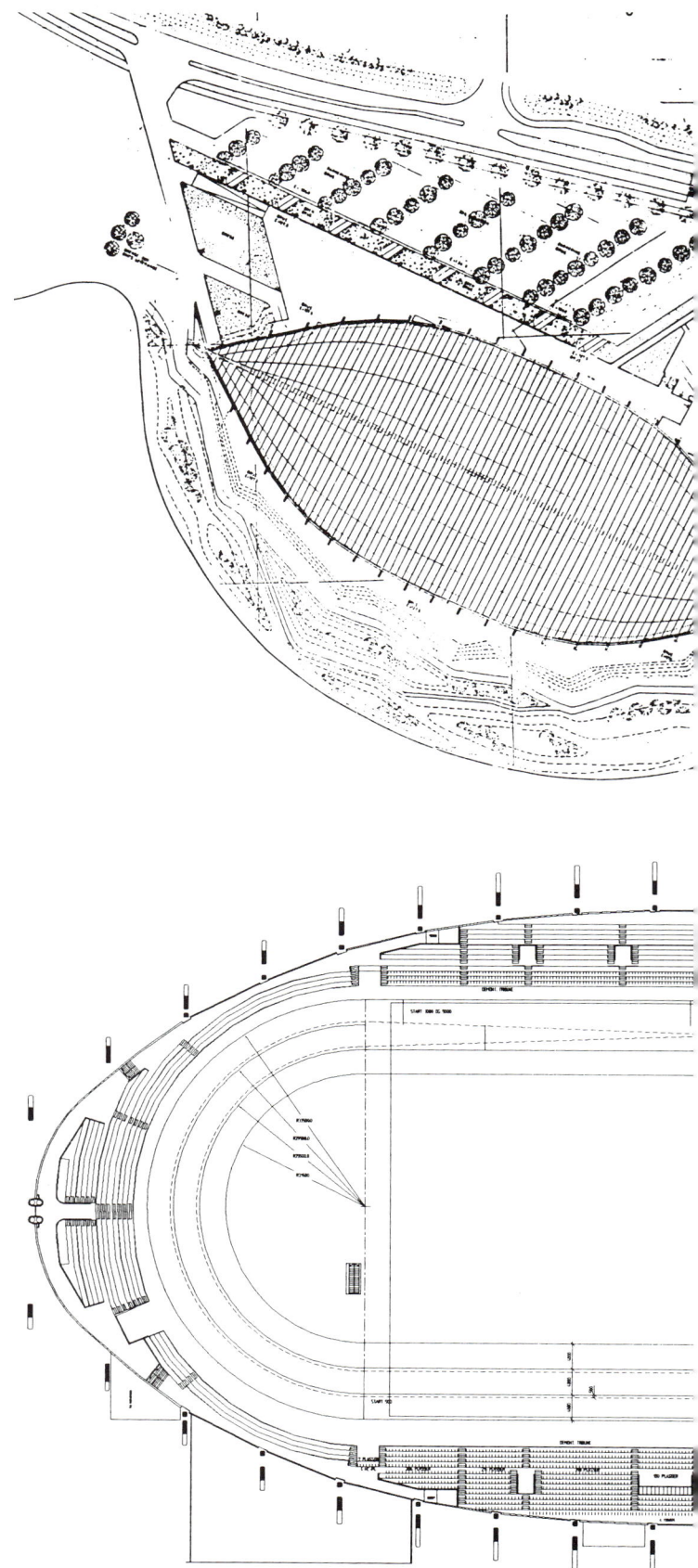

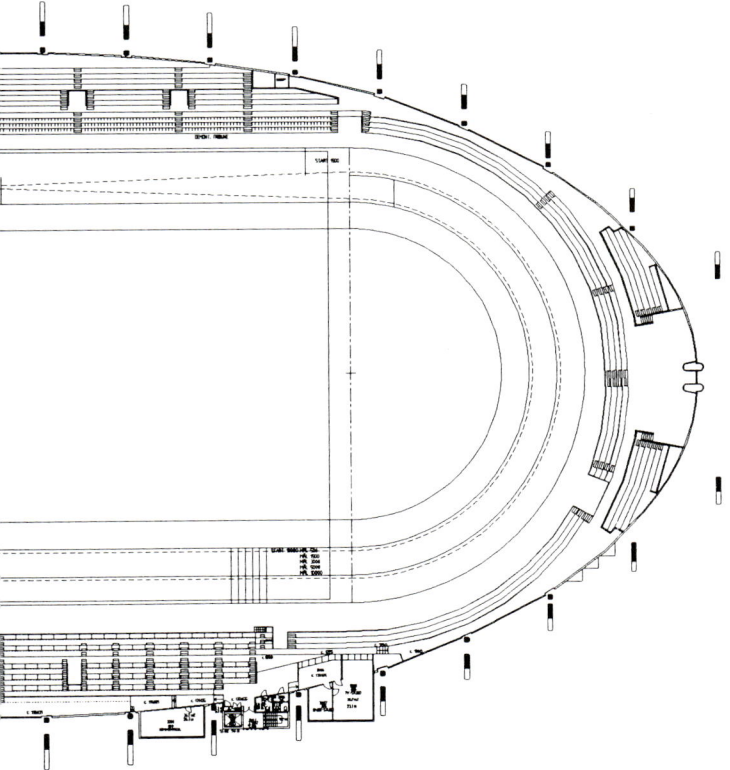

Desde un punto de vista arquitectónico, el proyecto se concentró en la consecución de la volumetría más adecuada a las necesidades estéticas del lugar y a las funcionales del programa. La referencia cultural que contextualiza la obra en el seno de la tradición noruega son los Oselver, barcos de casco bajo que, construidos desde hace más de 1.000 años, constituyen la base simbólica de la morfología del estadio. A esta reminiscencia historicista se suma un dato que relaciona el proyecto con la más innovadora tecnología infórmatica: mediante numerosos modelos, programas computerizados de diseño de embarcaciones (Birger Kullmann) y el sistema CAD para la visualización en tres dimensiones se consiguió encontrar finalmente la forma adecuada para el pabellón olímpico. La empresa constructora Moelven tuvo mucho que ver en el éxito final del proyecto, por su precisión en la fabricación de las grandes piezas estructurales.

En la impresionante cubierta del edificio se encuentran los mejores logros constructivos de la intervención. Los colosales arcos de madera laminada, con un total de diez luces diferentes y una máxima de 97 m, constituyen la base estructural del estadio. En su encuentro con el armazón de hormigón se utilizaron juntas de acero. También se prestó especial importancia a la iluminación natural y a la claridad formal del proyecto. En el primer aspecto, se dispusieron franjas acristaladas en la intersección de las piezas arcadas. En el segundo sentido, se pretendió acentuar el ritmo y la dinámica de los elementos estructurales más destacados, resaltándolos mediante láminas verticales de cristal o policarbonato.

Asimismo, se apostó por la utilización de cromatismos y texturas que otorgaran su personalidad definitiva al proyecto. Para enfatizar su relación con el horizonte, se procedió a pintar la cubierta con tonalidades azulado-grisáceas. En cambio, el armazón hormigonado permaneció en su estado original, sin tratamientos especiales. También se utilizó un color alegre, un verde festivo que simbolizaba el deporte y las actividades naturales. Este mismo cromatismo se empleó profusamente en el interior, donde también predominan los colores de la paleta olímpica para concretar las señalizaciones. Tanto en su aspecto formal como funcional, la intervención revela su respeto y su afán de integración en el contexto natural.

In the construction, solid mounting parts contrast with the lightness of the roof parts.

The colossal wooden arches are one of the most spectacular achievements of the stadium.

Map of the ball's location within the city of Hamar.

Ground plan of one of the intermediate levels of the stadium.

En la construcción se combinaron la solidez de las piezas de anclaje con la levedad de las de la cubierta.

Los colosales arcos de madera son uno de los más espectaculares logros del estadio.

Plano del emplazamiento del pabellón en la ciudad de Hamar.

Planta de uno de los niveles intermedios del estadio.

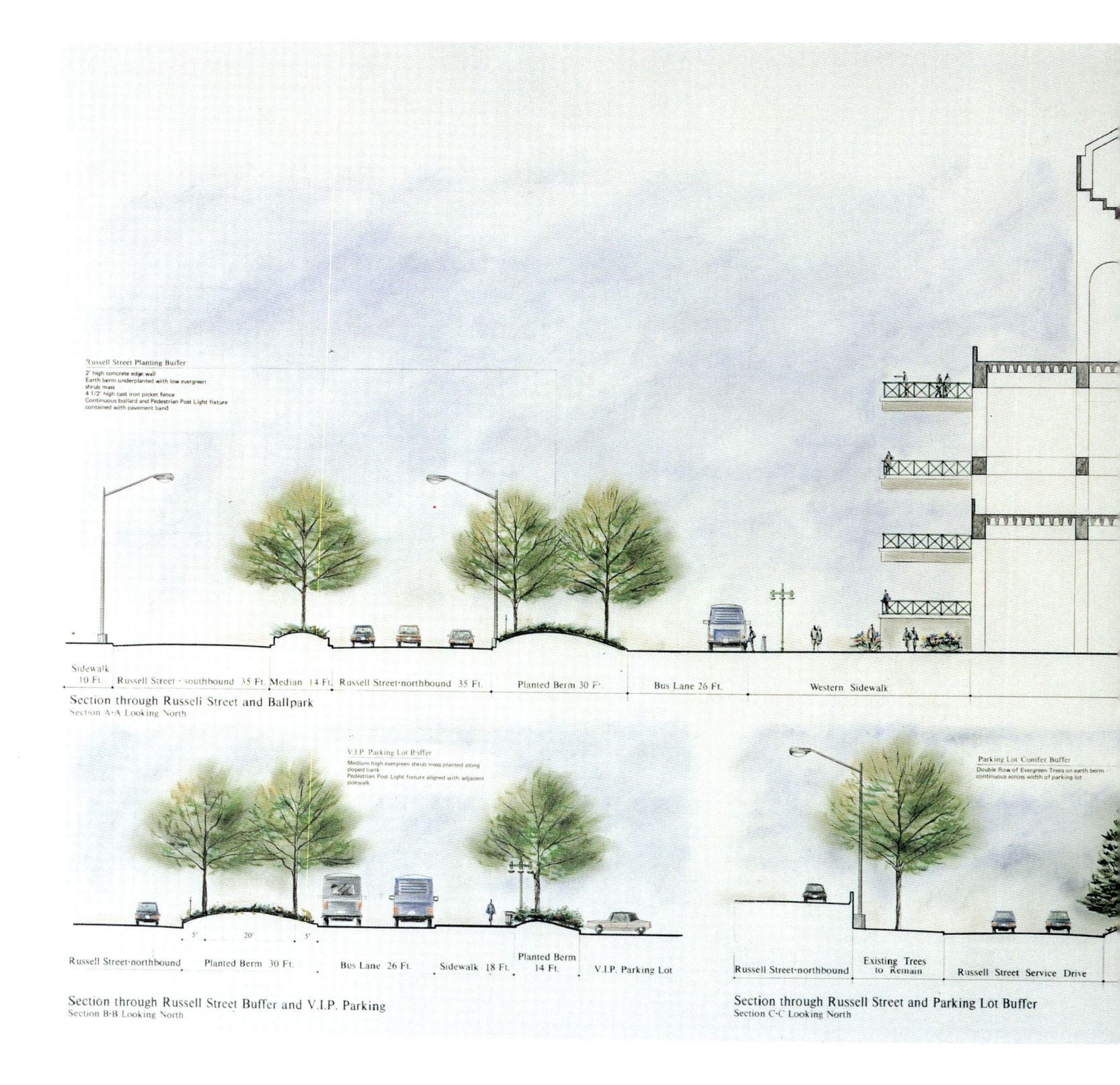

Russell Street Planting Buffer
2' high concrete edge wall
Earth berm underplanted with low evergreen shrub mass
4 1/2' high cast iron picket fence
Continuous bollard and Pedestrian Post Light fixture contained with pavement band

| Sidewalk 10 Ft. | Russell Street - southbound 35 Ft. | Median 14 Ft. | Russell Street - northbound 35 Ft. | Planted Berm 30 Ft. | Bus Lane 26 Ft. | Western Sidewalk |

Section through Russell Street and Ballpark
Section A-A Looking North

V.I.P. Parking Lot Buffer
Medium high evergreen shrub mass planted along sloped bank
Pedestrian Post Light fixture aligned with adjacent sidewalk

| Russell Street - northbound | Planted Berm 30 Ft. | Bus Lane 26 Ft. | Sidewalk 18 Ft. | Planted Berm 14 Ft. | V.I.P. Parking Lot |

Section through Russell Street Buffer and V.I.P. Parking
Section B-B Looking North

Parking Lot Conifer Buffer
Double Row of Evergreen Trees on earth berm continuous across width of parking lot

| Russell Street - northbound | Existing Trees to Remain | Russell Street Service Drive |

Section through Russell Street and Parking Lot Buffer
Section C-C Looking North

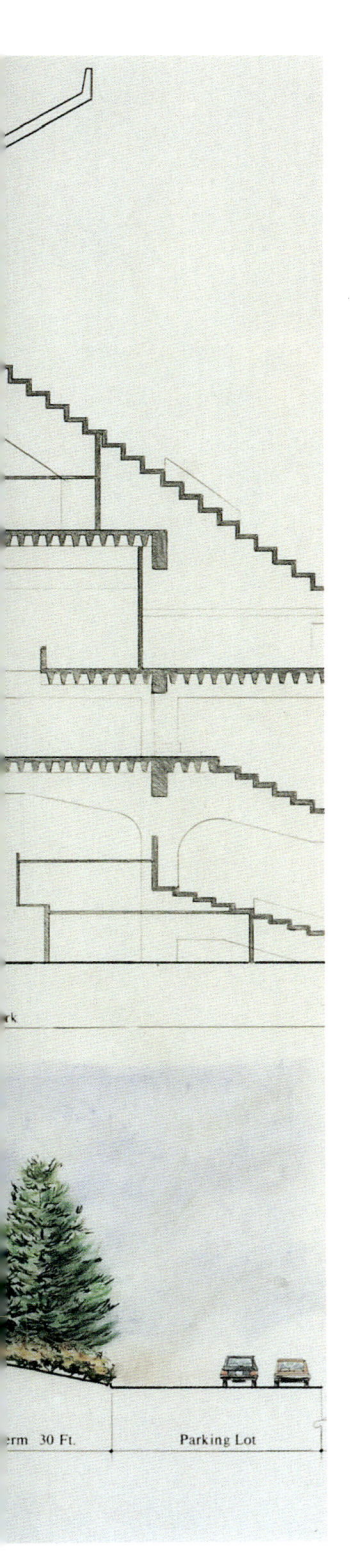

Oriole Park
Hellmuth, Obata & Kassabaum (HOK)

Completion date: 1992
Location: Baltimore, Maryland, USA
Client/Promoter: Maryland Stadium Authority and Baltimore Orioles
Collaborators: Joseph Spear (Principal-in-Charge/Principal Designer); Steve Evans (Project Manager); Ben Barnert (Senior Project Architect)

The large scale of popular sporting events makes it necessary to locate these installations in sites that are easily accessible to the public. However, there is a risk that these large structures may rupture the framework of the city by imposing their own formal and monolithic hierarchy and thus spoiling their urban surroundings. The importance of this project by Hellmuth, Obata & Kassabaum (HOK), a baseball stadium for the Maryland Stadium Authority and the Baltimore Orioles, lies in its avoidance of possible negative environment impacts, and its pursuit of both physical and conceptual integration with its surroundings.

This connection was achieved by an approach based on two factors. The first was the nostalgic evocation of tradition, rescuing the architecture and the sporting spirit of the past. The second was their adaptation to modern functional requirements, in terms of both spectator and competition facilities.

The project rejects the self-centred conception imposed in the 1970s and 1980s, seeking instead to integrate itself into its urban surroundings on the basis of a masterplan that took all the program requirements into account. These included communications infrastructure, landscaping the external spaces, integrating them in a natural manner into the layout of the city's traffic system, and solving the specific problems of a baseball stadium and adapting it to the site's traditional architecture.

These sections show different solutions to the problem of parking.

Estas secciones muestran distintas soluciones dadas al problema del estacionamiento.

The nearly 40 years of experience HOK has accumulated since its foundation in 1955 are the basis for this high-quality project. The company has a workforce of 900 professionals, with 140 architects, planners and support personnel working in the HOK Sports Facilities Group, a section specialised in the planning of sporting installations. The solid record of this American company, considered the most important design firm by Engineering News Record's 1992 survey, and second in the Building, Design and Construction 1992 Survey, is based on excellent coordination of its full range of services, including architecture, engineering, landscaping, interior and graphic design, delineators, and computer systems planning.

HOK has completed more then 200 sports projects, including the Olympic Center Arena in Lake Placid for the 1980 Winter Olympics; the Stanford (1985) and San Diego (1988) Superbowls; the tennis installations at Flushing Meadow, New York; the 50th Anniversary Major League All-Star Game at Comiskey Park; the NCAA Final Four 1988-1991 (architectural consultants); several world-class university competitions; and the planning of the bids by Manchester for the 2000 Olympics and Puerto Rico for the 2004 ones.

The nostalgia shown by this award-winning project, far from being backward-looking or impoverishing, introduces historical touches and details that reconcile the stadium with the history of the city. This is not only present in the architectural and stylistic recreation of the past, but also in the recovery and integration of some of the most symbolic features of the city's layout. This plan for the 80 acre of the Camden Yards respects the presence of some adjacent features, such as Baltimore's Inner Harbor Development, and emphasises other nearer ones, such as the historic Camden Railroad Station building and the B&O Railroad Warehouse.

With respect to the latter building, HOK's intentions went beyond abstraction to reach physical reality: the construction's decorated brick, windows adorned with arches and elaborate cornices, all of which were going to be demolished were rescued to form part of the new installation. This achieved two objectives, to restore the traditional urban landscape and to use the original architecture as the formal inspiration for the stadium. This contrast between traditional and new, proportionally increased, forms the basis of the project.

The stadium perimeter was conditioned by the quirky outline of the playing field. The relation between the interior and the exterior was strengthened to transmit the sporting atmosphere to the daily life of the city. In keeping with the project's traditional character, steel was used in the structural system, and this stands out above the brick facade with elegance and simplicity. Furthermore, great attention was paid to the formal details: the shape and colour of the 48,000 seats, the design of handrails, sunroof, graphics, etc. The scheme also uses the B&O Railroad Warehouse to house several services.

The project idealises its relation to the city and the immediate surroundings. This is clear in the alignment of the facades on Camden Street and the Camden Railway Station, the arrangement of several focal points that regulate the different viewlines and the formal elements that adorn doors B and C, over the southern entrance from Eutaw Street.

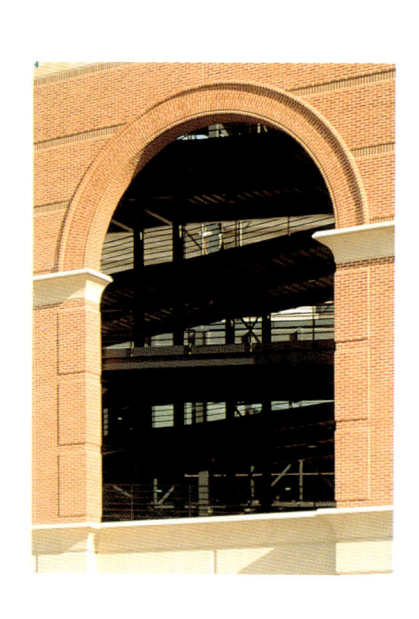

On the Camden Street side there is a slightly sunken surface that is structured into several levels, conceived as a park, with seating areas and well-designed paving. Evergreen trees have been arranged following the design of the stadium's arches. In terms of environmental impact, special attention was paid to parking facilities. The 5,000 parking spaces are arranged around the stadium following a strategic distribution system, based on alternating pedestrian and traffic accesses, with separations and planted borders. The plantings combine deciduous shrubs of different heights with trees that are more vertical. One of the most noticeable features is the choice of conifers for use in strategic places, and the conservation of some specimen trees, in keeping with the maintenance of the traditional spirit of the site.

Brick, metal structures and recently planted vegetation interrelate in the design.

View of one of the large arches, inspired by the site's architecture.

General view of the stadium's city site.

Aerial perspective showing the unusual relation between the interior and the exterior.

Ladrillo, estructuras metálicas y una incipiente vegetación se interrelacionan en el diseño.

Vista de uno de los grandes arcos, inspirados en la arquitectura del lugar.

Vista general del enclave urbano en el que se asienta el estadio.

Perspectiva aérea que evidencia la singular relación entre interior y exterior.

La popularidad de los deportes de masas obliga a ubicar las instalaciones en enclaves de fácil accesibilidad para el público. Sin embargo, se corre el riesgo de que esos grandes volúmenes constructivos irrumpan en el entramado de la ciudad imponiendo su jerarquía formal y monolítica, y transgrediendo el entorno urbano. La importancia de este proyecto de Hellmuth, Obata & Kassabaum (HOK), un estadio de béisbol para el Maryland Stadium Authority y el Baltimore Orioles, reside en evitar los posibles conflictos de impacto negativo en el contexto ambiental, apostando por la voluntad de integración, tanto desde un punto de vista físico como conceptual.

Esta conexión se ha llevado a cabo a partir de un enfoque establecido en dos direcciones: por una parte, la evocación nostálgica de lo tradicional, recuperando la arquitectura y el espíritu deportivo del pasado; por otra, la adaptación de esos principios a una funcionalidad adecuada al momento actual, tanto en lo referido a los espectadores como a los equipamientos de competición.

De esta manera, el proyecto huye de la concepción egocéntrica impuesta en las décadas de los setenta y ochenta para integrarse en el entorno urbano a partir de una planificación general que contempla todas las necesidades del programa: infraestructuras de comunicación; adecuación paisajística de los espacios exteriores, integrándolos con naturalidad en el trazado viario de la ciudad; y resolución formal adaptada a los usos específicos del estadio de béisbol y a la arquitectura tradicional del lugar.

Los cerca de 40 años de experiencia de la compañía HOK, fundada en 1955, avalan la calidad de este proyecto. De los 900 profesionales que integran la firma, unos 140 forman parte del HOK Sports Facilities Group, una sección especializada en la planificación de equipamientos deportivos. La solidez de la empresa estadounidense, reconocida como una de las más poderosas compañías creativas en estudios como el Engineering News Record's de 1992 o el Building, Design & Construction 1992 Survey, está fundamentada sobre la perfecta coordinación de todos los ámbitos que abarca, tales como la arquitectura, ingeniería, paisajismo, interiorismo, grafismo, delineación y planificación por sistemas informáticos.

Entre las más de 200 intervenciones deportivas realizadas por HOK Sports Facilities Group cabe destacar: el Olympic Center Arena en el Lake Placid para los Juegos de Invierno de 1980; la Super Bowl de Stanford (1985) y la de San Diego (1988); las instalaciones tenísticas de Flushing Meadow, en Nueva York; el cincuentenario de la Liga Mayor All-Star en el Comiskey Park; las NCAA Final Four entre 1988 y 1991 (como arquitectos asesores); diversas competiciones mundiales de carácter universitario; y la planificación de la propuesta para las Olimpiadas de Manchester para el año 2000 o las de Puerto Rico para el 2004.

La vocación nostálgica del presente y multipremiado proyecto, lejos de ser retrógrada o empobrecedora, introduce rasgos y matices que reconcilian el estadio con el pasado histórico de la ciudad. Esto no se produce sólo en la recreación estilística y arquitectónica, sino también en la recuperación e integración de algunos elementos emblemáticos del entramado urbano. Así, la planificación de las aproximadamente 32 Ha del Camden Yards respeta la presencia de algunos componentes adyacentes como el Baltimore Inner Harbor Development, y enfatiza otros más próximos como los históricos edificios de la Camden Railroad Station o el B & O Railroad Warehouse.

Con respecto a este último, las intenciones de HOK han trascendido la abstracción para llegar a un ámbito físico: la construcción de ladrillo ornamentado, con ventanas adornadas con arcadas y elaboradas cornisas, que incluso había estado a punto de ser demolida, se ha recuperado para formar parte del diseño de la nueva instalación. De esta manera, se consiguen dos objetivos: se restituye el paisaje urbanístico tradicional; y se utiliza la arquitectura original como inspiración formal del estadio. Esta contraposición entre lo tradicional y lo nuevo, aumentada a una escala proporcional, constituye la base del proyecto.

El formato perimetral del estadio se ha visto condicionado por el peculiar contorno del campo de juego. Se ha perseguido potenciar la relación entre interior y exterior para que el espíritu deportivo se transmita a la dinámica ciudadana. En relación al carácter tradicional de la intervención, se ha empleado el acero en los sistemas estructurales, que sobresalen con elegancia y simplicidad por encima de la fachada de ladrillo; pero, también en este sentido, se han cuidado al máximo los detalles formales: la morfología y el color de los asientos (un total de 48.000 localidades), el diseño de las barandillas y la cubierta de protección, los indicadores gráficos, etc. El programa funcional también aprovecha las dependencias del B & O Railroad Warehouse para ubicar diversos servicios.

No obstante, el proyecto se sublima en su relación con el entorno circundante y la ciudad. Esto se aprecia en la alineación de las fachadas de la Camden Street y de la Camden Railroad Station, la configuración de varios puntos focales que regulen las distintas perspectivas de visión y los elementos formales que enriquecen las puertas B y C, sobre la entrada meridional de la Eutaw Street.

En la vertiente de la Camden Street se ha emplazado una superficie ligeramente deprimida y estructurada en varios desniveles, concebida a manera de parque para el reposo, con zonas de asiento y una muy cuidada pavimentación. Los árboles de hoja perenne se han dispuesto siguiendo el dibujo de arcadas del estadio. Desde el punto de vista del impacto ambiental, se ha prestado especial atención al problema del estacionamiento. Las 5.000 plazas de aparcamiento se reparten en torno al estadio siguiendo un estratégico sistema de distribución, basado en la alternancia de vías de acceso de tráfico rodado y peatonal con medianas y arcenes plantados. Por lo que respecta a la vegetación, se combinan arbustos de hoja caduca de distintas alturas con árboles de mayor verticalidad. Destaca la elección de coníferas en lugares estratégicos y la conservación de algunos especímenes arbóreos, en conexión con la idea de pervivencia del espíritu tradicional del lugar.

The steel structures rise over the brick facade.

The arches and the use of brick reconcile the stadium with the urban environment.

Las estructuras de acero emergen sobre la fachada de ladrillo.

El diseño de ladrillo y arcadas reconcilia el estadio con su entorno urbano.

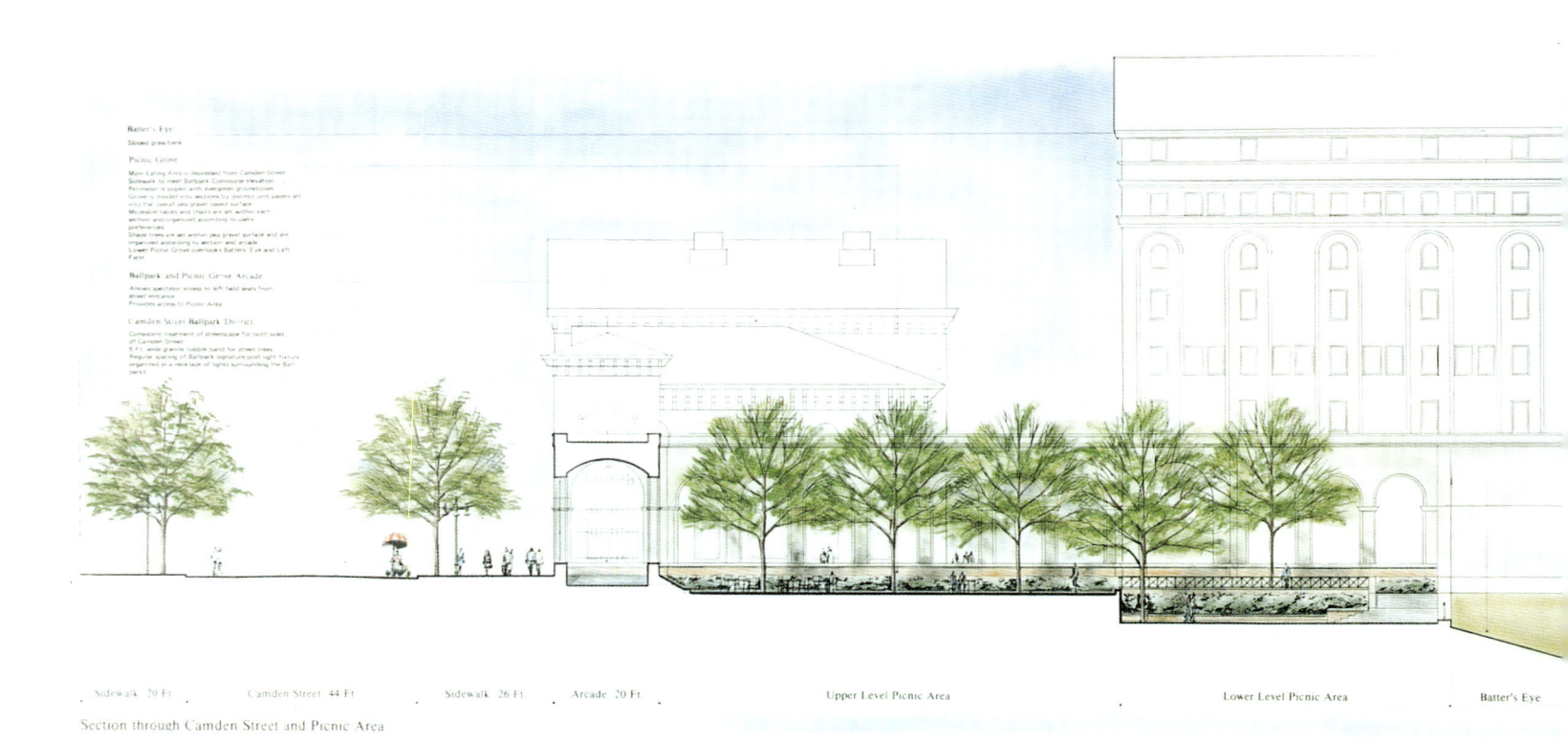

Sidewalk 20 Ft.   Camden Street 44 Ft.   Sidewalk 26 Ft.   Arcade 20 Ft.   Upper Level Picnic Area   Lower Level Picnic Area   Batter's Eye

Section through Camden Street and Picnic Area

228

Ensuring excellent views from all parts of the stadium was one of the main design aims.

Different sections of the stadium's exterior.

Aerial view of the new baseball stadium.

Lograr una visión óptima desde todos los puntos del estadio ha sido uno de los retos del proyecto.

Distintas secciones del exterior del estadio.

Vista aérea del nuevo estadio de béisbol.

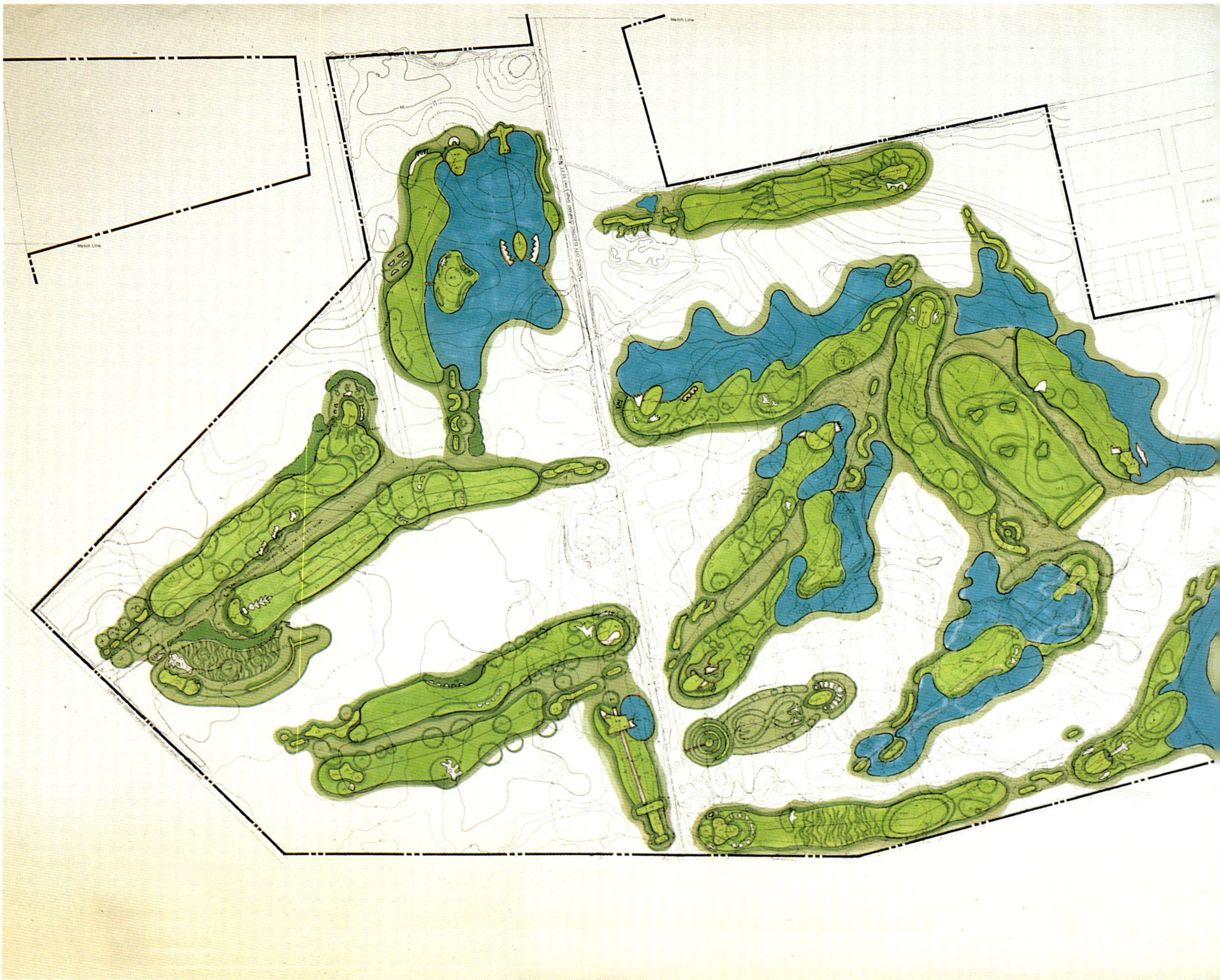

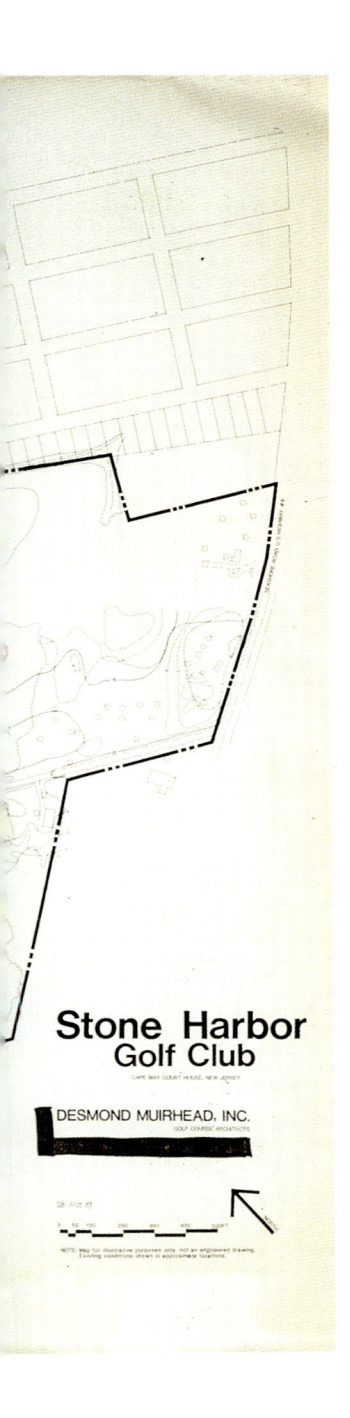

Stone Harbor
Desmond Muirhead

Completion date: 1987
Location: Cape May Court House, New Jersey, United States
Client/Promoter: Gordon Shaffner
Collaborators: Walter Stewart (Desmond Muirhead Inc.)

This project is nothing less than an open-air reunion of the mythological heroes of the past. None of the characters from the oldest legends and sagas, nor the capricious gods that inhabited the ancient world, is missing.

Jupiter, Ulysses, Jason and the Argonauts, Pandora and Siegfried are just some of the characters chosen by the landscaper Desmond Muirhead to lead us by the hand through one of the most daring and innovative golf courses on the east coast of the United States. The Stone Harbor Golf Club is close to Atlantic City, in an area where golf has long been played. This course partially reuses the topography and vegetation of the former golf course constructed by Jack Nugent on the site, and it suggests a new interpretation of the landscape by linking together all the different challenges the observer-player faces in a round into a continuous sequence.

Born in Great Britain and educated at Cambridge University, Desmond Muirhead has great experience at designing golf courses, having designed more than eighty. A gap of almost eleven years divides his activity in this field into two clearly separate periods. In the first period he worked in partnership with some of the most famous names in golf, such as Jack Nicklaus, Nick Faldo, Gene Sarazen and Arnold Palmer. Muirhead has now started to search for a language that can renew a formal tradition that has hardened into apparently permanent stereotypes. His projects throughout the world include the Gymnich Golf Club in Düsseldorf (Germany), the Shinyo Country Club, Nagoya, and the

General plan of the field.

Planta general del campo.

Wakagi Golf Club, Kyushu, both of which are in Japan, the Jasper Park Lodge, Alberta (Canada), or the one immediately before Stone Harbor, the Aberdeen Golf Club in Boynton Beach, Florida (United States). Desmond Muirhead's current professional practise is divided between his offices in California, Florida and Japan. In addition to his architectural activities in the design of golf courses, he has participated in large-scale developments like the Kooralbyn Valley New Town, which, together with three other projects of the same nature, attempt to deal with the urban colonisation of the Australian continent.

The Stone Harbor Golf Course is based on some of the issues that Muirhead had already raised in the Aberdeen course, making them the basis on wich this new proposal stands.

Symbolic references from different mythologies are cleverly woven together following two preferential aims. On the one hand, he has sought to fuse this language of symbols into a single image with the features that make up and characterise an attractive sporting circuit. On the other hand, these references are used as elements to form a memorable experience, identifying and distinguishing the holes, as well as providing them with a logical sequence that allows us to understand the whole round as an experience with an overall meaning. What happens in Stone Harbor could not happen, to give two classic examples, in Augusta or in Pine Valley; you can distinctly remember each one of the holes. From the tee on the first to the green on the eighteenth hole, the round can be reconstructed on the basis of all the literary images evoked by the design.

The seventh hole serves perfectly to illustrate the method applied throughout the project. It is called clashing rocks and represents the episode in Jason's quest for the Golden Fleece when the valiant crew and captain had to cross a dangerous strait with, rocky walls ready to slam shut and squash the intrepid voyagers. This hole inspires fear but promises glory. When ascending the little mound where the tee is located, the golfers realise that they have their backs to the wall. If they wish to pass the test, they must start with a drive straight to the small green, on a ship-shaped island in the middle of a pond, and edged by two toothed bunkers, apparently about to close upon their next victim. Muirhead has thus managed to find symbiosis between his approach to creating scenery and the most demanding requirements of the game, by establishing a parallel between the literary images and the technical difficulties the player must resolve.

The result of all these reflections leads to a radical change in the appearance and meaning of the landscape. However, he has known how to take advantage of the conditioning factors of the pre-existing circuit's vegetation and topography and reinterpret them within a new discourse. Stone Harbor not only sought a design that was sparing in materials, but also has resulted in a golf course with maintenance costs that are less than half of those of a standard course. This did not prevent great care being taken over the details of the scheme. The use of wood as the only construction material in the earth-retaining palisades, as well as defining clear limits between the areas of sand or grass and the water, is in itself a high-quality feature in the definition of the landscape. Unlike the Aberdeen Golf Club, in Stone Harbour there are no groups of trees or isolated trees that may intercept the routes of the lanes or the greens, the former being limited to the adjacent areas. The turf, sand

Hole seven: clashing rocks. Two menacing bunkers surrounding Jason's ship.

Hole seven. A tricky combination of fear and glory.

Hole 15: Tantalus, with a green at the end of a turf peninsula.

Hole six: Beowulf, inspired by the ancient Anglo-Saxon legend.

Hoyo siete: Rocas que chocan. Dos bunkers amenazadores rodeando la nave de Jasón.

Hoyo siete. Un arriesgado pulso entre el temor y la gloria.

Hoyo 15: Tántalo con su green situado al final de una península de césped.

Hoyo seis: Bewoulf, inspirado en un antiguo relato anglosajón.

and water are the only elements used to create the different holes and represent the series of different mythological images. The story of Neptune, Pegasus and Neptune are told to us by this gestalt collage formed by sand traps, mounds of grass and anthropomorphic outlines against the water.

Una reunión al aire libre con los héroes mitológicos del pasado nos aguarda. No faltarán a esta cita los artífices de las más bellas leyendas y sagas, ni los caprichosos dioses que en la antigüedad habitaron el viejo mundo.

Júpiter, Ulises, Jasón y los Argonautas, Pandora o Sigfrido son sólo algunos de los protagonistas elegidos por el arquitecto paisajista Desmond Muirhead para llevarnos de la mano a través de uno de los más atrevidos e innovadores campos de golf de la Costa Este de Estados Unidos. No lejos de Atlantic City, y sobre una extensión de terreno cuya vocación golfística no es nueva, se encuentra el club de golf de Stone Harbor, un ejercicio que aprovecha parcialmente la topografía y la vegetación del antiguo campo de golf construido por Jack Nugent en este lugar, y plantea una nueva lectura del paisaje ligando en una secuencia continua las diferentes experiencias por las que el observador-jugador atraviesa durante el recorrido.

Nacido en Gran Bretaña y formado en la Universidad de Cambridge, Desmond Muirhead cuenta con una larga experiencia en el diseño de campos de golf, con más de ochenta realizaciones en su haber hasta el momento. Cerca de once años de alejamiento dividen su actividad en este campo en dos periodos claramente diferenciados. Tras una primera época en la que destacan sus proyectos en sociedad con algunas de las más grandes figuras del golf, como Jack Nicklaus, Nick Faldo, Gene Sarazen o Arnold Palmer; Muirhead ha iniciado la búsqueda de un lenguaje capaz de renovar la tradición de un discurso formal anclado en unos estereotipos supuestamente inamovibles. Entre sus proyectos, diseminados por los cinco continentes, destacan el club de golf de Gymnich en Dusseldorf (Alemania), el Shinyo Country Club de Nagoya y el club de golf Wakagi de Kyushu (ambos en Japón), el Jasper Park Lodge en Alberta (Canadá) o el precedente más directo de Stone Harbor: el Aberdeen Golf Club situado en Boynton Beach, Florida (Estados Unidos). Desmond Muirhead actualmente ejerce su actividad profesional a caballo entre sus despachos de California, Florida y Japón. Además de su actividad como arquitecto diseñador de campos de golf, ha realizado proyectos urbanísticos de envergadura como la Kooralbyn Valley New Town, que, junto a otros tres proyectos del mismo tipo, aborda el problema de la colonización urbana del territorio australiano.

El campo de golf de Stone Harbor toma como punto de partida algunas de las ideas que Muirhead ya había planteado, de manera particular en Aberdeen, para convertirlas en la base del planteamiento general de esta nueva propuesta.

Referencias simbólicas con distintas raíces mitológicas son hábilmente entramadas siguiendo dos objetivos preferenciales. Por un lado se ha pretendido fusionar en una misma imagen este lenguaje de símbolos con los elementos que constituyen y caracterizan un recorrido deportivamente atractivo. Por otro lado, estas referencias son utilizadas como elementos configuradores de una experiencia memorable, como

Hole 4: Pegasus. The intrepid golfer will need a long drive to get over the grass traps.

Hoyo cuatro: Pegaso. El jugador valiente necesitará un golpe largo para salvar las trampas de hierba.

señales de identidad que distinguen entre sí a los diferentes hoyos, además de investirles de una lógica secuencial que nos permite entender la totalidad del recorrido como una experiencia dotada de una significación global. En Stone Harbor sucede algo que difícilmente ocurriría en Augusta o Pine Valley, por mencionar dos ejemplos clásicos: se pueden recordar todos los hoyos uno por uno. Desde el *tee* del uno hasta el *green* del hoyo 18, se podría reconstruir todo el recorrido a partir de las diferentes imágenes literarias evocadas por la forma.

El séptimo hoyo, denominado *clashing rocks* (rocas que chocan) sirve a la perfección para ilustrar el método seguido en el resto del proyecto: escenifica el episodio de la epopeya de Jasón y los Argonautas, cuando, en su singladura tras las huellas del mítico vellocino de oro, la tripulación y su capitán han de salvar un peligroso estrecho cuyas paredes rocosas se cierran con la intención de aplastar a los osados viajeros. Ante nosotros se presenta un cuadro que inspira temor pero que promete la gloria. El jugador que se dispone a afrontar este hoyo toma conciencia, desde la magnífica atalaya en donde se encuentra el *tee* o salida, de que se halla entre la espada y la pared. Si quiere superar la prueba, está obligado a jugársela con un golpe que le conduzca hacia un diminuto *green*, hacia una isla en forma de nave situada en el medio de un estanque, con la poco agradable compañía de una pareja de bunkers dentados, dispuestos a cerrarse en cualquier momento sobre su víctima. Muirhead ha conseguido de este modo hallar la simbiosis entre su actitud escenificadora y los condicionantes más exigentes del juego, al establecer un paralelo entre las imágenes literarias y las dificultades técnicas por las que ha de atravesar el jugador.

El resultado de todas estas reflexiones conduce hacia un cambio radical de la apariencia y significado del paisaje que, no obstante, ha sabido aprovechar con inteligencia los condicionantes de la vegetación y de la topografía del recorrido preexistente, y reinterpretarlas dentro de este nuevo discurso. Stone Harbor no sólo ha buscado un diseño realizado con una gran economía de medios, sino que ha conseguido ser un campo de golf cuyos gastos de mantenimiento han quedado reducidos a menos de la mitad de los necesarios para un recorrido estándar. Todo ello no ha resultado un inconveniente que impidiese cuidar al máximo los detalles. El uso de la madera como único material constructivo para las empalizadas de contención de tierras, además de haber conseguido perfilar unos límites bien dibujados entre las superficies de hierba o de arena y de agua, ha constituido por sí mismo un elemento expresivo de gran calidad para la definición del paisaje. En el apartado de la vegetación, al contrario que en el club de golf Aberdeen, en Stone Harbor no encontraremos masas de arbolado ni árboles aislados que puedan interceptar el recorrido de las calles o de los *greens*, quedando aquéllas reservadas para las áreas adyacentes. Tanto el césped como la arena y el agua serán aquí los únicos encargados de formalizar los diferentes hoyos escenificando la sucesión de los distintos cuadros mitológicos. Los avatares de Neptuno, Pegaso o Jasón se nos revelarán como un *collage* gestáltico en forma de trampas de arena, de montículos de césped y de perfiles antropomórficos recortados en el agua.

Aerial view of hole two, known as Ulysses.

The green in the foreground is board-shaped an the tee is raised high above the water.

Hole 12: Pandora. The long sand trap hypnotises the players.

Vista aérea del hoyo dos, denominado Ulises.

El green situado en primer término parece flotar como un barco, el tee se ha colocado a mayor altura, por encima del nivel del agua.

Hoyo 12: Pandora. La larga trampa de arena hipnotiza a los jugadores.

238

Aerial view of hole seven, known as Clashing Rocks.

Panoramic view of hole two, Ulises.

Vista aérea del hoyo número siete, denominado Clashing Rocks.

Panorámica del hoyo dos, Ulises.

239

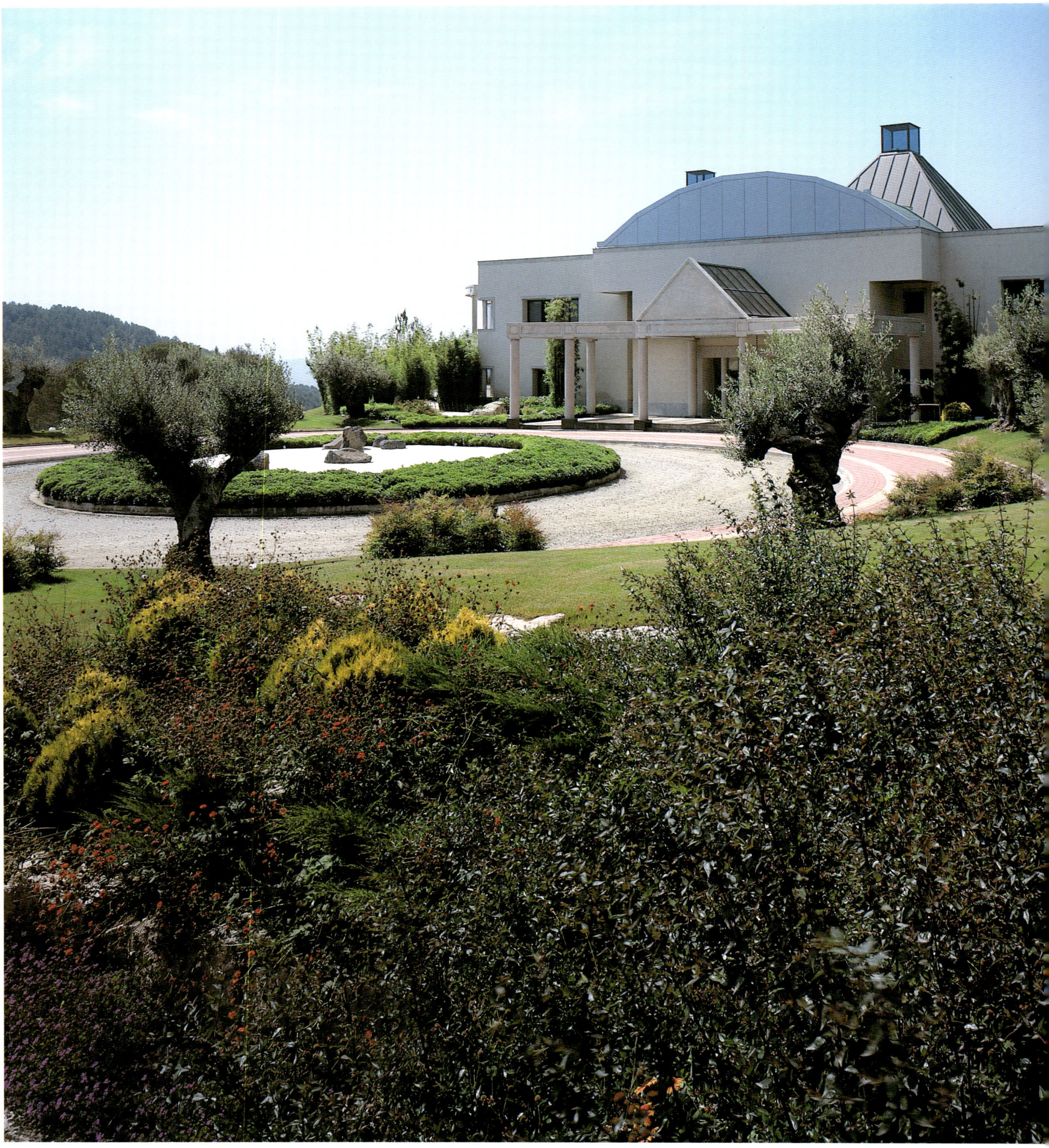

Caldes International Golf Course
Ramón Espinosa / Takenaka España

Completion date: 1993
Location: Zona Can Regasol, Caldes de Montbui, Barcelona, Spain
Client/Promoter: Spain ITC S. A.
Collaborators: Garden & Golf S. A. (construction)

The growing popularity of golf over the last decades has been accompanied by an increase in the number of golf courses and clubs, allowing more people to practice this sport. This phenomenon responds without doubt to the essential characteristics of golf, a sport that is a reencounter with nature and serves to combat the pressures of today's stressful lifestyle.

Not everything is idyllic, however, in the world of golf. Voices are often heard criticising this false domestication of the natural landscape and the environmental impact of constructing a golf course. The project discussed in this article, the Caldes International Golf Course, is a brilliant example of how to reach a compromise between respect for environmental conditions and sporting needs.

This project's calibre is mainly due to Ramón Espinosa G. Bermúdez, a leading international expert on the design and construction of golf courses. His knowledge and experience are guaranteed by his training as a Golf Course Architect and his doctorate in Agricultural Engineering from Madrid University. He is also the president of the prestigious European Society of Golf Course Architects (ESGA). Over almost 30 years his career has included the completion of a large number of golf courses, and essential works on the subject, such as "On golf courses and their effects on nature and the ecological system".

View of the circular plaza in front of the club house.

Vista de la plaza circular que da acceso al Club House.

From his main office in Madrid, Espinosa has worked with the most important golf architects in the world, such as Gary Player, Javier Arana, Robert Trent Jones, John Harris and Bob Putman. Although most of his work has been in Spain, he has also carried out projects in Europe and Africa. Among his most important works are Golf La Toja in Pontevedra, the Golf del Mediterráneo in Borriol (Castellón), the Golf Granada, the extension of Golf Llavaneras and the design of Golf Can Bosch (both in Barcelona province).

As well as Espinosa's work, we must mention that of the Spanish subsidiary of the Japanese company Takenaka. This international company with a multidisciplinary structure was commissioned to design and construct the installations for the course's social facilities. The 4,000-m^2 club house, to be joined later by the 6,000-m^2 Bussine's Lodge building, have been designed by Takenaka España based on the search for a harmonic combination of architecture, sport and landscape.

Returning to the main subject of the article, Espinosa's design of this golf course is based on the experience accumulated during his professional career. The Spanish architect is aware of the many factors influencing the design and performance of these installations; the relief, the climate, the nature of the club to be built, relations with the municipal authorities, and as an underlying premise, respect for the natural environment.

In addition to these ecological questions, there is a more pragmatic aspect, derived from the way the sport is played, i.e., the actual design of the course. Espinosa is well aware that the nature of the route, the strategic arrangement of the holes and contact with the environment are the most attractive features of a golf course. This should encourage the golfer, provoking him with new ever-changing situations. For this reason, the 18 holes that form the course (6,125 m, par 72), the practice area, two putting greens and the approach to the club house form an extraordinary and varied mosaic of playing possibilities that makes the course into a symphony of magic moments for the player.

In cases like this, the planning process is closely connected to the phases of construction. Espinosa's views on the need to change the relief meant that he had to make frequent visits to the works to supervise the enormous movements of earth involved in a project of this scale. The necessary modelling of the relief was carried out using heavy machinery (bulldozers, excavators, motortrailers, trenching machinery, drills).

Great attention was also paid to the other phases of the operation, which included: automatic irrigation systems with a sophisticated layout of pipes, sprinklers, electric valves, programmers and electric pumps; waterproofing the bottoms of the lakes with butyl protection, and installing carefully designed connections between them to ensure water supply; careful selection of particle size of the sand for the bunkers; and a calculated mix of seeds for the grass areas. Thanks to Espinosa's strategic planning, the lakes, bunkers, greens and the lanes fit naturally into the sinuous landform and the gentle slopes and woodlands of their Mediterranean surroundings.

Finally, the general project has gained greatly from the architectural contribution made by Takenaka España S. A. A golf course of this nature

The olive is a clear symbol of the Mediterranean.

The gravel paths run through rocks and vegetation.

The pedestrian routes are strategically designed.

The photo shows a golf buggy for the caddies.

The landscape combines gentle slopes and low-growing vegetation.

El olivo es un claro símbolo mediterráneo.

Los caminos de grava discurren entre rocas y vegetación.

El circuito peatonal está estratégicamente diseñado.

La fotografía muestra uno de los vehículos para caddies.

El paisaje combina suaves pendientes y vegetación baja.

and intended to be the largest club house in Spain required a highly qualitative project. The programme for installations includes the main building (the club house), auxiliary constructions, and a technical one. The club house is a single structure divided into two levels, the lower of which houses the activities related to the golf course, while the upper one houses complementary and meeting facilities. The structure is emphasised by the presence, standing out from the flat roof, of three copper-covered pyramids that will eventually turn a greenish colour more appropriate for their context. All the project's components are subordinated to the philosophy of golf; magnificent sporting installations, balanced environmental surroundings and high-quality services.

La creciente popularidad del golf durante las últimas décadas ha corrido paralela al aumento progresivo de campos y clubs deportivos que permiten su práctica a un número cada vez mayor de seguidores. Este fenómeno responde sin lugar a dudas a las características esenciales del golf, un deporte que significa un reencuentro con la naturaleza y que sirve para combatir las tensiones de la estresante vida contemporánea.

Sin embargo, no todo es idílico en el panorama de esta práctica deportiva. Con frecuencia, se alzan voces airadas que critican la falsa domesticación del paisaje natural y el grave impacto ecológico que supone la construcción de una de estas instalaciones. El proyecto que se analiza en este artículo, el Caldes International Golf Course, es un brillante ejemplo de cómo se puede alcanzar una solución de compromiso entre el respeto por las condiciones medioambientales y las necesidades deportivas.

El mérito de esta intervención se debe principalmente a Ramón Espinosa G. Bermúdez, una de las autoridades más destacadas dentro del panorama internacional en el diseño y construcción de campos de golf. Sus conocimientos y experiencia están avalados por su formación como Golf Course Architect y su título de Doctor Ingeniero Agrónomo por la Universidad de Madrid. Asimismo, es presidente de la prestigiosa Asociación Europea de Arquitectos de Golf (ESGA). Su trayectoria de casi 30 años se ha concretado en un gran número de instalaciones para la práctica de este deporte y en estudios esenciales dentro del sector, así como sobre los campos de golf y su incidencia en la naturaleza y en el sistema ecológico.

Desde su sede en Madrid, Espinosa ha trabajado con los mejores arquitectos de golf del mundo, como Gary Player, Javier Arana, Robert Trent Jones, John Harris y Bob Putman, entre otros. Aunque el grueso de su obra está repartido principalmente por la geografía de España, también ha realizado notables incursiones en otros países de Europa y África. Entre sus trabajos más destacados se cuentan el Golf La Toja en Pontevedra, el Golf del Mediterráneo en Borriol (Castellón), el Golf Granada, la ampliación del Golf Llavaneras o el diseño del campo de Golf Can Bosch (ambos en la provincia de Barcelona).

Junto a Espinosa, hay que hacer mención del trabajo realizado por la filial española de la empresa nipona Takenaka. Esta firma de estructura multidisciplinar y ámbito internacional ha sido la encargada de diseñar y construir las instalaciones arquitectónicas que acogen el programa social

Small wooded areas give personality to the surroundings.

The furnishings encourage rest and contemplation.

The site's gentle contours blend in with the mountains in the background.

Pequeños macizos boscosos dan personalidad al entorno.

El mobiliario funcional favorece el reposo y la contemplación.

El suave perfilado del terreno se funde en el panorama montañoso.

del campo. Los 4.000 m² del Club House, a los que se unirán más adelante otros 6.000 m² pertenecientes al edificio del Bussine's Lodge, han sido proyectados por Takenaka España S. A. basándose en una armónica conjugación entre arquitectura, deporte y paisaje.

Retomando el tema principal del artículo, el diseño de este campo de golf está fundamentado en las experiencias que Espinosa ha ido almacenando a lo largo de su fructífera trayectoria. El arquitecto español es consciente de los numerosos factores que influyen en la proyección y ejecución de una de estas instalaciones: las condiciones topográficas, la climatología, la personalidad del club que se pretende construir, las relaciones con las autoridades municipales y, como parámetro esencial, el respeto por el medio ambiente natural.

Además de los planteamientos de carácter ecológico, existe un aspecto de índole más pragmática, derivado de la propia práctica de este deporte: el diseño del recorrido. Espinosa es consciente de que las características del itinerario, la estratégica disposición de los hoyos y la relación con el entorno constituyen los principales atractivos de un campo de golf. Éste debe incitar al jugador, provocarle para que las situaciones sean siempre distintas y totalmente nuevas. Por esta razón, los 18 hoyos que conforman el recorrido (6.125 m, par 72), una pista de prácticas, dos putting-green y una zona de approach cercana al club social, configuran un extraordinario y variado mosaico de posibilidades de juego que convierten el campo en una sinfonía de momentos mágicos para el jugador.

El proceso de planificación es, en estos casos, algo que está muy interrelacionado con las fases de ejecución. Así, los planteamientos topográficos deben ir acompañados de frecuentes visitas a pie de obra, durante las cuales Espinosa pudo controlar con mayores garantías los enormes movimientos de tierra que supone una intervención de esta envergadura. La maquinaria pesada (bulldozers, palas, mototraíllas, zanjadoras, barrenos) constituye el mejor método para llevar a cabo el necesario modelado del terreno.

También se prestó una especial atención al resto de fases de la operación: sistemas de irrigación automática dotados de una compleja estructura de tuberías, aspersores, válvulas eléctricas, programadores y grupos electrobombas; impermeabilización, especialmente en los vasos de los lagos, con protección de butilo y una calculada intercomunicación entre los estanques para asegurar el suministro de agua; una adecuada selección de la granulometría de la arena de los búnkers; y una calculada mezcla de semillas para las áreas de césped. Gracias a la estratégica planificación de Espinosa, los lagos, los búnkers, los *greens* y las calles se integran con naturalidad en el sinuoso perfilado del terreno y en el entorno mediterráneo de suaves pendientes y conjuntos boscosos.

Por último, el proyecto general se ha beneficiado enormemente de la propuesta arquitectónica de Takenaka España. Un campo con las características mencionadas e ideado para el club social de golf más grande de España exigía una intervención altamente cualitativa. El programa funcional incluye el edificio principal (el Club House), construcciones auxiliares y una de carácter técnico. Por lo que respecta al primero, se trata de un volumen único dividido en dos plantas: el nivel inferior acoge las actividades más relacionadas con el campo, mientras que

The seeds for the grass were very carefully chosen.

View of one of the lakes from the course.

The particle size of the sand in the bunkers affects the quality of play.

The mixture of low vegetation and trees provides an attractive landscape.

The club house is surrounded by magnificent trees.

La selección de semillas para el césped ha estado muy cuidada.

Vista de uno de los lagos del campo de juego.

La granulometría de la arena de los búnkers también influye sobre la calidad del juego.

La mezcla de vegetación baja y arbórea ofrece un atractivo perfil paisajístico.

El edificio social está rodeado por magníficos árboles.

en el superior se distribuyen los usos complementarios y de reunión. Su volumetría está marcada por la presencia de tres pirámides que sobresalen de la cubierta plana, con un revestimiento de cobre que, con el tiempo, adoptará un color verdoso más acorde con su contexto. Todos los componentes del proyecto están subordinados a la filosofía del golf: unas magníficas instalaciones deportivas, un entorno ambiental equilibrado y una excelente calidad de servicios.

The building's architecture is sober and stylised.

La arquitectura del edificio es sobria y estilizada.

249

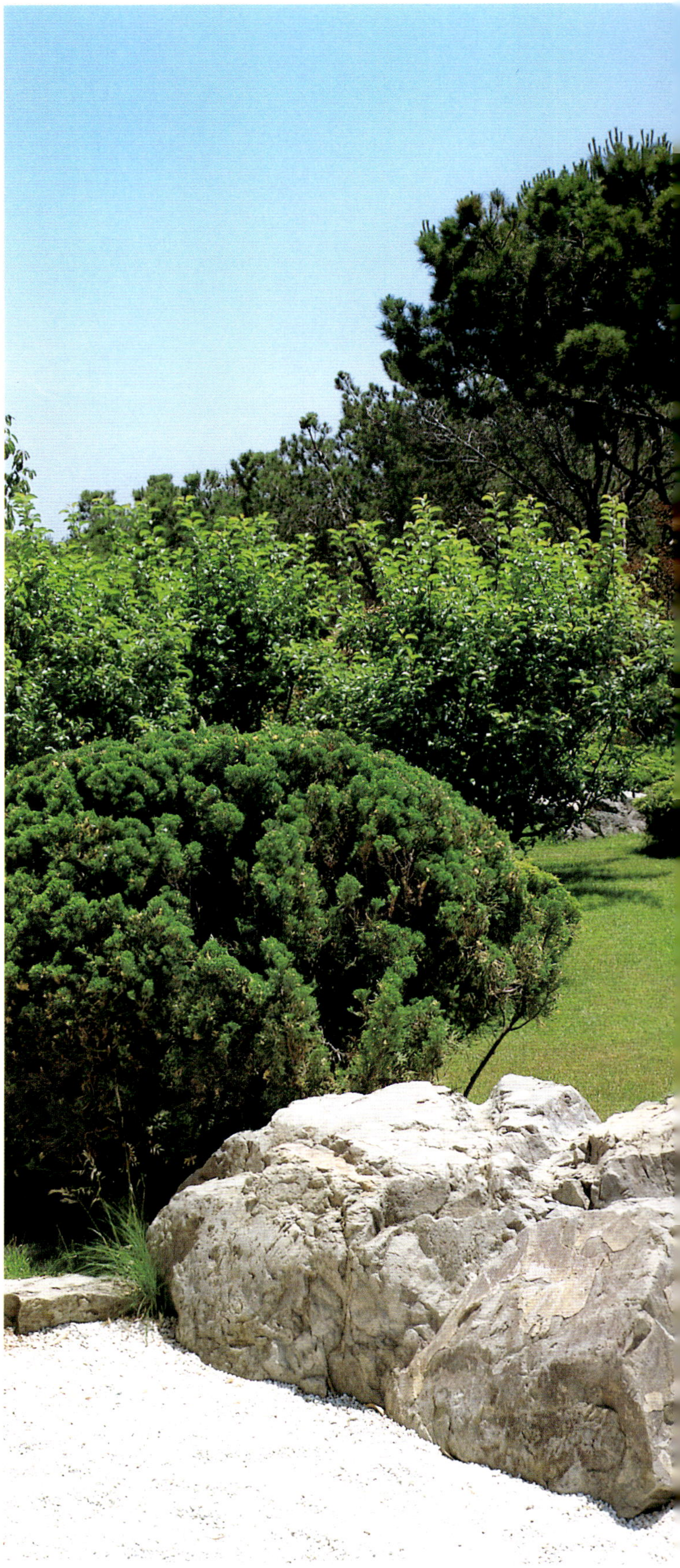

Detail showing the careful selection of plants.

Detalle de la sabia combinación de especies.

Helipuerto
- Bussine's Lodge
- Torres de T.V.
- Monitor de T.V.

252

General plan of the location of the different installations.

Front view of the main access.

The copper pyramids fit into the landscape.

Planta general de situación en la que puede apreciarse la ubicación de las diversas instalaciones del campo.

Vista frontal del acceso principal.

Las pirámides de cobre se integran en el paisaje.

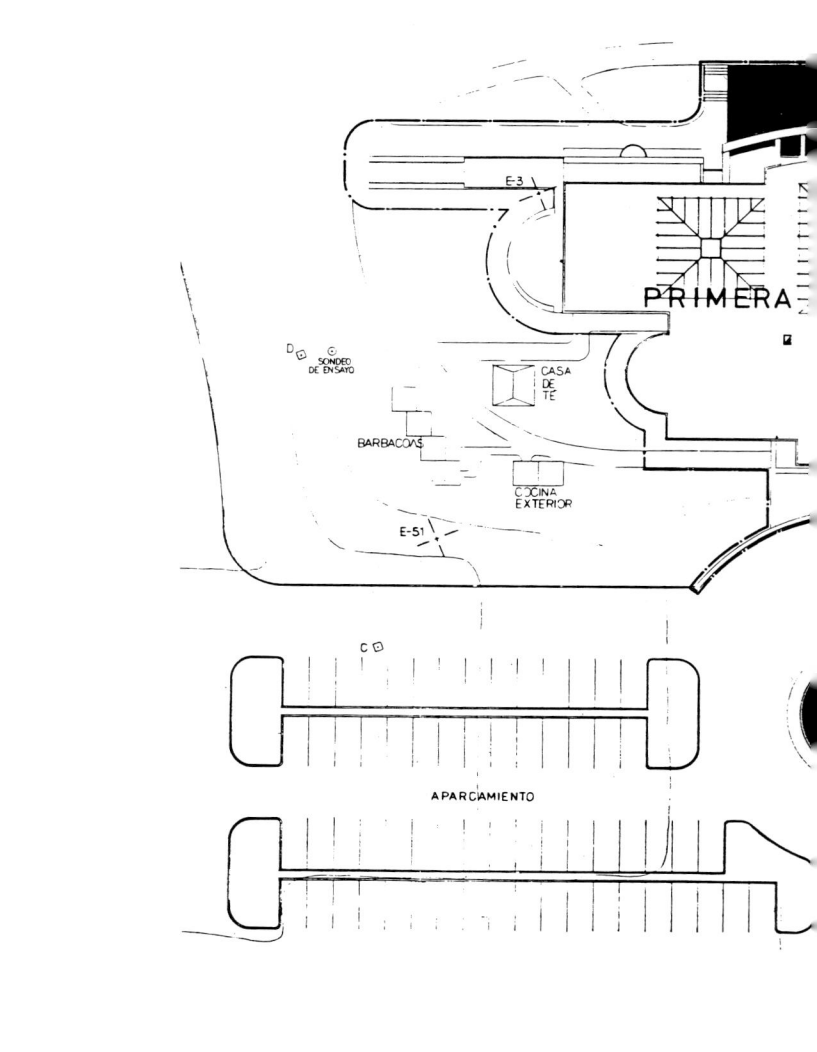

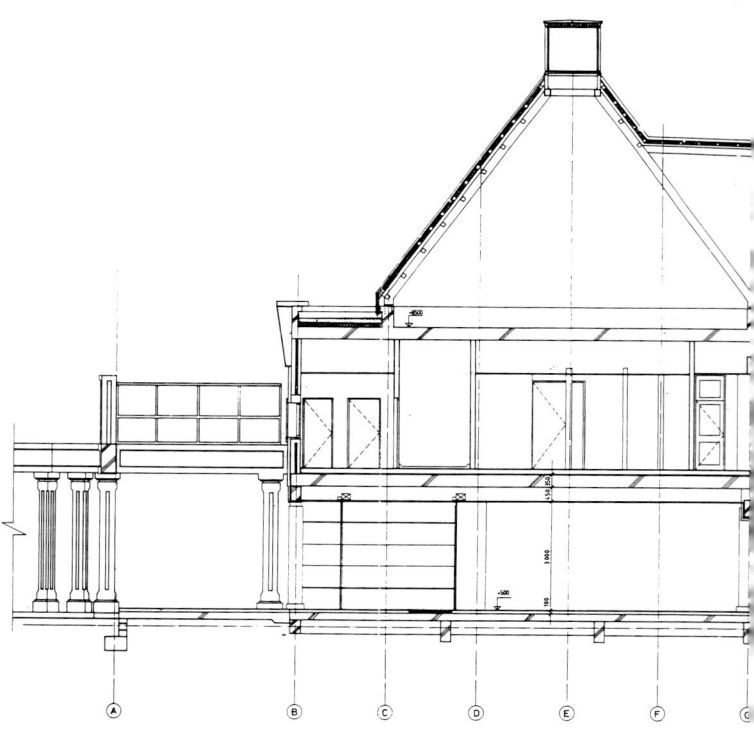

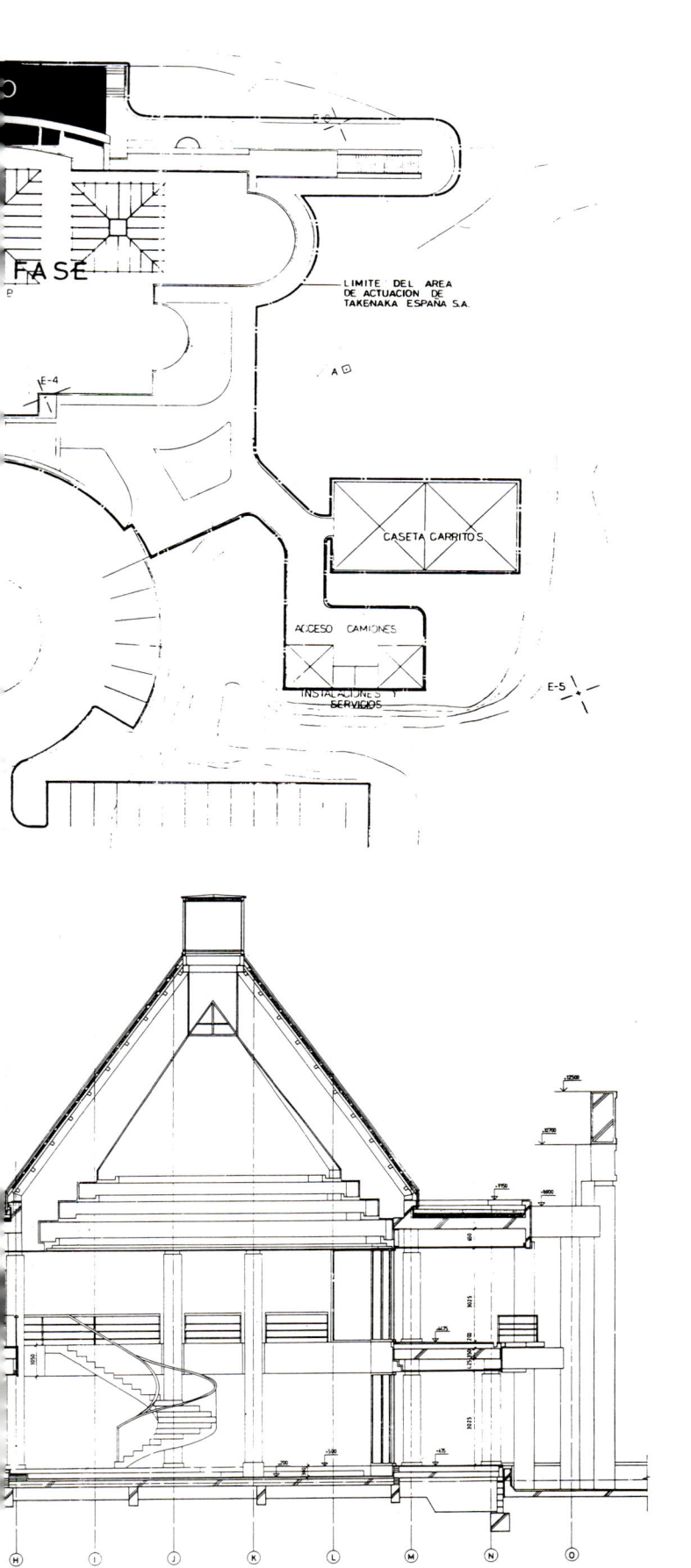

General plan of the club house, showing access and parking areas.

Section of the main building.

Planta general del Club House, con las zonas de acceso y aparcamiento.

Sección del edificio principal.